湖北省高校人文社会科学重点研究基地鄂西生态文化旅游研究中心研究成果

湖北民族学院省属高校优势特色学科群应用经济学学科建设经费资助

“美丽中国”视阈下宜游城市测度及路径提升
——以陕西为例

谭志喜 著

中国社会科学出版社

图书在版编目（CIP）数据

“美丽中国”视阈下宜游城市测度及路径提升：以陕西为例/谭志喜著．—北京：中国社会科学出版社，2018.1

ISBN 978-7-5203-2003-0

Ⅰ．①美…　Ⅱ．①谭…　Ⅲ．①城市旅游—研究—陕西　Ⅳ．①F592.741

中国版本图书馆CIP数据核字（2018）第015459号

出 版 人　赵剑英
责任编辑　刘晓红
责任校对　周晓东
责任印制　戴　宽

出　　版　中国社会科学出版社
社　　址　北京鼓楼西大街甲158号
邮　　编　100720
网　　址　http：//www.csspw.cn
发 行 部　010-84083685
门 市 部　010-84029450
经　　销　新华书店及其他书店

印　　刷　北京明恒达印务有限公司
装　　订　廊坊市广阳区广增装订厂
版　　次　2018年1月第1版
印　　次　2018年1月第1次印刷

开　　本　710×1000　1/16
印　　张　17.25
插　　页　2
字　　数　255千字
定　　价　79.00元

“美丽中国旅游学”理论框架的初步探索

（代序言）

孙根年

2012 年 11 月 8 日，党的十八大在北京召开，大会报告提出：“把生态文明建设放在突出地位，融入经济建设、政治建设、文化建设、社会建设各方面和全过程，努力建设美丽中国，实现中华民族永续发展。”由此，“美丽中国”进入公众视野，成为时代的强音及我国经济建设和社会发展的目标。“美丽中国”醒亮靓眼，冲击和激励着亿万民众的心弦，牵动着各地区各行业的敏感神经，也成为各地区各行业的奋斗目标，推动着经济建设、政治建设、社会建设、文化建设与生态文明相融合的“五位一体”布局，推进了全面建设社会主义小康社会、努力实现中华民族的伟大复兴之路。

“美丽中国”蕴含着令人向往的目标。从环境的组织与建设来看，“美丽中国”指向：“生态空间山清水秀，生产空间集约高效，生活空间宜居适度”，以此来实现生态中国梦；从社会发展和环境利用来看，“美丽中国”包括宜居、宜业、宜游三大方面，其中，宜居和宜业是基础，而宜游则是在此基础上的提高层次，既让来自世界各地的游客在领略优美自然风光、悠久历史文化的同时，也能充分感受到我国经济发展、社会建设、环境美化带来的美好。

旅游业是一个发现美、规划美、建设美、鉴赏美，并由筑美路、促美行，建美景、成美游，建美屋、住美房，品美食、鉴美味，带动城乡建设、社会发展、收入增加的美丽产业。十八大提出建设“美丽中国”，为旅游业发展提供绝好历史机遇，可以依托“美丽中国”建设之势，让旅游与生态的自然美、历史的人文美、发展的和谐美相联结，推动资源开发与品牌景区建设；凭借“美丽中国”建设之势，促进旅游业与相关产业的融合，增大旅游投资、发展全域旅游；借助“美丽中国”建设之势，提升旅游对外营销宣传和形象塑造，繁荣旅游产业。

在该理念指导下，我与张辉教授、严艳副教授、谭志喜博士、冯庆博士探索“美丽中国”与旅游学的关系，提出建设“美丽中国旅游学”的思想。经过两年的讨论，我将讨论所得编辑成“大美陕西与品牌景区建设”课件，先后在陕西省干部理论班讲授5次，并应邀在海南大学、湖北民族学院、洛阳师范学院等高校做学术报告5场。什么是“美丽中国旅游学”，综合几年的所思所想，可归纳为以下几点。

（1）“四问四答”的理论框架。①因何而美：探索美的成因和形成因素，着重从自然环境、历史文化、工程建设等方面，探讨“美丽中国”的形成机制，分析各要素美是怎样形成的；②到底多美：是美的评价与比较，构建“美丽中国”评价指标体系，着眼特定区域（城市、乡村）的调查，开展宜居宜游性评价，挖掘亮点、分析存在问题；③美有何用：是关于美丽景点资源利用和价值测评的问题，着重从资源开发、景区建设、旅游利用、游憩价值测评等方面，分析美丽资源的旅游利用和游憩价值测评。④如何更美：美的建设，着重品牌景区与发展规划。

（2）“六要素”美的建设。即从吃住行游购娱六要素出发，探讨“美丽中国旅游学”的要素建设，主要包括：①筑美路、促美行，修建风景道绿色路，一路风景一路行；②建美景、成美游，为人们提供美丽的视觉享受；③建美屋、任美房，为游客提供舒适、宜居的住宅享受；④品美食、鉴美味，为人们提供美丽的味觉享受；⑤产美物、供美货，为游客提供珍贵和有纪念意义的购物需求；⑥话美谈、唱美戏，为游客提供优美的视听享受，让游客在快乐和愉悦中完成旅游生活。以此提升旅游业发展的品质，促进中国建成世界旅游强国之梦。

（3）形象塑造和对外营销宣传的需要。放眼世界，现代旅游业的发展，正在从资源导向、市场布局转向体验深挖与形象营销，如何在世界旅游营销中占据有利地位，最关键的是塑造美丽的形象，在提高知名度和美誉度的同时，触发旅游者购买欲望和出游行动显得尤为重要。“美丽中国”提升了往日国家形象营销的水准，成为旅游营销中对外宣传的国家新形象，既涵盖山川美、历史美、文化美和人文美，又展示中华大地，山更绿、水更清、天更蓝、空气更清新、社会更和谐的建设成果。总之，“美丽中国”不仅代表了我国旅游的国家形象，也是对世界的一种承诺。其理由如下：一是符合中国旅游的本质特征和核心优势，反映了生态美的自然特征和历史文化美的本底，符合旅游求知审美的终极追求；二是内涵丰富，包括风景道、品牌景区、舒适住宿、多样文化、独特餐饮、优质服务等，有利于全面优化和提升国家旅游形象的亲和力。

2012 年 9 月，谭志喜来到西安求学，在我门下攻读博士研究生。当时“美丽中国”的概念刚刚提出，经过一年的学习讨论后，其自告奋勇愿以“美丽中国旅游学”为题开展研究。因“美丽中国”命题宏大，需选准一个切入点，从理论到实践进行深入探讨。在进行了前期预研和发表了 3 篇小论文之后，最终确定以“大美陕西宜游城市测评”为突破口，因为在现代旅游业发展中，城市作为目的地、客源地、中转站的功能与作用不可替代，尤其是随着供给侧改革的深入推进，城市处在功能定位的高端，必将在未来的市场分异中占据有利位置。

经过两年的艰苦研究，2015 年 12 月通过博士论文答辩，又经过一年的修改补充，他的专著《“美丽中国”视阈下宜游城市测度及路径提升——以陕西为例》一书将要与读者见面。作为谭志喜的博士生导师，本研究的指导者和讨论者，首先要为志喜取得的成绩点赞，恭贺本书的正式出版。因为，本书包含了志喜三年的艰苦摸索，同时也是国内第一本以陕西为案例地，进行宜游城市定量测评与提升路径研究，初步展示“美丽中国旅游学”理论框架的学术专著。

在本书出版之际，应作者之约为其写个序，我感到有必要介绍本书的理论框架和几点创新之处，以方便大家阅读：

本书立足于“美丽中国”建设，研究“美丽中国”与旅游业发展的关系，初步探讨了“美丽中国旅游学”的理论框架。作者在分析了“美丽中国”提出的时代背景，综述了国内外相关文献的基础上，初步构建了“美丽中国旅游学”“四问四答”的维度框架。并以陕西为案例，着眼“因何而美”“到底多美”“美有何用”“如何更美”四个问题的研究，形成“大美丽陕西宜游城市测评及提升路径”的逻辑体系。作为美丽中国旅游学的区域实践研究，较系统地体现了“四问四答”的理论框架。

从自然生态美、历史人文美、建设文化美三个维度，探索了大美陕西的形成因素和资源禀赋。在生态的自然美方面，他从大地构造分析了黄土高原、关中平原、秦巴山地的形成，描述了众多山脉与河流的分布，以及由此形成的自然美景，如华山、太白山、壶口瀑布等；在历史的文化美方面，他梳理了以陕西为核心的中国历史的发展，特别是周秦汉唐的历史辉煌，描述了各时期著名的历史文化遗存，如黄帝陵、兵马俑、法门寺、西安城墙等；在现代文化建设之美上，分析了陕西经济建设、社会发展和城乡建设，特别是高等教育和科学技术的发展，如西安航天城、阎良航空城等，展示了以科技教育为中心的人文发展之美。正因具备了，陕西才成为了我国西部的旅游大省，西安成为了国际著名旅游城市。

在文献梳理基础上构建了宜游城市测评指标体系。城市从诞生之初发展到今天，其规模、形态和功能已发生了翻天覆地的变化，从军事防御的“城”、商品交换的“市”，发展出工业城市、商贸城市、港口城市，现今又出现了宜居宜游城市。在世界旅游日趋大众化的时代，什么样的城市是宜游城市，本书在比较宜居性与宜游性的基础上，界定了宜游城市的概念，从旅游吸引力，交通可达性，旅游信息，设施与服务能力，旅游业绩，环境适宜性，社会包容性，经济生活性七个维度，构建了宜游城市测评的指标体系，并采用专家咨询和层次分析方法，确定了多层次综合评价的权数分配，解决了“美丽中国”宜游城市定量测评的一个关键问题。以此为基础，将“美丽中国旅游学”从概念阐述，推向基于实地调查基础上的实证研究，为“到底多美、各美其美”提供了测评依据。

深入实地调查开展陕西城市宜游性评价研究。作者赴陕北榆林、延安等地进行实地，深入秦岭深处的安康、商洛调查，收集旅游资源与 A 级景点数据，计算交通可达性与路网密度，查阅各地市旅游、经济、社会数据，建立了较为完整的数据库。在室内计算编程，利用相关软件进行分析计算，完成了大美陕西十地市宜游性定量测评，从总指数将十地市划分为 3 个、4 个等级进行对比；从各指标分类上评述了十地市的各美其美。这是对于陕西地域宜游城市的首次定量测评，为陕西十地市宜游城市建设提供了定量分析结论。

“以评促建”探索大美陕西宜游城市提升路径。陕西作为华夏文明的发源地，省城西安更是十三朝古都，也是世界著名的旅游城市。在旅游资源禀赋上，陕西拥有多处能代表国家形象的拳头产品，譬如秦兵马俑为世界文化遗产，来华访问近百个国家的政要均参观过；黄帝陵为中华民族的人文始祖，是寻根祭祖的精神符号。展望未来发展，陕西城市旅游如何在“宜居宜业”的基础上，实现“各美其美”、提升旅游综合功能？作者从“扬长补短、提升正能量、消除负能量”的角度，对其进行了系统的探索。如西安、宝鸡、渭南，在充分挖潜历史文化遗产的基础上，消除雾霾、改善空气质量；陕南的汉中、安康、商洛，要打破交通瓶颈，加强旅游基础设施建设，大力发展生态旅游，充分展示山川林水的生态美。另外，作者还从陕西旅游的地域结构出发，提出了“以关中为躯干、两翼展翅”的“鹰”形战略。所有这些政策建议，既来源于对城市宜游性的分析测评，也符合未来大美陕西宜游城市建设的实际需求，具有重要的现实意义和参考价值。

本书以陕西为案例地，以宜游城市定量测评为切入点，是将“美丽中国”建设与旅游业相结合的学术专著。综观本书，研究目标明确，逻辑体系严密，内容系统完整，在“美丽中国旅游学”体系思辨，宜游城市指标体系构建，陕西十地市定量测评，提升路径构想等重要章节，都绽放出了不少智慧火花。当然，作为他本人的处女作，对问题的探索并非尽善尽美，如对理论的探讨欠缺一定深度，以量表的形式测定城市的宜游性，从供给侧改革探讨提升路径等，不乏商榷推敲之处。好在作者始终脚踏实地，谦虚向学，对问题进行不懈的探索，不断鞭策自己更进一步。

书山有路勤为径，学海无涯苦作舟。做学问本就是苦乐相间、不断探索的过程，只有不停地克难奋进，才会在学术的大海中留下一点印迹。仅此为序！

2017 年 7 月

摘　要

2012 年，党的十八大首次提出建设“美丽中国”的理念，受到各行各业的积极响应，并成为国家建设的重要内容。旅游业是展示“美丽中国”的平台，也是建设“美丽中国”的轴心产业。2013 年，国家旅游局首次尝试推出“美丽中国之旅”活动；2014 年，确定主题为“美丽中国之旅——2014 智慧旅游年”；2015 年，主题定位为“美丽中国——2015 丝绸之路旅游年”。

2011 年，我国城乡居民出游率超过 150%，这一进程的不断推进，使旅游内化为居民生活的刚性需求，促进了旅游业的迅猛增长。城市作为国内旅游的目的地、客源地、中转地，已撑起整个现代旅游的空间骨架。

宜游城市是旅游业与城市同轨发展、深度融合的产物，与“美丽中国”建设耦合。大美陕西是“美丽中国”建设的有机组成部分，本书依据生态文明、城市品牌、旅游美学等理论，遵循“理论架构—构建指标—定量测度—建设路径”的思路，运用理论分析与定量计算相结合的方法，框定大美陕西与宜游城市之间的内在逻辑，构建宜游指标体系，进行分区域、单城市综合测度，以结果定位区域、城市形象，提升建设路径。主要结论如下：

（1）界定一个概念：宜游城市。在“美丽中国”的理念下，宜游城市是指建立在宜居基础上，具有独特吸引力且能较好满足旅游者需求的城市，与行政上市以及市辖县（区）的范围相对应，从中观层面界定城市旅游的空间范围。

（2）探讨一个关系：大美陕西与宜游城市。“美丽中国”理念提出后，受到理论界与业界重视，成为治国理念与理论研究、产业发展的耦合。城市是接纳游客的重要场所，是“美丽中国”建设的主阵地。大美陕西是“美丽中国”的有机组成部分，宜游城市是大美陕西的核心，建设好宜游城市就能凸显出大美陕西的“亮点”。

（3）构建一套指标并进行测评：运用演绎法，辨析文献，通过界定宜游城市的概念，在厘清内涵、外延及特征的基础上，从彰显正能量、削减负能量两个层面，构建包括7个维度、19个评价因素、64个指标的宜游城市测评体系，并对陕西十地市进行宜游城市测评。结果显示：①旅游吸引力方面：南北低、中间极高；交通可达性方面：南低、中高、北次高；旅游信息、设施与服务能力方面：中北高、南低；旅游业绩方面：中部高、南北低、南比北高；环境适宜性方面：北低、南高；社会包容性方面：中间高、南北低；经济生活性方面：两头低、中间高。②前四个因素综合结果呈优、差搭配四种组合，后三个因素综合结果呈优优与差差组合分化。③对单个城市进行SWOT分析并以雷达图直观呈现宜游性；将陕西十地市聚类分为3类、4类，通过两者对比，分为4类较为合理，与研究假设吻合；检验综合结果与各评价综合层之间的相关性，结果显示各因素之间关系显著。

（4）提出建设路径：综合评价结果，着眼于宏观战略与形象塑造，提出提升路径，将陕西比作“大鹏”，提出旅游腾飞战略，分区域与城市形象定位实现建设构想。①分区域。关中地区：核心主轴——鹏之躯干；陕北地区：黄土风情——鹏之北翼；陕南地区：山水秦岭——鹏之南翼。②分城市。西安：千年帝都、丝路起点；宝鸡：炎帝故里、垂名青铜；咸阳：秦都咸阳、帝陵之乡；渭南：“渭”峨华夏、险峻华山；铜川：药王仙山、独树一果；延安：革命圣地、寻根之城；榆林：锦绣榆林、绿色沙旅；汉中：三国属蜀、颐养福地；安康：“硒”世“镇”宝、安乐康泰；商洛：商山洛水、峡谷体验。对区域和单个城市的建设要素排序，进行建设探讨，引导陕西建成全国地位重要、区域优势突出、城市布局合理、适宜游客旅游的综合型、多功能城市活动圈。

本书的主要创新点有：

（1）旅游视角下的“美丽中国”探究，旅游业（学）是一个发

摘　要

2012 年，党的十八大首次提出建设“美丽中国”的理念，受到各行各业的积极响应，并成为国家建设的重要内容。旅游业是展示“美丽中国”的平台，也是建设“美丽中国”的轴心产业。2013 年，国家旅游局首次尝试推出“美丽中国之旅”活动；2014 年，确定主题为“美丽中国之旅——2014 智慧旅游年”；2015 年，主题定位为“美丽中国——2015 丝绸之路旅游年”。

2011 年，我国城乡居民出游率超过 150%，这一进程的不断推进，使旅游内化为居民生活的刚性需求，促进了旅游业的迅猛增长。城市作为国内旅游的目的地、客源地、中转地，已撑起整个现代旅游的空间骨架。

宜游城市是旅游业与城市同轨发展、深度融合的产物，与“美丽中国”建设耦合。大美陕西是“美丽中国”建设的有机组成部分，本书依据生态文明、城市品牌、旅游美学等理论，遵循“理论架构—构建指标—定量测度—建设路径”的思路，运用理论分析与定量计算相结合的方法，框定大美陕西与宜游城市之间的内在逻辑，构建宜游指标体系，进行分区域、单城市综合测度，以结果定位区域、城市形象，提升建设路径。主要结论如下：

（1）界定一个概念：宜游城市。在“美丽中国”的理念下，宜游城市是指建立在宜居基础上，具有独特吸引力且能较好满足旅游者需求的城市，与行政上市以及市辖县（区）的范围相对应，从中观层面界定城市旅游的空间范围。

（2）探讨一个关系：大美陕西与宜游城市。“美丽中国”理念提出后，受到理论界与业界重视，成为治国理念与理论研究、产业发展的耦合。城市是接纳游客的重要场所，是“美丽中国”建设的主阵地。大美陕西是“美丽中国”的有机组成部分，宜游城市是大美陕西的核心，建设好宜游城市就能凸显出大美陕西的“亮点”。

（3）构建一套指标并进行测评：运用演绎法，辨析文献，通过界定宜游城市的概念，在厘清内涵、外延及特征的基础上，从彰显正能量、削减负能量两个层面，构建包括 7 个维度、19 个评价因素、64 个指标的宜游城市测评体系，并对陕西十地市进行宜游城市测评。结果显示：①旅游吸引力方面：南北低、中间极高；交通可达性方面：南低、中高、北次高；旅游信息、设施与服务能力方面：中北高、南低；旅游业绩方面：中部高、南北低、南比北高；环境适宜性方面：北低、南高；社会包容性方面：中间高、南北低；经济生活性方面：两头低、中间高。②前四个因素综合结果呈优、差搭配四种组合，后三个因素综合结果呈优优与差差组合分化。③对单个城市进行 SWOT 分析并以雷达图直观呈现宜游性；将陕西十地市聚类分为 3 类、4 类，通过两者对比，分为 4 类较为合理，与研究假设吻合；检验综合结果与各评价综合层之间的相关性，结果显示各因素之间关系显著。

（4）提出建设路径：综合评价结果，着眼于宏观战略与形象塑造，提出提升路径，将陕西比作“大鹏”，提出旅游腾飞战略，分区域与城市形象定位实现建设构想。①分区域。关中地区：核心主轴——鹏之躯干；陕北地区：黄土风情——鹏之北翼；陕南地区：山水秦岭——鹏之南翼。②分城市。西安：千年帝都、丝路起点；宝鸡：炎帝故里、垂名青铜；咸阳：秦都咸阳、帝陵之乡；渭南：“渭”峨华夏、险峻华山；铜川：药王仙山、独树一果；延安：革命圣地、寻根之城；榆林：锦绣榆林、绿色沙旅；汉中：三国属蜀、颐养福地；安康：“硒”世“镇”宝、安乐康泰；商洛：商山洛水、峡谷体验。对区域和单个城市的建设要素排序，进行建设探讨，引导陕西建成全国地位重要、区域优势突出、城市布局合理、适宜游客旅游的综合型、多功能城市活动圈。

本书的主要创新点有：

（1）旅游视角下的“美丽中国”探究，旅游业（学）是一个发现美、鉴赏美、建设美的产业，与“美丽中国”建设有着千丝万缕的联系。基于此，分别从四个维度进行研究：因何而美——从旅游资源的视角出发探讨美的成因、机制；到底多美——从旅游美学的视角进行美的评价、比较；美有何用——从旅游经济学、伦理学视角分析美的效用、价值；如何更美——从旅游管理的视角思考美的建设、形象定位等。试图以此建立“美丽中国”旅游研究的理论框架。

（2）在“美丽中国”的理念下，注重城市建设与旅游业发展的有机融合，循着城市发展历史脉络——城→市→城市→宜居城市→宜游城市，进行理论分析，辨识城市功能的变化，对比宜居与宜游，提炼宜游城市的概念，廓清内涵、外延、特征及地域空间范围。

（3）基于宜游城市概念、内涵、外延、特征及地域空间范围，经过“述评→借鉴→考量→重生”四个阶段，构建相对合理的宜游城市指标体系，包括 7 个评价维度、19 个评价因素、64 个评价指标；综合专家意见，运用层次分析法确立各指标的权重。

关键词：宜游城市；指标体系；提升路径；大美陕西

Abstract

In 2012, the 18th CPC National Congress first proposed the construction of "Beautiful China" concept which got the positive response of the industries and became an important part of the national construction. Tourism is a platform to display the Beautiful China, but also an axis industry to the construction of Beautiful China. In 2013, the National Tourism Bureau launched the "Beautiful China Tour" . The year of 2014 was confirmed as "Beautiful China Trip – 2014 Years of Wisdom Tourism"; In 2015, it was further positioned as the "Beautiful China-Silk Road Tourism" .

In 2011, the travel rate of China's urban and rural residents had been more than 150%. The tourism has internalized as the rigid demand for residents, and promoted the rapid growth of tourism industry. As the destination of domestic tourism, tourist's origin and transit points, cities have supported the entire modern tourism space frame.

The appropriate tourism city is the product of the development of tourism and city, and it is historically accompanied with the construction of "Beautiful China" . As an organic part of the construction of "Beautiful China" in Shaanxi, the great beauty of Shaanxi is a sample of "Beautiful China" and the appropriate tourism city construction. According to the theory of ecological civilization, urban brand, tourism aesthetics, urban tourism, the theory of "theoretical framework, constructing index, quantitative measure and construction path", this paper used the combination of qualitative research and quantitative analysis, the frame of the box, the inner logic and the construction of the Shaanxi and the appropriate tourism city, the integrated measures of regional and city, and the route of the appropriate tourism city. The main conclusions are as follows:

(1) Defining a concept: appropriate tourism city. Under the idea of "Beautiful China", the concept of the appropriate tourism city should be built on the basis of the livable, with a unique appeal and can better meet the needs of tourists in the city circle. It should be corresponding with the administrative county (District) and should form a middle range of tourism city.

(2) Exploring a relationship: the great beauty of Shaanxi and the appropriate tourism city. After "Beautiful China" is put forward, the theory circle and the industry pay attention to, and become the coupling of the theory and theory research and industry development. City is an important place for tourists, as the main position of "Beautiful China" . Great Beautiful Shaanxi is an organic part of the "Beautiful China", the city is the core of the great beauty of Shaanxi, the construction of Shaanxi's "bright spot" .

(3) Building a set of indicators and making an evaluation: this paper sets an evaluation system with 7 dimensions, 19 evaluation factors and 64 indicators from the two aspects of revealing positive energy and reducing negative energy. This is all based on clarifying the connotation, extension and characteristics of the concept of appropriate tourism city by using the deductive method and analyzing the literature. The results showed that: ①Tourism attraction: it's low in the north and south and totally high in the Middle part; Traffic accessibility: it's low in the south and high in the north and higher in the middle; Tourist information, facilities and service capabilities: it's high in the north and middle, low in the south; Tourism performance: it's high in the middle and low in the north and south, but it's higher in the south than in the north; Environment suitability : it's low in the north and high in the-south; Social inclusion: it's high in the middle and low in the north and-south; Economic life: it's high in the middle and low in the north and south. ②The first four factors results show the combinations of excellent and poor

match, the latter three results show the combinations of excellent plus excellent and poor plus poor with the differentiation. ③The SWOT analysis and radar chart on each single city can show the tourism suitability. If the ten cities of Shaanxi are divided into 3 categories or 4 categories, the result showed that 4 categories would be reasonable. The correlation between the results and the comprehensive evaluationshowed that the relationship among the factors was significant.

(4) Putting forward the construction path: after summarizing the evaluation results, this paper defined Shaanxi as a Garuda and put forward the tourism boomstrategy. It tried to realize thc construction ideas from different regionswith cities' image orientation. Areas: Guanzhong Area: the core trunk—the Garuda's body; Northern Shaanxi: loess style—the Garuda's north wing; Southern Shaanxi: Qinling Mountains—the Garuda's south wing; The cities: Xi'an: Millennium Royal Park, the starting point of the Silk Road, Baoji: the hometown of Yan Di, a famous bronze city, Xianyang: Qin Dynasty's Capital, the township of the emperor's mausoleum. Weinan: in the south of Weihe River, Beautiful Huashan Mountain, Tongchuan: Yaowang Mountain, unique fruit, Yan'an: the root of the sacred place of the revolution, Yulin: beautiful Yulin, green sand trip, Hanzhong: good place for living, the old city of Shu Kingdom, Ankang: Selenium and peaceful place, Shangluo: Shang Mountain and Luo River, and canyon. This paper suggests that it should rank the elements of construction of the regions and cities and explore the construction path. Then Shaanxi could build a multi-functional tourist city circle with important status, regional advantages, reasonable layout, and tourism suitability.

The main innovation points of this paper are:

(1) Researching the "Beautiful China" from the perspective of tourism. Tourism (subject) is an industry of finding beauty, appreciating beauty and constructing beauty, and is inextricably linked with "Beautiful China" construction. Based on this, the author puts forward from four perspectives: why

the beauty—from the perspective of tourism resources of explore the beauty of the causes, mechanisms; How the beauty— from the perspective of aesthetics of tourism for the evaluation of beauty. Beauty is what—from tourism economics and ethics perspective analysis of the beauty of utility, value; How to be more beautiful—from the perspective of tourism management thinking construction of beauty, image positioning. It is trying to establish the framework of tourism research of "Beautiful China" .

(2) The organic fusion of the urban construction and the development of tourism is emphasized under the concept of "Beautiful China" . Following the historical linear, from town to market, to city, to residence-oriented city, to tourism-oriented city of urban development, the change of the city functions is identified according to theoretical analysis. The concept of tourism-oriented city is refined. Meanwhile, the connotation, denotation, characteristics and geographic space are clearly defined.

(3) Based on the concept, connotation, extension, characteristics and geographic space of the appropriate tourism city and the four stages of "commentary→reference→considerations→rebirth" , the relatively reasonable index system is constructed, which consists of 7 evaluation layers, 19 evaluation factors and 64 evaluation divisors. It synthesizes the experts' suggestions and sets each index's weights by hierarchy analyzing.

Key Words: Appropriate Tourism City; Index System; Improvement Path; Great Beauty of Shanxi

目 录

第一章 绪论 …… 1

第一节 研究背景 …… 1

一 宏观背景 …… 1

二 课题支撑 …… 4

第二节 研究价值及意义 …… 5

一 理论价值 …… 5

二 实践意义 …… 5

第三节 国内外研究现状及述评 …… 6

一 “美丽中国”研究动态 …… 6

二 城市旅游的研究 …… 10

三 宜游城市的研究 …… 14

四 问题与述评 …… 16

第四节 研究目标和内容 …… 17

一 研究目标 …… 17

二 研究内容 …… 18

第五节 研究思路与方法 …… 19

一 总体思路 …… 19

二 研究方法 …… 20

第六节 样本选择 …… 22

第二章 概念界定、理论基础并兼议“美丽中国”旅游学 …… 23

第一节 概念界定 …… 23

一 “美丽中国”及大美陕西 …… 23
二 宜游城市 …… 25
三 指标体系 …… 29
四 建设路径 …… 30
五 正能量及负能量 …… 30
第二节 研究的理论基础 …… 31
一 生态文明理论 …… 31
二 城市品牌理论 …… 33
三 旅游美学理论，兼论美与旅游的关系 …… 35
第三节 旅游视角下的“美丽中国”理论探讨 …… 38
一 “美丽中国”的学科框架 …… 38
二 旅游视角下的“美丽中国”理论架构——四个维度 …… 39
三 宜游城市：“美丽中国”与旅游业发展、城市建设的耦合 …… 41
四 大美陕西宜游城市的内在逻辑：三个问题 …… 42

第三章 大美陕西“因何而美”：宜游城市的宏观背景 …… 45

第一节 成因之一：自然山水之美 …… 45
一 地质地貌——大地龙脉与鬼斧神工 …… 45
二 河流气候——纵横交错与层次分明 …… 48
三 生态植被——林木蓊郁与水秀山明 …… 50
第二节 成因之二：历史积淀之美 …… 51
一 远古时代——华夏之根 …… 51
二 秦汉时期——国家统一与大气磅礴 …… 52
三 隋唐鼎盛——名扬海外与盛世气象 …… 54
第三节 成因之三：区域文化之美 …… 55
一 关中地区——帝王与乡土文化为主 …… 56
二 陕北地区——红色与民俗文化为主 …… 59
三 陕南地区——生态及移民文化为主 …… 61

第四节　成因之四：发展和谐之美 …………………………… 64
一　经济快速增长，产业结构不断优化 ………………………… 64
二　基础设施改善与社会事业进步 ……………………………… 65
三　科技与教育高地 …………………………………………… 67
第五节　陕西与西北其他四省的比较 ………………………… 68
一　国家级景观资源比较：既多且优 ………………………… 68
二　历史遗迹比较：居于首位 ………………………………… 69
三　4A 及以上级景区比较：优势突出 ……………………… 70
四　经济社会建设及旅游业比较：差距明显 ………………… 71

第四章　宜游城市指标体系构建 ……………………………… 75

第一节　城市旅游的地域空间范围：微观、中观、宏观 …… 75
第二节　宜游城市的内涵、外延及特征 ……………………… 77
一　宜游城市的内涵及外延 …………………………………… 77
二　宜游城市的特征 …………………………………………… 78
第三节　指标体系构建的必要性及技术路线 ………………… 80
一　指标体系构建的必要性 …………………………………… 80
二　指标体系构建的技术路线 ………………………………… 80
第四节　相关指标体系的研究现状 …………………………… 81
一　优秀旅游城市指标体系——普及化 ……………………… 82
二　最佳旅游城市指标体系——高端化 ……………………… 86
三　宜游城市及其他指标体系 ………………………………… 88
第五节　构建指标体系原则 …………………………………… 89
一　理论指导原则 ……………………………………………… 90
二　可操作性原则 ……………………………………………… 91
三　对比性原则 ………………………………………………… 91
四　代表性与前瞻性原则 ……………………………………… 91
五　界定清晰原则 ……………………………………………… 92
第六节　构建宜游城市指标体系 ……………………………… 92
一　指标体系总目标层 ………………………………………… 92

二 指标体系中各评价综合层分析 …… 93
三 指标体系中各评价综合层之间的关系 …… 108
四 指标权重及正逆性判断 …… 108
第七节 宜游城市指标体系的确立及特征分析 …… 113

第五章 大美陕西“到底多美——各美其美”：宜游城市测评及SWOT分析 …… 117

第一节 数据来源与整理 …… 117
一 数据来源 …… 117
二 数据处理 …… 118
第二节 评价模型及方法 …… 118
一 评价模型 …… 118
二 评价方法 …… 120
第三节 结果分析 …… 120
一 旅游吸引力：南北低、中间极高 …… 120
二 交通可达性：南低、中高、北次高 …… 124
三 旅游信息、设施与服务能力：中北高、南低 …… 127
四 旅游业绩：中部高、南北低、南比北高 …… 130
五 前四个因素比较：优、差搭配四种组合 …… 133
六 环境适宜性：北低南高 …… 136
七 社会包容性：中间高、南北低 …… 139
八 经济生活性：两头低、中间高 …… 142
九 后三个因素的比较：优优与差差组合分化 …… 145
第四节 单城市SWOT分析及区域间比较 …… 147
一 单城市SWOT分析 …… 147
二 区域间比较 …… 163
第五节 十地市聚类分级与各综合层之间关系 …… 164
一 十地市聚类分级 …… 164
二 各综合层之间的关系 …… 168

第六章 大美陕西“如何更美”：宜游城市的提升路径 …… 171

第一节 分析方法及建设原则 …… 171

一　分析方法 …… 171
二　建设原则 …… 172
第二节　大美陕西区域布局：宏观战略 …… 173
一　“大鹏”腾飞战略 …… 173
二　关中地区：核心主轴——鹏之躯干 …… 174
三　陕北地区：黄土风情——鹏之北翼 …… 179
四　陕南地区：山水秦岭——鹏之南翼 …… 183
五　区域建设因素比较 …… 187
第三节　各城市建设：百花齐放 …… 187
一　西安：千年帝都、丝路起点 …… 188
二　宝鸡：炎帝故里、垂名青铜 …… 192
三　咸阳：秦都咸阳、帝陵之乡 …… 194
四　渭南：“渭”峨华夏、险峻华山 …… 196
五　铜川：药王仙山、独树一果 …… 198
六　延安：革命圣地、寻根之城 …… 200
七　榆林：锦绣榆林、绿色沙旅 …… 202
八　汉中：三国属蜀、颐养福地 …… 204
九　安康：“硒”世“镇”宝、安乐康泰 …… 206
十　商洛：商山洛水、峡谷体验 …… 207
十一　各城市建设因素比较 …… 209
第七章　结论与展望 …… 211
第一节　主要结论 …… 211
第二节　创新之处 …… 216
第三节　未来展望 …… 216
参考文献 …… 218
附　录 …… 233
后　记 …… 253

第一章　绪论

第一节　研究背景

一　宏观背景

（1）党的十八大以来，“美丽中国”成为各行各业建设的行动纲领。2012年11月党的十八大在北京召开，胡锦涛所做十八大报告中首次专章论述生态文明，提出建设“美丽中国”的理念[1]，即“生产空间集约高效，生活空间宜居适度，生态空间山清水秀”。2013年8月，习近平总书记在谈到“美丽中国”与中国梦时强调：“人民对美好生活的向往，是我们的奋斗目标。”实现这一目标需依靠经济的提质、社会的和谐、文化的弘扬、政治的民主、生态的改善，产业作为支撑人们美好生活较为核心的元素，在如何推动“美丽中国”建设中各领风骚，从不同角度在理论与实践两个层面进行深入探讨，为“美丽中国”建设积极出谋划策。旅游业在此时应迎头赶上、勇于担当，深入思考“美丽中国”建设这一重大问题。因为，“美丽中国”不仅为新时期中国旅游业发展奠定了基调，更定位了国家形象及所蕴含的时代内涵[2]。

（2）旅游业是发现美、鉴赏美、建设美的产业，在“美丽中国”建设中应该大有作为。在“美丽中国”建设中，旅游业是“鉴赏美丽”的产业，是展现“美丽中国”的载体，也是体现“美丽中国”建设成果的重要平台[3]。因此，旅游业应在“美丽中国”建设中率先行动，提升产业地位，增强人民的幸福感，展示国家的形象。发挥产业效应，带动与激活其他行业，形成美丽经济；发挥幸福效应，重点建设品牌景区，在城市、乡村合理布局，构成点—线结合的空间网络，建设立体可感的“美丽中国”；发挥形象效应，从内到外，由表及里，将“美丽中国”的形象推介与美景、美食、美行、美乐、美购、美住落地建设相结合。对于旅游业来说，这是一个千载难逢的发展机遇。

2014 年，国务院在《关于促进旅游业改革发展的若干意见》中提到“旅游业是现代服务业的重要组成部分，带动作用大。加快旅游业改革发展，是适应人民群众消费升级和产业结构调整的必然要求，对于扩就业、增收入，推动中西部发展和贫困地区脱贫致富，促进经济平稳增长和生态环境改善意义重大，对于提高人民生活质量、培育和践行社会主义核心价值观也具有重要作用”。由此可见，旅游业作为现代服务业，作用日益彰显。工业化促进经济增长，城市化推动社会进步与文明，二者联动成为推动我国旅游业发展的两大引擎，特别是经济的高速增长与城市化进程加快，明显地推动了我国旅游业的快速发展[4]。从需求上看，城市化进程对旅游需求的拉动具有正向效应，即城市居民收入高，文化层次高，了解外部世界的愿望更为强烈，具有更高的旅游需求；农村居民收入相对较低，旅游需求也较低。随着城市化进程的推进，城镇居民增多，农村人口减少，国民旅游需求会更加旺盛。这是由城市化促进城乡结构调整，进而引起的国内旅游需求的增长。从供给上看，当前我国经济发展呈现增速放缓、结构调整、驱动升级的新常态。受世界经济恢复乏力的外部环境影响，我国经济内部效率较低、结构失衡、产能过剩等矛盾不断凸显，经济下行压力增大。旅游业作为综合带动性强的现代服务业，是扩大内需、调整经济结构的必然选择[5]。这就意味着旅游业能获得更多资金、政策、产业支持，能创造出更多、更优、可供游客进行多样化选择的旅游产品，再加上带薪休假制度的完善，旅游业的发展前景大好。

（3）城市成为现代旅游业的重要支撑。旅游业从纯粹的游山玩水发展为综合性的服务产业，它的发展状况是一个国家经济社会环境等综合因素的映射与体现。城市作为重要的旅游目的地、客源地，联系着旅游主体（游客）和旅游客体（旅游吸引物），是旅游活动能够顺利完成的重要媒介与条件。旅游业发展至今，城市已然成为世界旅游发展的重要支撑。对国内外游客来说，城市是旅游的“首站”，它将完善的基础设施、高品位的景区景点、便捷发达的交通、丰富多样的饮食等汇集成一个综合体，在人们旅行中演绎着多种角色。城市的宜游程度决定了一个地区乃至国家旅游的发展走向。就我国而言，城市是接待国内外游客的中心，也是产生国内外游客的客源地，城市旅游的发展裹挟着乡村旅游换代升级。改革开放之初，我国入境游客接待地主要集中在北京、上海、广州、西安等旅游综合素质水平较高的城市。但到了 2013 年，据统计，我国接待入境过夜游客人数超过 20 万人次的城市达到 43 个。可见城市一直是我国入境旅游的战略要地。此外，国家旅游局自 1996 年开始创建“中国优秀旅游城市”，截至 2012 年，已有超过一半的城市入选，共 370 个，这些优秀城市在我国旅游业发展中处于主导地位。提高城市的宜游性，对游客而言，就是既要能满足其“行、吃、住、游、购、娱”的需求，还要能为其提供优质服务与超常规体验。

2012 年末，我国人口 13.5 亿，国内旅游人次 29.6 亿人次，居民出境 0.83 亿人次。一方面，这充分说明人们从对满足基本温饱的追求向对小康生活，以及更高的精神境界的追求转变，生活观念、生活方式有了“质”的变化，人们通过观光旅游、深度休闲等感受自然环境之美、社会发展之妙，满足求知、审美、猎奇等高层次精神需求，增强生活的幸福感和人生的愉悦性，提升自信心和自豪感。“亲自去做的方式，决定了幸福不可能是身外之物所能够替代的”[6]，国内游客数与旅游消费的双增长证实了人们正通过旅游使生活质量日新月异，也实现了人们从“久在樊笼里”到“复得返自然”的诉求。另一方面，仅与美国相比，我国居民年人均出游 2.25 次，而美国居民年人均出游 7—8 次，说明我国居民旅游数量和质量与发达国家还有一段距离，甚至部分居民还未真正外出旅游一次。建设宜游城市，实现人民对美好生活的追求，契合了建设“美丽中国”的理念。

（4）宜游城市是大美陕西建设的主要空间载体，大美陕西是“美丽中国”建设的重要组成部分。历史上，陕西地位显赫，数个王朝定都于此，具有帝都龙脉，是古“丝绸之路”的发祥地；现如今，自然山水与历史人文遗迹已成为具有极高价值的高品位旅游资源，吸引着来自四面八方的游客。以城市作为大美陕西建设的主要空间载体，将城市建设成为宜游城市，关乎着大美陕西建设的全局，是大美陕西旅游业战略布局中的主要发力点，也是“美丽中国”建设的重要组成部分。

二 课题支撑

在博士论文选题阶段，笔者有幸接触到“美丽中国”这样宏大的题目，一直想为此做一些力所能及的工作，完成作为一个知识分子的家国情怀。在文献阅读与感知中，加深了对“美丽中国”的认识，实地走访祖国山水后更坚定了自己的目标。如何从旅游视角来寻求建设“美丽中国”的途径是一个难题，在与导师数次交流论文选题的视角与相关思路后，2013 年，在导师指导下，笔者作为第一参与人，参加了严老师牵头申报的陕西省社科项目“宜居宜游视角下大美陕西测评及建设路径研究”（13Q045），更坚定了笔者对“美丽中国”研究的信念。笔者决定以陕西为样本来研究如何建设大美陕西，从而为建设“美丽中国”提供实践验证。2012 年，笔者来到西安求学，时时刻刻感受着帝都的风采与神气，满满溢出的都是历史与文化，作为一座现代的都市，其发展后劲之足，底蕴与气场让人震撼。因此，在宜游视角下研究大美陕西的独特魅力，得到以上项目的大力支撑与推动。

另外，作为一名进入旅游研究领域的新手，在基础知识、科学研究等多个方面受到导师“醍醐灌顶”式的启发，走进丰富的旅游世界，并逐步产生了浓厚的学习与研究兴趣。笔者深知博士研究课题内容庞杂，非一人之力所能完成，需团队鼎力支持，选择陕西作为实证研究对象开展大美陕西与宜游城市的研究，即为选题的背景与缘起。

第二节　研究价值及意义

陕西作为国内较早以入境旅游起家的省份，1990 年以来，工业化加速发展，中心城市快速扩张，取得成就的同时也产生了许多问题，其中以大气、水环境和垃圾污染等问题较为严重。众多景区快速建设、特色不突出，旅游开发与景观保护问题突出；人满为患，城市接待能力及基础服务等供需失衡。在此背景下，开展大美陕西与宜游城市的定量评价及建设路径研究，对于保障民生、发展旅游、塑造大美陕西形象具有重要的意义，也为建设“美丽中国”提供了有益的参考。

一　理论价值

关于大美陕西宜游城市的研究包括以下两方面：一是在“美丽中国”的视阈下，系统梳理城市发展演化历史，界定宜游城市的概念，把握其内涵、外延及特征点，据此来进行宜游城市指标体系的构建。二是构建宜游城市的指标体系，以宜游城市为突破口，将陕西作为样本研究对象，通过指标体系进行定量测度，为进行大美陕西建设提供科学参考。本研究致力把“美丽中国”从政治理念变成一个科学的问题，从而建立起“美丽中国”旅游学，对于丰富“美丽中国”旅游学的基础理论具有重要的理论价值。

二　实践意义

本研究立足陕西，以西安等十地市为研究对象，从旅游视角将“美丽中国”的建设落到实处，主要依靠城市作为重要载体，探讨三个核心问题。一是大美陕西“因何而美”，结合陕西自然、历史、文化、现实发展来分析“美”的成因，构成宜游城市建设的宏观背景；二是大美陕西“到底多美—各美其美”，以十地市为研究对象，在广泛田野调查的基础上，收集经济、社会、旅游业等多个方面的数据，依托构建的宜游城市指标体系，进行大美陕西宜游城市定量评价，从内部比较陕西十地市的“美”；三是大美陕西“如何更美”，将科学测度与建设路径相结合，在测评的基础上探讨建设路径，阐述大美陕西对民生旅游的意义，扬长补短开发优质旅游产品，打造名牌景点景区，创建宜游城市，增强大美陕西的正能量。“节能减排”，防治城市污染，恢复自然生态，削减大美陕西的负能量，引领宜游城市建设，对促进“美丽中国”宜游城市建设具有重大的现实和实践意义。

第三节　国内外研究现状及述评

一　“美丽中国”研究动态

（一）早期：散落民间，在文人墨客心中——诗意化

孔子登泰山有“登泰山而小天下”的心境，面水则有“逝者如斯夫”的感慨，搭建了“智者乐山，仁者乐水”的自然观，这是他与自然山水间的精神对话。在古代，诗人、画家、政客游山玩水，留下了无数歌颂自然山水的文学作品与画作。南北朝谢灵运开山水诗歌之先河，以险峰怪石、灵山秀水作为游览目标，写下了大量诗歌，如游庐山山顶时写下“扪壁窥龙池，攀枝瞰乳穴。积峡忽复启，平途俄已绝”。到了唐朝，李白更是佳作不断，如“故人西辞黄鹤楼，烟花三月下扬州。孤帆远影碧空尽，惟见长江天际流”“两岸猿声啼不住，轻舟已过万重山。”王维的“行到水穷处，坐看云起时。”宋朝后，柳宗元的《永州八记》、苏东坡的《赤壁赋》、范仲淹的《岳阳楼记》等也是山水诗歌的代表作。除此之外，还有古代画家的作品，也多是结合自然山水而作。从诗画作品中可以看出，初期对“美丽中国”的描述多是“碎片化”的，比较零散，以很诗意的手法来表达，在一定程度上增添了祖国山水的灵气，可以认为这是“美丽中国”的早期自然呈现。另外还有各朝各代留下的大量精美建筑、历史遗迹，如故宫、长城、秦兵马俑、乐山大佛、敦煌莫高窟、明十三陵、江南园林等，都是“美丽中国”的物化呈现。

（二）近期：逐步聚焦，进入学者视野——科学化

2004 年，中国国家地理杂志邀请以中国科学院院士、中国工程院

院士为主体的200多位专家，分17个类型，对我国自然山水进行了一次“选美”。整个评选分为二级评审制，首先，组织单项专业委员会对15个单项进行打分、初选、排序；其次，组织总评审委员会进行复审，使评选在公平的基础上体现权威[7]。评选出最美十大名山、峡谷、森林、海岛，最美八大海岸，最美七大丹霞，最美六大瀑布、冰川、沼泽湿地、草原、旅游洞穴、乡村古镇，最美五大湖、峰林、沙漠、城区，最美三大雅丹，共计114处景观，这是较为广泛的一次评比，第一次以较为科学的方式来认识“美丽中国”。这次“选美”集中突出的是“美丽中国”的自然之美，并且比较集中在西部地区，在某些景观的选择上也颠覆了以往的经典认识。

世界遗产被誉为“精品中的精品”，是旅游业中的顶级旅游资源品牌[8]。截至2014年，中国共有世界遗产47项，其中文化遗产33项，自然遗产10项，自然与文化遗产4项，居世界第二位（见表1－1）。经比较，中国世界遗产种类齐全，遗产中文化遗产占到70.2%，集中体现了“美丽中国”的人文美，区域分布集中在东部地区。

表1－1　　中国世界遗产世界排名（截至2014年6月）

国家	遗产总数	文化遗产	自然遗产	自然与文化遗产
意大利	50	46	4	0
中国	47	33	10	4
西班牙	44	39	3	2
法国	39	35	3	1
德国	39	36	3	0
墨西哥	32	27	5	0
印度	32	25	7	0
英国	28	23	4	1
俄罗斯	26	16	10	0
美国	22	9	12	1

资料来源：世界遗产网。

2008年，英国广播公司（BBC）联合中央电视台（CCTV）共同拍摄《美丽中国》纪录片，展观“美丽中国”的别样风采。该片荣获第30届“艾美奖新闻与纪录片”最佳自然历史纪录片4项大奖。共有6集，具体为《神奇高原》《风雪塞外》《沃土中原》《锦绣华南》《云翔天边》《潮涌海岸》，以自然山水、飞鸟走兽、民俗风情等为本底，将人与自然的相处哲学以故事为框架进行全新演绎。与2004年的“选美中国”相比，前者是“静态”呈现，《美丽中国》纪录片是“动态”呈现，不仅是对自然风光的特写，还另辟蹊径地将野生动物与自然风光结合起来，辅以人的活动，从而呈现了中国人天人合一、人与自然和谐生活的理念与价值取向[9]。不仅动静结合展示了野性之美，也从较为科学的角度对“美丽中国”进行聚焦，使得“美丽中国”的形象更加饱满（见图1－1）。

图1－1 《美丽中国》纪录片截选

由上可知，“美丽中国”的美由自然美、人文美、人与自然和谐美三个层次构成，在不同区域聚集，自然美集中在西部，人文美在东部分布较广，人与自然和谐美呈“散状”分布，三者相互融合形成“美丽中国”的外在形象，立体式地构筑起“美丽中国”的整体。三个层次集中科学化地彰显了“美丽中国”具有质感的动态美与静态美。

（三）“美丽中国”理论提升，成为国家战略

“美丽中国”从早期的诗意化呈现，到近期逐步聚焦，进入科学化阶段。党的十八大的召开，则是从理论的高度来进行提炼，从而使“美丽中国”上升为国家战略。这一理念以问题为导向，既针对当前全国生态污染，又着眼于“中国梦”的长远环境发展，使“美丽中国”成为旅游目的地的形象营销与柔性宣传口号。

关于“美丽中国”的研究，集中在如何理解、认识“美丽中国”。有学者指出，“美丽中国”是中国特色社会主义和谐发展的美好家园[10]。也有学者认为，“美丽中国”的含义是在努力建设生态文明基础上的中国特色社会主义，即人与自然和谐的美好中国，也是人与社会关系达到和谐完美状态的中国[11]。万俊人认为，“美丽中国”作为生态文明建设目标的文学隐喻，显然不只是表达我们对“天更蓝、水更美、空气更加洁净、山河更加美丽”的期待，同时也形象表达了中国特色社会主义现代化的全新视镜[12]。有学者从“美丽中国”建设的基本点出发，回望一个更高的层面。王晓广从生态文明基本立足点出发，指出“美丽中国”首先指称的是一种优美宜居的自然生态环境，同时又表征了一种和谐有序的发展环境，体现了自然之美与社会之美的有机统一[13]。李建华等则从三个层次理解“美丽中国”的科学内涵：第一个层次是生态文明的自然之美；第二个层次是融入生态文明理念后物质文明的科学发展之美、精神文明的人文化成之美、政治文明的民主法制之美；第三个层次是社会生活的和谐幸福之美[14]。还有学者认为，“美丽中国”就是自然环境与人文环境都必须达到和谐之美的崭新境界，是时代之美、社会之美、生活之美、百姓之美、环境之美的总和[15]。对“美丽中国”的认识逐层递进，已有包罗万象之意。

在理解、认识“美丽中国”的同时，也在探讨“美丽中国”建

设路径。一是从生态文明、环境保护角度给出建议。有学者认为要以生态文明体制机制促“美丽中国”建设[16]；要探索生态文明建设的“融入”路径、注重国土开发中的生态文明导向、谋划空间战略等[17]；还包括发展发达的生态农业、注重优美的生态环境与舒适生态人居的打造、提倡绿色的消费模式与永续的资源保障等[18]。贺铿等进一步指出，要从生态环境秀美与安全两个方面来加强建设，既能保住“美丽中国”之美，又能突出其美；从美学原理、美的观念体系出发去建设现实世界，关照现实生活。总之，建设是一个多方面协同的事情，“美丽中国”建设不能单打独斗[19]。丁仲礼等认为，“美丽中国”建设是一个长期的过程，环境保护尤为重要[20]。还有学者指出，建设“美丽中国”需要发展循环经济[21]。二是从城镇建设角度给出建议。蔡尚伟等依据“五位一体”思想，选取指标、量化测评，对我国 30 多个省会、副省级城市进行“美丽”比较，再依据评价结果进行类型区分，对四种类型采取四种不同的建设路径[22]，在“美丽中国”建设中，是较为科学的一种思想。其他学者认为，未来城镇化、自主创新、第三产业、生态城市建设、“城镇绿地”建设等都能对建设“美丽中国”发挥积极作用[23][24][25]。另有其他学者的研究角度与以上两个角度相异，认为建设“美丽中国”要从人类、生态、文化、社会、政治与经济等六个维度入手[26]；要从法制上加以保障，落实责任[27]。更有学者拔高认识，认为“努力建设美丽中国”是马克思主义生态思想中国化的最新成果，是中国特色发展道路的新创举[28]。

二　城市旅游的研究

对比国内外城市旅游研究，国外研究比国内早很多，最早重视城市旅游研究的学者是 Stansfield，1964 年在其著作《美国旅游研究中的城乡不平衡》中提到城市旅游的研究作为旅游业中一个领域，地位不可忽视。这一提醒虽具有重要的学术意义，但在 20 世纪 70 年代到 80 年代初期的研究中并未引起足够重视，只是停留在对国际旅游现象的描述上，很少深入地进行理论架构。城市旅游因其自身内在系统及其外部关联的复杂性，学者们仁者见仁、智者见智。国内外关于城市旅游的理论研究，既有重合交叉部分，也各有自身特色，并随关注热点的转移出现不断交替的现象。城市旅游研究领域也较为宽泛，主要集中在城市吸引物研究、空间结构、形象定位、发展影响及竞争力研究等方面。

在城市吸引物研究方面，Bob McKercher 以香港为例，从供给角度研究文化吸引物，指出影响吸引力的主要因素是产品本身、管理经验和市场促销[29]。Anna Chiesura 研究发现城市美好的自然环境能激发人们工作的热情，可以满足人们精神性的需求[30]。Stephen W. Litvin 研究了城市历史街区改造与城市旅游发展的互动关系[31]。

旅游空间结构是指旅游经济客体在空间相互作用所形成的空间聚集程度及聚集状态，它体现了旅游活动的空间属性与相互关系，是旅游活动在地理空间上的反映，是区域旅游发展状态的“指示器”[32]。空间结构在城市旅游中是一个很重要的研究领域，备受学者的青睐。道格拉斯·伯尔斯以巴黎城市旅游为例，从微观的角度分析了城市地标建筑、排水系统等具有代表性的旅游空间分布，并结合旅游者的需求对其功能进行研究，以利于城市旅游空间结构最大化[33]。

卞显红指出，旅游空间结构及其空间布局模式有单节点、多节点及链接节点三种，并论述了构成城市旅游空间结构的六大基本要素：城市旅游客源市场、旅游节点、城市旅游区、城市旅游目的地区域、城市区域内旅游循环路线及城市旅游入（出）口通道[34]。陶伟等以世界遗产地苏州为研究对象，发现城市旅游空间整合的特有规律，指出整体整合、核心整合两条整合城市旅游空间结构的途径[35]。吴承照认为城市旅游是指城市的旅游功能和旅游产业，如同城市农业、工业一样，并进一步指出观光游憩点、游憩中心地、旅游基本线路与旅游通道、旅游集散中心、主题街、公园道路是城市旅游空间的基本单元，这些基本单元有单核、多核、带状、网络、综合五种组合模式[36]。汪德根研究指出，城市旅游地的生命周期分为三个阶段，在不同的阶段城市旅游空间结构的演变形态与特征及模式均不同[37]。在城市旅游发展的过程中，城市游憩商业区也是研究的另一个热点，有许多学者都研究了商业区在城市旅游发展中的作用。

与此同时，城市旅游形象研究也备受关注，成为热点领域。Judd

认为，城市旅游形象要反映城市独特的一面，在宣传方式上应借鉴广告，同时还应重视建造与城市形象相匹配的城市景观[38]。结合案例进行城市旅游形象研究的学者多能提出具体的塑造策略，如以英国曼彻斯特、荷兰邓博契、中国香港为例进行的研究[39]。金卫东指出，城市旅游形象是旅游者在游览城市的过程中通过对城市环境形体（硬件）的观赏游览和对市民素质、民俗民风、服务态度等（软件）的体验所产生的对于城市的总体印象。要立足影响城市旅游形象的因素去打造，并注意形象的独特性[40]。李蕾蕾在对城市旅游形象认知的基础上，提出形象定位的方法与原则[41]。崔凤军通过研究电视广告在城市形象营销中的作用，提出提升形象的六条营销策略，即借用强势电视媒体，注意投放的针对性，注重媒体的人气指数、播放频次、自身品牌，根据旅游业发展阶段与城市文脉制作不同的宣传片等[42]。程金龙从城市旅游形象的概念与内涵、制约及影响因素、结构层次、构成要素、关系模式、功能定位、运作机制等多个方面研究其内在机理[43]。李娟文等[44]、周玲强等[45]、徐菲菲等[46]、马晓龙[47]分别以武汉、杭州、南京、西安为案例地，思考如何进行形象的定位，并提供对策建设。

在城市旅游研究中，对经济、社会文化、环境影响、居民影响的研究也是一个重要的领域。国外对该领域关注较早，研究比较系统；国内研究略微逊色。Parletg 等以历史名城英国爱丁堡为例，构建模型来研究旅游业对其经济影响[48]。Adam Finn 研究了大型购物广场对城市旅游的经济贡献[49]。Steven C. Deller 研究了度假区为地方财政做出的贡献[50]。Carol M. Eastman 指出，旅游发展对肯尼亚的斯瓦西里语边缘化产生了影响[51]。T. C. Chang 研究发现，旅游在本土文化与世界文化中架起沟通的桥梁，赋予本土文化新的含义[52]。Antonio P. Russo 认为，要从旅游者角度出发考虑历史区域的保护问题[53]。Hughe 研究发现，伦敦旅游业的发展，游客的大量涌入，对当地戏剧产生了消极影响[54]。Lukashina 等以俄罗斯索契为例研究旅游业对环境的负面影响，提出既要注重从生态角度规划景区，还要制定配套的制度、法规来强化管理[55]。Stuart 等以洪都拉斯的伯利兹城为例，研究旅游者对目的地经济、社会、文化等多个方面的影响[56]。David Gilbert 研究居民对吉尔福德和坎特伯雷两个城市的旅游发展的感知差异[57]。Tim Snaith 从人口学角度研究认为不同人群对旅游开发有着显著的态度差异[58]。Tim Coles 以德国东部和莱比锡为例，探讨后社会主义国家城市旅游的开发，以区别于发达资本主义国家的开发模式[59]。

国内对城市旅游业影响的研究多以定性为主。张文以阳朔为案例地，采用田野调查、统计分析、文献分析法将定性与定量结合起来，对社会文化影响进行评估[60]。宣国富等站在旅游目的地居民的立场，研究海滨旅游地海口、三亚居民对旅游经济、社会环境影响的感知[61]。杨兴柱等对城市旅游地居民的旅游感知及其差异进行详细分析，并系统总结影响居民旅游感知的主要因素[62]。

城市旅游竞争力研究也是受关注较多的一个领域，影响竞争力的因素从吸引力层面着手探讨。Leiper 认为影响旅游吸引力的因素是人的需要、有吸引的地方、相关信息的推介，三者可以使潜在的旅游行为变为现实，共同构成吸引力系统；并进一步强调旅游者的需求、旅游企业的行为影响旅游目的地竞争力[63]。Enright 指出对潜在旅游者产生吸引力是旅游目的地有无竞争力的重要指标[64]。

屈海林等认为，城市要拥有好的旅游形象、对不同的游客市场采取不同的营销策略，二者结合是保持城市持续竞争力的关键[65]。保继刚研究认为，城市旅游吸引力可归为 8 个动力因子，从城市发展水平、对外经济联系到城市文化氛围、旅游景点、区位特性、基础设施、环境质量与服务水平，囊括了作为旅游城市应具备的大多因素[66]。苏伟忠等认为，城市旅游竞争力通过旅游产业素质与环境的综合作用以及旅游企业的销售情况，反映竞争力的大小以及可持续壮大的能力[67]。郭舒等认为影响城市旅游竞争力的重要因素是核心吸引物、基础性因素、支持性因素、发展性因素、管理创新性因素等[68]。董锁成等将城市群及其内部城市单体结合起来构建旅游竞争力指标体系，包括旅游业发展动力、旅游业发展水平、旅游影响、旅游经济联系、不同城市区域旅游贡献度等 5 方面指标[69]。傅云新等认为，旅游竞争力由旅游现实竞争力与潜在竞争力两个方面构成[70]。

王琪延等指出，我国城市旅游竞争力总体有所提高，影响城市旅游竞争力的主要原因是市场收益[71]。

三　宜游城市的研究

对宜游城市的研究需从宜居城市的研究起头。宜居城市思想的萌芽，始于霍华德的著作《明日的田园城市》，他认为，城市是“功能完整的城市”，在这个城市中，不仅功能完备，而且相互协调，城市与乡村是一个动态的平衡体，如能这样，城市的社会经济环境与良好的自然环境就形成一个有机统一体[72]。按照这一构思，当城市空间变大、环境优化、城乡互动等形成后，已出现的城市问题就可以迎刃而解。“二战”后，世界格局发生变化，美国成为世界经济中心，欧洲正处在复苏阶段，各国为恢复经济发展，加快了工业化、城市化进程，与此同时，各种与工业化、城市化有关的问题如人地矛盾、资源紧张比以前更为严重，这一时期为学者研究提供了具有代表性、典型性的素材与样本。如 David L. Smith 在其著作《宜居与城市规划》中，提出宜居概念。自 20 世纪 70 年代起，西方学术界还陆续提出“livable city”和“best place to live”等，在学界与实践中产生较大的反响，其中比较有影响力的是 1985 年亨利·列那德组织的“让城市成为宜居之地的国家会议”。到 80 年代后，不同学科的渗透，为宜居城市研究注入许多新的思想，诸如新都市主义思想、健康城市的概念、建设园林城市等[73]。

从 20 世纪 90 年代开始，广大发展中国家城市化相继提速，助推了整个世界的城市化浪潮。“宜居城市”的理念逐步进入我国学者视野，研究大多以国外理论为源头来解读中国城市化的问题，并在此基础上提出一些建设性的意见。最早进行人居环境的理论和实证研究的是吴良镛院士，其著作《人居环境科学导论》提出以“建筑、园林、城市规划的融合”为核心来建构城市，并将系统论融入到人居环境建设理论中[74]。随后，国内其他学者从不同角度探讨宜居城市的理念、建设因素等。任致远认为，宜居城市就是适宜人们生活居住的城市，要有充足的就业岗位，是社会和谐、环境优美、文化有个性、基础设施完备配套的城市，并用五大方面 26 个小指标探讨衡量宜居城市的标准[75]。李杨认为宜居城市需要具备良好的自然环境和人文环境条件[76]；张文忠等分别从 5 个方面考量宜居城市，主要包括城市的安全性、环境的健康性、出行的便利性、生活的方便性、居住的舒适性，并进一步通过大量调查数据来认识城市的宜居性，以数据分析为基础提出建设对策[77]；李丽萍等认为，宜居城市要与经济、社会、文化、环境相协调，突出良好的人居环境，同时还能够满足居民的精神与物质需求，对工作、生活、居住三者均适宜，并从分析中延伸出多种衡量指标[78]；顾文选等提出，宜居城市突出其“居”的功能，围绕居住环境、人文氛围、生态安全、空间面积等方面来思考与定位，以“居”为中心，将宜居概括为“易居、逸居、康居、安居”八个字[79]；董晓峰等运用文献分析法、专家意见法等方法，确定城市宜居性评价系统[80]；邓海骏在系统总结国内外宜居城市研究的基础上，创新地提出了高品质宜居城市——创新型宜居城市，并构建了创新型宜居城市评价指标体系[81]；朱晓清等、张明斗等均以“慢城”的理念来理解宜居城市建设，提出较为宏观的建议[82][83]。

在传统定居时代，对于大多数人来说，祖辈大多居住在一个地方，很少流动到更远的地方，一般也只接待少量来自远方的客人。而到了宜游时代，接待的客人呈几何倍数增长，而且主人外出的次数与频率也不断提高，这使原有的主客关系彻底发生变化，由原来的“我为他人”关系演化为“人人互为”的局面。

宜游城市最先出现在胡小武研究文献里，以党的十七大报告中提出建设“五有”社会的观点出发，对当今城市社会发展的主要问题和挑战进行探讨，提出“五宜”城市社会发展愿景即“宜居、宜业、宜学、宜游、宜养”，并提出以从五个方面着力提升城市居住品质、科教文化内涵、商务环境、旅游设施、健康医疗服务等为主要内容的城市发展理念。具体论述“五宜之城”的主要战略路径，其中“宜游”指城市因其具有良好的人文历史与生态资源、基础设施能够成为良好的旅游目的地[84]。骆高远从“宜居”城市的出发，分析其与“宜游”城市关系，指出二者关系极为密切：“宜居”是“宜游”的前提；“宜游”是“宜居”的提升。提出建设一个宜居的城市，应依靠其潜在的丰富旅游资源与优美的生态环境，通过产业发展将优势变成旅游产业发展的优势，从而延伸产业链，培育经济增长点[85]。关于“宜居”与“宜游”关系，张红对此也有自己的见解，指出宜居是宜游的基础，宜游是宜居的扩展，二者的发展相辅相成，但立足点有所不同，并结合公布的宜居宜游指标进一步思考了城市建设[86]。2012 年，中国城市旅游发展战略研讨会在成都举行，提出：宜居、宜游、休闲化是城市功能演化的新方向；培育市民与游客共享的生活空间，是旅游发展对城市的要求；包容、共享与创新是城市旅游发展的战略导向[87]。

最先运用指标体系对“宜游”城市进行定量评价的是中国城市竞争力研究会，以“GN 中国宜游城市评价指标体系”评选出宜游城市，进一步指出宜游城市均具有旅游资源特色鲜明、旅游业发展较好、旅游功能设施完备、城市环境好、游客满意度高、城市旅游产品丰富等特征[88]。2010 年又发布了“中国老年人宜居宜游城市评价指标体系”[89]。孙明菲构建了“滨海旅游城市宜游度评价指标体系”[90]。从概念讨论到测评体系，学者对宜居、宜游进行了积极探索，达成部分共识。政府在对外形象宣传时也用到“宜游”城市这一概念，诸如成都、秦皇岛、西宁、张掖、丽水、上饶、汝城等。理论与实践的双轨推动，使对宜游城市的研究快速发展。再结合旅游业发展势头来看，自 2008 年 9 月金融危机以来，国内旅游市场的持续增长，使得我国旅游业已步入大众化发展阶段。城市是主要的旅游目的地，城市旅游的旁观者、参与者、从业者、管理者，都应以积极的姿态包容城市旅游发展过程中出现的问题。四种身份会时常互换，理应直面旅游发展对城市管理、规划、建设提出的新要求，摒弃成见，学习与借鉴新理念、新思想、新发展观，推动城市旅游问题的解决，将城市打造成市民与游客都比较满意的生活空间。

四　问题与述评

从文献研究来看，主要聚焦于“美丽中国”、宜游城市以及城市旅游研究三个问题，这三者之间是何种关系、相互作用的机制以及内在逻辑如何是本研究亟待解决的问题。一是文献中关于“美丽中国”

的研究主要是从两个方面入手，首先是理解、认识“美丽中国”，大多以生态文明为其基本出发点，但这一层次未能完全认识到“美丽中国”的内层含义，尤其未能触及“美丽”层面；其次是有关“美丽中国”建设路径，主要是从生态文明、城镇建设、制度、法制等方面给予建议，虽各有侧重，但仍表现出一定的趋同性。二是关于宜游城市的研究则是从三个方面着手，首先是对宜游城市的定义与理解，虽抓住了宜游城市的部分特征，但未能对其外延与内涵做更为详尽的阐释；其次是从宜居角度出发去探讨宜游，主要是结合宜居、宜游指标中的重合部分去剖析，宏观上对二者内在关系进行思考，微观层面的评价与内部比较分析有待深化；最后是依据宜游指标体系来测度城市，指标体系没有与概念的深入探讨结合起来，从结果来看，说服力不够，且带有一定片面性。三是关于城市旅游的研究，主要集中在空间结构、形象定位、发展影响及竞争力研究方面。总体而言，上述文献为本研究提供了很好的理论参考与方法借鉴，但将“美丽中国”、宜游城市放在一起来探讨城市旅游在某些方面还有很大空间。本书以陕西为“美丽中国”宜游城市测评与建设路径研究的典型区域，在界定宜游城市概念和内涵、外延及特征的基础上，通过构建宜游城市指标体系，进行评价和城市定位，进而提出建设路径，试图解决以下问题：①从旅游视角来认识“美丽中国”，构建“美丽中国”旅游学的理论架构；②在“美丽中国”理念下，将宜游城市结合起来，以陕西为样本思考其在推动大美陕西建设中的作用，并进行评价比较、形象定位，通过建设来彰显“美”；③从宜游城市角度出发来审视大美陕西建设；等等。

第四节 研究目标和内容

一 研究目标

大美陕西宜游城市的定量测定与建设路径研究具有重要的理论与实践意义，拟实现以下目标：

理论目标：在“美丽中国”理念下，梳理城市发展历史，分析和界定宜游城市概念，甄别宜游城市具有的特征，据此构建宜游城市的指标体系，进行“美丽中国”旅游学理论辨析，探索“美丽中国”旅游学的内涵。

实践目标：以陕西十地市为例进行定量测评，收集历史人文、经济社会发展、旅游景区等数据，在此基础上定量测度宜游性，进而探索大美陕西建设路径。为“美丽中国”建设提供参考。

二 研究内容

在旅游时代，城市已成为现代旅游业的重要推动力，强调和突出城市的某一功能已无法满足游客的多样需求，有必要全面地考量城市功能的齐备程度和服务水准。本书以陕西为例，先考察大美陕西“美”的深层原因。再对城市宜游性作理性思考，探究大美陕西与宜游城市的互动关系，构建宜游城市指标体系，探讨指标中各因素的内在联系，收集各类数据，并以指标体系来测度十地市的宜游性，根据测评结果分区域、分城市提出建设路径。主要研究内容如下：

第一章是绪论。该章以研究背景、研究价值及意义、国内外研究现状及述评、研究目标和内容、研究思路与方法以及样本选择说明构成内容。

第二章是概念界定、理论基础并兼议“美丽中国”旅游学。研读文献，进行理论分析，辨析与界定“美丽中国”、大美陕西、宜游城市、指标体系、建设路径、正能量及负能量等概念；厘清生态文明理论、城市品牌理论、旅游美学理论对研究的具体意义；在旅游视角下对“美丽中国”进行理论探讨。

第三章是大美陕西“因何而美”：宜游城市的宏观背景。分析陕西“美”的成因及形成机制，从纵向深挖与横向比较两个层面剖析，纵向主要体现在自然山水之美、历史积淀之美、区域文化之美、发展和谐之美四个方面；横向与西北四省比较，表现为国家级景观资源既多且优、历史遗迹居于首位、4A 及以上级景区优势突出、经济社会建设及旅游业差距明显四个方面，从宏观上形成了宜游城市建设的背景要素。

第四章是宜游城市指标体系构建。遵循演绎法，从城市旅游的空间范围探讨入手，对宜游城市内涵、外延、特征进行分析，探讨构建的必要性与技术路线，评述与之相关的指标体系，依据理论指导、可操作性、对比性、代表性与前瞻性、界定清晰的原则，通过频度统计、因子分析及相关性检验，建立“总目标层—评价综合层—评价因素层—评价因子层”四个层次的指标体系，采用专家咨询法、层次分析法，与评价函数相结合，确定指标权重，形成较为合理的指标体系。

第五章是大美陕西“到底多美—各美其美”：宜游城市测评及SWOT分析。收集10个中心城市地文景观、生态环境、人文历史、社会经济数据，在SPSS和GIS等软件支持下，构架评价模型，运用数理计算、雷达图法、SWOT分析法开展大美陕西十地市单因素、因素集合分析与定量评价，分析其独特魅力和存在的问题。进行十地市综合结果聚类分析，验证各综合层之间的相关性。

第六章是大美陕西“如何更美”：宜游城市的提升路径。综合评价结果，运用理论分析方法与建设指导原则，将陕西比作“大鹏”，提出旅游腾飞战略，分区域与城市进行形象定位；对区域和单个城市的建设要素排序，理出首要建设要素、次要建设要素及其他建设要素，有重点、分步骤地探讨建设路径，从“点”上突破大美陕西建设，形成“面”上的区域优势，为建成适宜旅游的城市提供可供参考的实践探索。

第七章是结论与展望。首先总结了全书的几个主要结论、可能有的创新点，分析了存在的不足之处，并在概念解读、数据选择、指标构建等方面进一步提出了改进与研究的方向。

第五节　研究思路与方法

一　总体思路

遵循“概念界定—指标构建—调查评价—建设路径”的研究思

路，在文献梳理和理论分析的基础上，诠释大美陕西、宜游城市的概念，进行二者理论关系架构，构建科学合理的指标体系。通过对陕西省十地市的调查，获取大量数据资料，通过区域比较、分类，定量测评各地市宜游城市的优势与不足，明确发展的现状、趋势及存在问题，形成关键路径，探索“大美陕西、如何更美”，塑造宜游城市新形象。具体如图 1－2 所示。

二　研究方法

（1）理论分析与概念界定。查阅国内外相关文献，从“美丽中国”目标提出到“大美陕西”建设的落实，通过概念辨析与界定，提炼和认识“美丽中国”、大美陕西；对城市功能发展演变文献进行系统解读、剖析，厘清理论脉络，定义宜游城市，并阐释其内涵、外延及主要特征。

（2）综合比较分析，构建指标体系。对比分析有关旅游城市的各种指标体系，科学构建宜游指标体系，较为客观、真实地反映各地市的宜游程度，对指标体系科学性进行细致斟酌；在设计量表时，会以不同方式咨询不同领域专家，汇总意见，审慎权衡并选择指标；以专家评判法与层次分析法、熵值法等综合确定权重，以对指标体系进行科学指导。

（3）定量计算与问题诊断。系统收集景区、生态环境、人文历史、社会经济等数据资料，在 SPSS 和 GIS 等软件支持下，运用数理统计、结构方程模型等方法，开展宜游城市综合分析与定量评价，以雷达图法直观呈现各因素、各城市综合结果，分析其建设成就和存在的问题。

（4）建设目标定位与路径研究。在上述综合分析与定量评价的基础上，确定大美陕西十地市宜游城市建设的总体思路及重点，通过建设彰显“正能量”、消除“负能量”，探讨大美陕西宜游城市建设的关键路径。

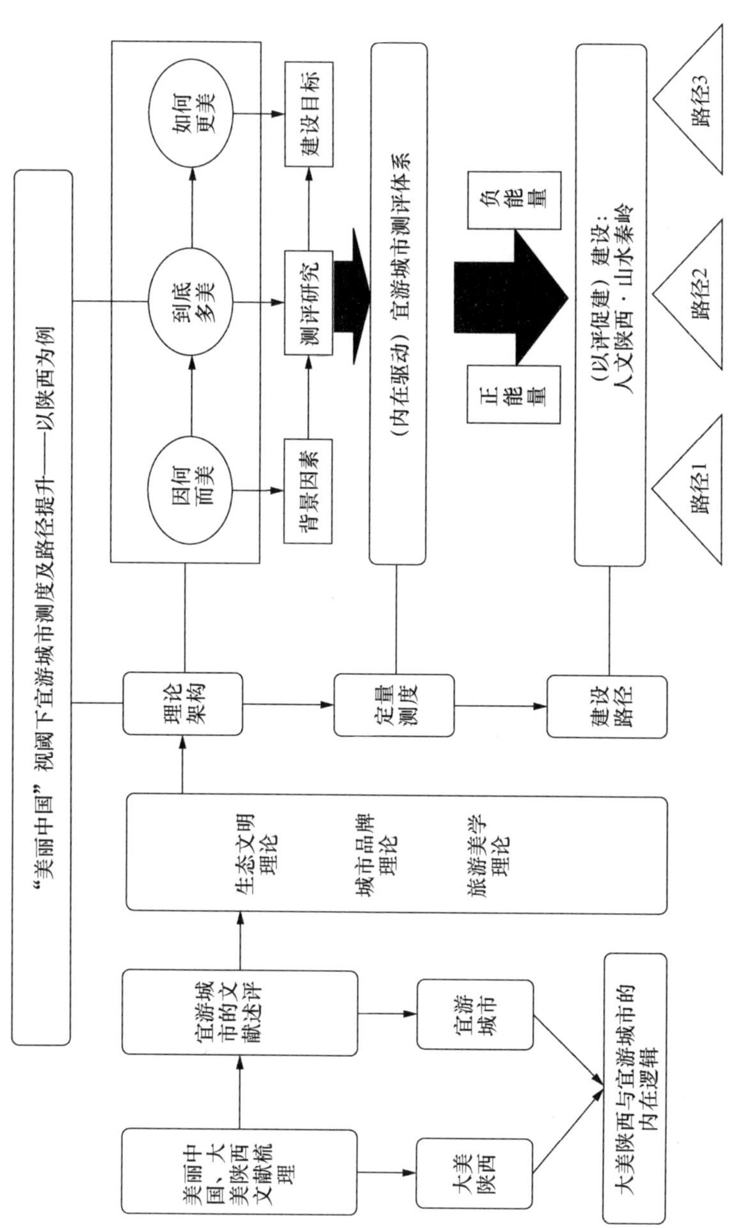
"美丽中国"视阈下宜游城市测度及路径提升——以陕西为例
美丽中国、大美陕西文献梳理
宜游城市的文献述评
大美陕西
宜游城市
大美陕西与宜游城市的内在逻辑
生态文明理论
城市品牌理论
旅游美学理论
理论架构
定量测度
建设路径
因何而美
到底多美
如何更美
背景因素
测评研究
建设目标
（内在驱动）宜游城市测评体系
正能量
负能量
（以评促建）建设：人文陕西·山水秦岭
路径1
路径2
路径3

图1－2　本书研究思路

第六节　样本选择

本书之所以选择陕西作为“美丽中国”建设探讨的案例地，因它是中华民族重要的发祥地和我国古代政治经济中心，是西北地区旅游资源的相对富集地区，保存有大量周、秦、汉、唐的历史遗存，是我国古代历史文化旅游的天然博物馆。陕南秦巴山地“两山夹一川”，山水林地自然天成，风光秀丽，生物资源特别丰富，是自然生态旅游的乐园；陕北黄土高原南北纵长，人文初祖黄帝陵和革命圣地延安“三黄两圣”，是怀古旅游和红色旅游的圣地[91]。

作为旅游大省，2013 年全年陕西旅游总收入 2135 亿元，增长 24.6%；共接待境内外游客 2.85 亿人次，比上年增长 22.5%。其中，接待入境游客 352.06 万人次，增长 5%；旅游外汇收入 16.76 亿美元，增长 5%；接待国内游客 2.82 亿人次，增长 22.8%；国内旅游收入 2031.1 亿元，增长 26.2%[92]。以陕西十地市作为大美陕西宜游城市测评及建设路径研究的对象，省内区域分布较为清晰，各城市之间差异性较强，具有典型性。另通过 CNKI 数据库检索博士论文，以陕西作为研究样本的主要集中在旅游资源决策[93]、旅游市场虚拟研究[94]、经济效应评价[95]、旅游产业潜力测评及显化机制[96]等方面。这决定了探讨大美陕西宜游城市的测度及建设路径不仅具有研究可能，而且具有重要的研究意义。

第二章　概念界定、理论基础并兼议“美丽中国”旅游学

第一节　概念界定

一　“美丽中国”及大美陕西

2012 年，党的十八大报告中专章论述生态文明，首次提出生态文明建设的目标是“美丽中国”，并以诗情画意般的语言来形容我们的祖国。“美丽中国”的提出是党对区域发展规律的把握，是长期以来在执政理念不断深化的过程中，我国区域建设实践和指导思想的升华、提炼及最新诠释[97]。在概念理解上，“美丽中国”是美学概念、生态学概念、社会学概念的统一，并以社会学概念为重点，其他概念与之相融合。“美丽中国”并不是一个纯美学概念或者纯社会学概念，而是在各学科理论研究基础上的综合概念[98]。对“美丽中国”的理解要从单纯字面意义深入到学科思考与理论架构中去，从而对其有更全面深入的把握。

从词义来看，“美丽”解释为“好看、漂亮，即在形式、比例、布局、风度、颜色或声音上接近完美或理想境界，使各种感官极为愉悦”[99]。从这个角度看，“美丽中国”应该是一个由两个实词组成的偏正结构词组，并不是联合或并列词组，“美丽”是用来修饰中国的，即“美丽中国”可理解为好看、漂亮的中国。

从文献来源看，“美丽中国”是在对生态文明的论述中，基于“资源约束趋紧，环境污染严重，生态系统退化的严峻形势[1]”提出

的，理解它必须回到提出的原点。故而，大多学者站在生态文明的角度，认为“美丽中国”的基础是自然生态美。自有人类社会以来，大自然就是我们生存的庇护所，源源不断地为人类发展输送各种能源。“美丽中国”的基础是江河湖海、高山平原、森林海洋的自然风光，飞禽走兽、花鸟鱼虫、万物的更替生长，风雨雷电、日月星辰、冰霜雨雪的四时变化。如今这种“美”正在被各种不同形式的污染所侵蚀，2013 年 1 月，全国性的雾霾发生四次，其中，大城市的空气质量更低；2014 年《土地整治蓝皮书》中显示，耕地污染严重，面积约 5000 万亩，特别是大城市周边、交通主干线及江河沿岸的耕地重金属和有机污染物严重超标；另有数据显示，土地盐碱化、沙化面积达 20.25 亿亩，水土流失面积达 53.4 亿亩。在自然生态环境退化的同时，矿山开发、生产建设每年造成大量土地损毁和废弃等诸多问题。由此可知，“美丽中国”的基础正在遭受着极其严重的破坏，失掉生态环境基础，“美丽中国”将不再“美丽”。

还有学者认为“美丽中国”还有另外一个层次的含义，即人文历史美。自夏商周以来，从有文字记载开始，五千年的历史有证可考，从未中断，同时留下了丰富的历史遗迹；2000 年前，我国就形成了汉民族为主体的多民族统一国家，创造出丰富多彩的文化，汇聚成璀璨的中华文明，并在交往中秉承相互尊重、长幼有序、明礼诚信的优良传统。从人出生始至人生终点，需经历诞生礼、成年礼、结婚礼、丧葬礼；而在日常生活中，人们则恪守“诚敬、卑己尊人、礼让、宽恕、礼尚往来、中和、重仪”等传统礼仪；现如今的公民道德教育中仍将“明礼”放在重要位置。而发生在我们身边的事却无数次突破人们的道德底线，如 2006 年南京的彭宇案、2011 年广东的“小悦悦”事件、三聚氰胺毒奶粉案件、毒米、地沟油、假药等。为私利不择手段，一切向“钱”看、全心全意为“人民币”服务……在如此氛围下，各人自扫门前雪，不管他人瓦上霜。殊不知，扔掉基本道德品质，“美丽中国”也是徒有其表，毫无精神骨架。

还有学者认为“美丽中国”是人与自然和谐美。从有人类开始，人与自然的关系总在对立与统一中不断调整。原始社会，人们认知有限，畏惧自然，自然就是主人；农业社会，生产力水平提高，经过与自然接触，不断了解、熟悉自然，从自然中获取所需的能力大为提高，畏惧自然的局面有所改变；工业社会，情形逆转，完全发生改变，人类借助机器实现对自然的全面征服，主观认为人类是世界的主宰。而由于人们对自然“疯狂”的行动，自然也“以其人之道，还治其人之身”，气候异常，天灾频发。这促使人类认识到：谁都不是自然的主宰，唯有二者和谐相处才能共存于一个世界。只有人与自然和谐相处，才能保住自然美、弘扬人文美，实现“美丽中国”。

总体来讲，对“美丽中国”认识的角度不同、立场不同、观点不同，结论自然会有差异。本书站在旅游学角度，认为“美丽中国”中“美丽”二字，是美学价值的一个印证。生态环境除能给人类带来生态价值之外（如清洁的空气和水），更能带来“舒适感”（如青山碧水给人带来的舒适），这种“舒适感”即美学价值的体现[100]。这与左玉辉提出的“关于人与环境关系是五个层次的需要”相吻合，即环境清洁→环境安全→环境健康→环境舒适→环境欣赏[101]。因此，从旅游学理解“美丽中国”的基础是环境清洁、安全、健康，同时更要突出环境的舒适与可鉴赏性，也就是说，“美丽中国”有着比环境保护与生态文明建设更高的要求，是在此基础上对环境美学价值的一种追逐。

这种环境美学价值的旅游外延体现为对品牌旅游资源的挖掘与高端景区的建设，以及旅游城市综合功能从宜居到宜游的升级。

大美陕西是“美丽中国”的组成部分，表现为在区域空间上的不同布局，可理解为在环境清洁、安全、健康的基础上对经济、社会、文化和谐发展的一种追求。从旅游的视角看，大美陕西重点是以城市为核心，提升城市的宜游性，将大美陕西从抽象口号建成具体可感的亮丽新形象。

二　宜游城市

未来之宜游城市，应为游客需求与居民基本生存、生活需要、跨界创新与产业繁荣共存并融为一体之城市。宜游城市概念的界定从城市的发展历史说起，在纵向梳理、横向比较中实现对其清晰的勾画。

（一）纵向梳理——城市发展历史演化

关于宜游城市，学界尚无统一定义，为准确对其定义，本书回到城市发展史中逐层剥离，在此基础上探讨宜游城市的定义。城市并非由乡村聚落直接演变而来，而是起源于“城”。夏商时期的考古已经证明，城墙、宗庙殿宇、祭祀遗址、手工业作坊是早期城市出现的主要表征。所谓“市”，则有“日中为市，致天下之民，聚天下之货，交易而退，各得其所”。随着城内人口增加，“市”作为商品交换与供给的空间，作用逐渐凸显，获得认同。“城市”作为一个组合出现，观念日趋形成，城市随之出现[102]。纵览城市历史，其主要有两种形式：先“城”后“市”或先“市”后“城”。

城市不断发展、壮大的根本动力是社会生产力的进步。在农业文明阶段，生产力水平较低，资源不足，人口流动性较差，城市发展相应受到限制，进程缓慢，导致城市规模较小。同一时期中国城市与西方相比，数量多且规模大，而且城市化水平也居于世界前列。在唐朝，城市化水平达到10%；南宋时期的临安地区，城市人口更高达20%左右[103]。即便如此，古代中国城市大多时间仍为二元结构，即政治意义的“城”和经济意义的“市”，且二元结构在城市统一体中比例不均衡，长期处于“城”大于“市”的状态，“市”的作用被压制在狭小的空间与范围，更多时候也是为了“城”服务，满足统治阶级的奢侈性消费，自给自足的农业也决定了“市”的作用无法全部释放，即便出现过“市”因“城”而繁荣，也是昙花一现。对照现代城市形态，古代中国城市长期处于一种非健康状态，这也是自然经济格局下城市固有的封建性格[104]。

随着工商业的发展，生产力水平的提高，真正意义上的城市出现在13世纪，如商业和贸易比较发达的地中海沿岸城市、巴黎等。尤其是在18世纪工业革命之后，生产力水平极大提高，加快了城市发展的步伐，使得西方城市发展步入快车道。与农业时代相比，城市迎来史前未有的发展机遇，农民不断涌入城市。到19世纪初，中国城市的发展再也没有与世界同步，表现出另一个极端：既小又少，落在世界城市发展后面。到“一战”前，英、法、德、美等资本主义国家的绝大多数人口都已生活在城市，他们甚至还以入侵的方式带动其他国家城市的发展，在中国沿海被开放的港口、租界等地，城市都得到不同程度的发展。随着西方工业化的发展，到 19 世纪末，城市人口急剧膨胀，城市的基础设施建设问题不断、矛盾突出，居民对人居环境提出新的要求。

至此可知：在农业文明与工业文明的交界，城市的发展出现分水岭，在工业文明时代，无论是发展速度还是规模，城市都显现出顽强的生命力，它以排山倒海之势席卷全球，带给人类无尽的物质满足、精神提升的同时，也伴随着无数困扰人类的问题，于是，宜居城市思想应运而生。也是从那时起，宜居城市研究进入学者视野，“二战”后，欧洲经济复苏，美国成为世界经济中心，各国工业化进程再次提速，人地矛盾、供需失衡、资源紧张等问题接踵而至。学界踊跃走到前台，成立关于宜居性的研究组织，召开学术会议，对这些问题进行定期讨论。

从 20 世纪 90 年代开始，广大发展中国家城市化相继提速，助推了整个世界的城市化浪潮，“宜居城市”的理念逐渐进入我国。2005 年 1 月，国务院批复北京市《北京城市总体规划（2004—2020 年）》，将北京市定位为“国家首都、国际城市、文化名城、宜居城市”；2007 年建设部正式颁布了《宜居城市科学评价标准》。系列举措中“宜居城市”理念的提出，为破解城市化进程中出现的“城市病”注入了一剂良药，也带动国内其他城市向“宜居城市”建设目标挺进。与此同时，理论界以更加热烈的方式回应了“宜居城市”的实践，研究主要集中在对本地居民需求的关注方面，并从不同角度进行了有益探讨。

古希腊哲学家亚里士多德曾说，“建设城市的最终目的在于使居民在其中幸福地生活”，他心中的“居民”指的是居住在城市的本地居民。可城市的便利、功能的齐备、发展的机会、升职的空间等如同磁铁一般吸引着人们向城市投奔，涌入城市的还有数以亿计的游客，来观光、旅游，感受城市生活。尤其我国自改革开放以后，经济飞速发展，人们生活水平不断提高，可支配收入不断增多，闲暇时间延长，消费观念发生了革命性变化。2013 年，国内游客 36.1 亿人次，国内旅游收入 30312 亿元[105]。其中大多游客以城市为中心，向周边散开，充分证明游客已成为城市中不容忽视的第二“主人”，满足与关注游客的需求成为城市规划者必须考虑的问题。

至此我们发现，城市的功能与格局需要重新调整，以应对日益增长的旅游市场需求，与此同时，游客会以各种形式主动参与到塑造城市的运动中，又会被城市的文化与性格所解构，回到自我重塑的过程中去。

（二）横向比较——与宜游城市相关的概念

1. 城市旅游与乡村旅游

国内外对乡村旅游的概念界定与认识丰富多彩，欧洲联盟（EU）和经济合作与发展组织（OECD）（1994）将乡村旅游定义为发生在乡村的旅游活动。其后，Bernard Lane 在同一年对乡村旅游做过较为全面的阐述，力求给出一个较为纯粹的乡村旅游定义。国内学者中，王兵（1999）在进行中外乡村旅游对比后认为，所谓“乡村旅游”即以农业文化景观、农业生态环境、农事生产活动以及传统的民族习俗为资源，融观赏、考察、学习、参与、娱乐、购物、度假于一体的旅游活动[106]。此后，虽有不同学者从不同侧面来界定乡村旅游，但在某些方面已达成共识：乡村旅游以乡村作为旅游目的地，与乡村活动、乡村景观等密不可分。

宜游城市是城市旅游的有机组成部分。城市旅游是指以城市为目的地，主要围绕城市及城市周边景观、特色购物、商务娱乐等进行的旅游活动。城市旅游与乡村旅游的主要不同表现在活动内容、活动影响等方面，活动空间有时会出现交叉。

2. 旅游城市化与城市旅游化

旅游城市化与城市旅游化是在两种不同程度的“进化”影响下出现的。旅游城市化是城市化诸多类型中的一种，本质离不开城市化，于 1991 年由国外学者 Mullins 提出，实质上是将旅游作为驱动城市化的一种方式[107]。国内学者的研究整整晚了将近十年，2000 年，黄震方等肯定了城市在旅游活动中的作用，认为旅游城市化是指旅游区非城市人口向城市转移和集聚，旅游城市的数量不断增加，规模不断扩大，城市在人们的旅游活动中作用逐渐增大的现象[108]。徐红罡从另外的角度来认识旅游与城市之间的关系，略为谨慎。认为旅游与城市化的关键在于加强旅游与城市化相互促进机制，并有效地控制旅游城市化过程中对旅游的负反馈[109]。陆林等认为旅游城市化作为城市化的一种模式，是社会经济发展到一定阶段的产物，是伴随着旅游业和城市化不断发展而出现的一种必然现象[110]。麻学锋等引入“旅游城市化响应强度”的概念，以张家界为例分析旅游城市化响应强度及影响机制，为旅游城市化的系统研究做进一步的补充[111]。总体来讲，旅游规模扩展、人口增多是旅游城市化的主要驱动力。

城市旅游化是城市功能的变化，依据城市在旅游活动中扮演的角色而定位。在旅游活动中，城市是客源地、中转地、目的地三个身份的组合体，宜游城市是城市作为旅游目的地功能的提升，从宜居功能上升为宜居宜游，甚至是宜居宜游功能的交叉组合。

（三）概念思辨与定义——宜游城市

在纵向梳理城市发展进程、横向对比城市旅游与乡村旅游、辨析旅游城市化与城市旅游化的基础上，结合部分学者的观点，将“宜游城市”定义为适宜旅游的城市，其具备多样化的旅游休闲资源、完善的旅游休闲设施、便捷可达性强的旅游交通系统、特色鲜明的旅游路线等，能满足不同人群进行游览、参观、考察、学习、休闲、娱乐等多方面的需求[112]。有研究认为，宜游城市是指建立在宜居基础上，具有独特吸引力且能较好满足旅游者需求的城市活动圈，与行政上市以及市辖县（区）的范围相对应。大于微观尺度上的城市旅游空间范围，小于宏观尺度的城市旅游空间范围，属于城市旅游空间的中观尺度范围。如延安作为宜游城市建设，不仅指以宝塔区为核心的中心城区，还应包括延川县、子长县等。

三　指标体系

在理论研究与实践工作中，各种现象纷繁复杂，人们为了对事物有一个较为准确的认识，常常会参照主观与客观、定性与定量、模糊与清晰等标准，构建指标体系，对某一或某一类事物进行评价，并依据评价值来认识事物内部的多样性。指标体系也被称为评价指标体系，是指为完成一定研究目的而由若干个相互联系的指标组成的指标群。指标体系的建立不仅要明确指标体系由哪些指标组成，更应确定指标之间的相互关系，即指标结构。指标体系可以被看成一个信息系统，该信息系统的构成主要包括系统元素的配置和系统结构的安排。系统中元素即指标，包括指标的概念、计算范围、计量单位等。各指标之间的相互关系是该系统的结构[113]。

四　建设路径

从字面理解，“建设”的意思是：创立新事业；增加新设施；充实新精神[114]。“路径”的意思是：通向某个目标的道路或者是找到了成功的路径[115]。在科学研究中，“建设”“路径”合起来一般是指在对事物状态有较为准确认识的基础上，进行新的目标定位，从而使事物未来的发展趋势有一个较为确定的奋斗方向。因此，在人文与自然科学研究中，建设路径多出现在结尾部分，为解决现实问题提出可供参考的路径，与研究中的其他部分形成一个整体，希望通过提出建设路径而促使事物朝着利好的方向发展，实现预期目标，达到预期效果。

五　正能量及负能量

“正能量”一词来源于能量。1807 年，英国物理学家 T. Young 引入“能量”这一概念，他把过去人们称为“活力”的东西命名为动体的能量。作为科学术语，以真空能量为零，能量大于真空的物质为正即“正能量”，能量低于真空的物质为负即“负能量”[116]。从使用范围来看，正能量从比较严肃的科学领域逐步进入普适的生活层面，如“为身心注入正能量，达至平衡融合的境界”[117]。2009 年，又被心理学、教育学等领域运用，如对家长在学校教育中作用地位的肯定与认可[118]。2010 年，在新闻评论领域也开始使用，如“娱乐节目给人以美好愉悦的享受，应该向社会释放正能量”[119]。2011 年、2012 年后被广泛使用，成为社会普遍认同其意的词语。

再到后来，这两个概念被引申到思想政治领域。从发展与落后、引人向上与逆时代而行、和谐与自私等对立面来区别与定位正能量及负能量[120]。正能量与负能量这两个词在不同领域都得到不同程度的使用，但始终维持了其词含义的导向性，正能量是正的影响力，负能量是与之对应负的作用力。从科学术语演变到社会流行语，体现出社会对正气的弘扬与赞许。

改革开放30多年以来，我国旅游业从单一的入境旅游市场，发展为入境、出境、国内三大市场。旅游经济取得巨大进步，但与此同时，也付出了生态环境被严重破坏的惨痛代价。城市化快速推进，众多景区建设纷纷加快，特色不鲜明，游客环保意识差，景观保护压力大。可以这样说，经济的巨大进步、市场的多样化是旅游业发展的正能量；但同时，景区特色趋同、生态环境的破坏、游客的不文明行为等负能量问题也很突出。

第二节　研究的理论基础

一　生态文明理论

在生态文明理论发展过程中，具有标志性的事件是：1962年，美国学者蕾切尔·卡逊出版著作《寂静的春天》，这被认为是生态文明理论的发端。书中提到，由于化学产品与农药的大量使用，不仅使得众多生物走向灭绝，而且使人的健康也受到极大损害。如果不能较好地解决环境问题，我们将“生活在幸福的坟墓中”。该书以生动的笔触描述了存在于人类周围的生态危机，振聋发聩，引起共鸣。1972年，她再度发声，发表研究报告《增长的极限》，提出均衡发展概念，指出要实现这一目标：一要控制人类的发展，考虑地球的承载力；二要缩小不同国家间差距、寻求共同发展。同年，联合国通过了《人类环境宣言》，宣言中以严厉的口吻对人类的行为进行谴责，并发出警告：“现在已达到历史上这样的一个时刻：我们在决定世界各地的行动的时候，必须更加审慎地考虑他们对环境产生的后果。由于无知或不关心，我们可能会给我们的生活和幸福所依靠的地球环境造成巨大的无法挽回的损害。反之，有了比较充分的知识和采取比较明智的行动，我们就可能使我们自己和我们后代在一个比较符合人类需要和希望的环境中过着比较好的生活。[121]”15 年后，联合国发布研究报告《我们共同的未来》，标志着生态文明开始建构，同时也首次提出可持续发展的理念。1992 年，《21 世纪议程》发布；2002 年，联合国进一步要求各国采取切实可行的措施，保障完成《21 世纪议程》中对生态文明的指标要求。从这个角度看，联合国召开多次全球大会以推动生态文明，成为人类对生态文明达成共识的重要举措，具有里程碑意义。

在国内，1984 年，叶谦吉教授首先提出“生态文明”的概念；1987 年，刘思华提出“社会主义生态文明”的概念[122]。关于生态文明的含义，英文翻译为“ecological civilization”是比较被认可的一种[123]。而由于各自立场不一样，导致对生态文明的诠释存在差别。学界中比较具有代表性的几种观点如下：一种观点认为生态文明是指人类在改造客观世界的同时，以积极主动的态度保护客观世界、改善与优化人与自然的关系，建设良好的生态环境所取得的物质与精神成果的总和[124]。在建设与被建设中都未受损，突出强调人在生态文明中的作用。另一种观点强调在大范围下，不突出某一部分，将社会经济发展速度与资源环境承受力协调起来，达到人与自然关系协调、步频共振[125]。第三种观点仍在强调人类的态度，扩大了关系的范围，由人与自然到人与自然、人与人，最终实现社会、经济与自然的可持续发展和人的自由全面发展[126]。三种观点虽各有差别，但核心都是人，尤其是人对自然、对自身关系的协调，最终的理想境界是相互间的和谐与发展。

关于生态文明的特征，学者给出各自解释，但也有其共通点：一是人与自然和谐相处的生态文明理念；二是有利于实现经济社会可持续发展的生态经济模式；三是有利于地球生态系统稳定的消费方式；四是公正合理的生态制度[127]。2007 年，生态文明地位凸显，被写入党的十七大报告中。作为治国理念，与物质文明、精神文明、政治文明共同架构成社会主义现代化建设的四大基本目标。2012 年，党的十八大报告中，以专章论述生态文明，与政治建设、经济建设、文化建设、社会建设构成“五位一体”，并从四个方面论述如何进行生态文明建设：一是优化国土空间开发格局；二是全面促进资源节约；三是加大自然生态系统和环境保护力度；四是加强生态文明制度建设[1]。另外，还诗意化地提出生态文明建设的目标——“美丽中国”。这是中国特色社会主义理论的再次提升。“五位一体”既是国家治国理念不断走向成熟的体现，也是对生态问题深刻反思的结果。

地下水的污染、空气的质量低下、生态环境的破坏等，使生态文明建设成为我国经济建设中不得不面对的现实问题。从对人类行为的思考到对理论的总结提升，再到用实践去验证理论，生态文明建设成为一个富有生命力的哲学问题。从中西方文化中借鉴和吸收生态文明的理论，从人类文明范式的角度去反思我国经济建设中出现的生态环境问题，提出生态文明新理念和经济发展新范式，指导我国的生态文明建设，使中华民族的生态文明理论探讨与实践更切合实际。

生态文明理论对于本研究的意义在于：①为本书宜游城市指标体系构建提供分析框架；②为构建宜游城市指标体系提供坚实的理论基础；③对宜游城市建设路径探讨具有指导价值。

二　城市品牌理论

世界城市化水平自工业革命以后不断加快，20 世纪初只有 12%；到 20 世纪末，达到 50% 以上，发达国家更是高达 70%—90%。在城市化进程中，为凸显各自城市的竞争力，城市形象的包装与打造显得日益重要，城市化逼迫城市必须走品牌化道路。

城市品牌的研究起初主要是集中在对传统城市形象、职能角度的城市营销[128][129][130][131][132]。随后主要表现为理论上城市品牌思想的提出：Keller 提出“一座城市可以被品牌化”的思想，他认为城市品牌化的力量就是将城市形象符号与某城市的实体形象自然联系起来，人们一看到城市的建筑就能领会融入其中的精神，赋予城市建筑以生命[133]。在企业如何开展城市品牌营销方面，Whitfield 等认为，可以通过旅游业来发展城市品牌，在扩大城市品牌影响力的同时也带动旅游业登上一个新的台阶[134]。Lloyd 和 Gellers 等则从微观角度，对企业尤其是零售商如何进行城市品牌营销进行了报道和初步分析[135][136]。

在城市品牌对定居者吸引价值与塑造过程等方面，Gibson 以美国华盛顿特区推销城市生活的实践为例，对城市领导者们如何通过塑造城市品牌，从而吸引郊区目标市场群体到城市定居的过程进行了初步探讨[137]。除此之外，还围绕城市利益相关者的分类等其他问题展开一定探讨。

与国外研究相比，城市形象研究是国内城市品牌研究的起点。1998 年，学者郝慎钧指出“城市的风貌是一个城市的形象，反映一个城市特有的景观和面貌、风采和神志，表现城市的气质和性格，体现出市民的精神文明、礼貌和昂扬[138]”。

面对我国城市欣欣向荣的发展景象，城市品牌研究可分为两个阶段，前一个阶段是理论借鉴，随着奥格威 CI 理论的发展与成熟，部分学者在 20 世纪 90 年代中期将 CI 理论引入到城市形象问题中，圈定城市形象范围。徐根兴结合 CI 理论指出，现代城市形象应具备城市形象、政府形象与市民形象三个层次[139]。张鸿雁提出，在城市设计与规范城市分格中应该整体导入 CI 理论[140]。高文杰等侧重讨论了城市特征系统的内涵与规范城市的风格[141]。董晓峰强调城市形象的建设要在规范识别系统的基础上综合考虑设计[142]。在对国外理论学习借鉴、运用的同时，CI 理论强调的模式化、规范化，使得这一时期的城市在建设中表现出“千城一面”，抛弃了城市文化、历史与个性。

后一个阶段是反思与回归，面对城市被统一、被规范的景象，学者对前一阶段的研究进行质疑、重理思路，研究转到城市的品牌上。细分目前文献，主要有三个研究视角：一是有形的资源、产品、产业视角。陈建新等指出城市品牌的根基是城市资源，涵盖了城市拥有的多种资源，如自然、社会等，依据资源来对城市进行定位与区分，凭借资源多寡来将城市品牌分为六个种类[143]。杜青龙等从城市管理者角度出发，向不同目标受众投入城市的差别化品牌要素，以提高城市的差异化效益。并将城市品牌层次划分为核心、次核心、要素品牌三层，进一步结合消费者类型把核心品牌细分为人居型、旅游型、资本聚积型、产品（服务）市场型四类[144]。夏曾玉等提出区域品牌建设是品牌发展的必然趋势，与单个企业相比，是多个企业集合的力量，是多个企业品牌精华的浓缩与提炼[145]。二是无形的文化、形象视角。吉福林提出城市品牌能体现一个城市丰富的经济文化内涵和精神底蕴，具有与其他城市相区别的独特标志，并具有独特性、延展性、实用性特征[146]。李成勋指出城市品牌对于城市的发展是一种积极的力量，这种“力”实质上是一种文化力[147]。三是市场营销视角。陈跃兵建议以诚信为本，打造城市品牌，在挖掘和丰富城市品牌内涵的基础上，进行全方位宣传[148]。刘新鑫以 2008 年奥运会、2010 年上海世博会等为例，证实重大事件在其传播过程中的辐射度和影响力对城市品牌的塑造具有先天的无可比拟性[149]。城市品牌理论研究从国外借鉴到本土回归与反思，与理论相对应的是中国城市发展进程：从城市建设阶段到城市管理阶段，再到城市品牌的提升与强化，也是城市的共性化发展到城市的个性化发展的转向。拥有了品牌的城市是否意味着一成不变？凯勒教授指出，品牌危机很难管理，因为危机中有太多的变数[150]。因此在城市品牌建设中，不仅要建设，更需要居安思危，时刻创新，维护城市品牌的形象。

城市品牌理论对于本研究的意义在于：①为进行宜游城市指标体系构建提供分析思路；②为单因素分析过程中的具体分析提供价值指导；③为陕西区域形象定位与各城市建设定位提供坚实的理论基础。

三　旅游美学理论，兼论美与旅游的关系

“旅游，从本质上说，就是一种审美活动。离开审美，还谈什么旅游？……旅游活动就是审美活动[151]。”这是对旅游与审美关系比较精辟的论述，从一个侧面反映了旅游的本质。中国旅游美学理论中既有自身文化传统的遗迹，又吸纳了西洋美学的理念。在现代旅游美学理论诞生之前，学者更多地是对古代旅游美学思想进行整理，主要集中在两个方面：一是以旅游主体为对象，搜集在游历过程中出现的零星旅游美学思想；二是以思想史为脉络，划分时间阶段，整理旅游美学思想。

以旅游主体为对象的古代旅游美学思想，比较突出是帝王巡查、思想家的传播、诗人的纵情山水、地理学家的科学考察等，毕竟受条

件的限制，能够出游的人很少，并且带有极强的目的性，多为政治目的、创造需要、科学研究等开展的旅游活动。其中比较具有代表性的是章采烈《论柳宗元的旅游美学观》，他从个体的审美经验出发，结合主体的背景经历与审美心理，从主（旅游者）、客（旅游审美对象）两个方面总结出“旷趣”“奥趣”两大理念[152]。再看以思想史为脉络的古代旅游美学思想，卢善庆将中国古代旅游美学思想发展划分为三个阶段：第一阶段以“魏晋山水诗画旅游说”为始，第二阶段是以郭熙《林泉高致》为标志的成熟期，第三阶段以明代王思任和清代魏源为终结[153]。另有部分学者从哲学层面总结出旅游主体在旅游审美中追求的“天人合一”“崇尚自然”“无为而为”的境界[154]，这些思想在某种意义上为现代旅游活动提供了启示。

现代旅游美学思想是伴随我国“美学热”的大讨论而出现的。第一次“美学热”起于20世纪五六十年代，虽有一定影响，但效果不明显。第二次是改革开放以后，从1979年开始，在多种美学思想激烈碰撞中，呈现出一派繁荣景象，为此，赵士林生动地做了一番统计：“当代中国美学，大概是当代中国学术最热闹也最诱人的园地。五六十年代的大讨论，是一次真正的百家争鸣。中经十年断层，又迅速形成一种更广泛、更深入的‘热门’局面，旧账未了，又启新端，派系之多，观点之繁，争论之烈，深浅之差，影响之大，都是极突出的[155]。”追根溯源，旅游美学思想是从景观审美开始的，宗白华首先指出中国园林景观审美具有独特性；其后陶济也发表文章对景观美学做了深入探讨[156][157]。1984年，景观美学研讨会在杭州召开，这次会议标志着现代旅游美学的诞生，研究成果将审美研究与旅游有机结合起来。

旅游美学理论的进步与我国旅游产业的发展密切相关。20世纪80年代，旅游美学理论初步发展，1985年，郑家度以自然美为中心，研究自然美与旅游者的关系，以及对自然美的开发与保护[158]。同一年，卢善庆出版第一部研究专著《旅游美学闲话》。从20世纪90年代起，旅游业三大市场的逐步繁荣为理论成长提供了肥沃的土壤。旅游美学理论的构建主要集中在对定义辨析、研究对象确定、结构体系的设置方面。关于定义，乔修业认为，旅游美学是一门研究旅游的审美活动和审美价值的学科[159]；庄志民与卢善庆在文章中也持类似观点。黄艺农则是从审美矛盾角度出发提出自己的观点，指出旅游美学是在研究旅游审美规律的基础上解决旅游审美矛盾的应用美学，其中审美矛盾是旅游审美内部矛盾双方构成的矛盾运动[160]。关于研究对象，可以总结为"三体论"。徐缉熙在书中指出，旅游美学总体上是研究旅游者的审美活动和审美关系，具体而言涉及三个方面：一是审美对象，即旅游者的观赏对象；二是旅游主体（审美者、旅游者）的审美心理；三是旅游中的审美关系，特别是人与人之间的关系[161]。乔修业也是从审美客体、主体、审美关系来界定旅游美学的研究范围，其他大多学者对"三体论"也表示赞同。后来，章海荣对"三体论"提出质疑，他指出旅游美学的研究应该是关于主体动态生命美的本体研究，而不应该是大众审美文化的研究[162]。关于理论结构体系设置，庄志民指出旅游美学的结构体系分为五个部分：对象论、本体论、认识论、文化论、实践论[163]。

无论是对古代旅游美学思想的挖掘，还是顺应美学理论的思潮以及旅游发展实践，旅游美学除以一种视角引导人们游山玩水之外，还作为一种很重要的美学元素根植到旅游中："行"——既要进得去、出得来、散得开，核心是方便可达，但在景观设计中还要考虑到景观路、文化路，一路风景一路行；游步道要有人文关怀，也要能串联最佳观赏点，可康体养生，吸引人们多锻炼，让人们放松心情，游得舒心，促进身心健康。"吃"——既要讲温饱，更要在美、精、特上动脑筋，努力开发具有当地风味、当地特点的美食，使游客吃得满意、吃得舒心，吃出文化、吃出回味，形成美食一条街。"住"——除一般住宿条件的满足与改善外，更要追求个性化的住宿设计、宾馆内美丽的装饰，如树上宾馆，可使游客与大自然亲切接触。"游"——既围绕核心景区，挖掘出景区最具代表性的景观，还要不断创造美景，不断刺激游客的感官神经，不断创造惊喜，如在景区中架设的玻璃栈道。"购"——既要在城市大布局中建设特色街区，也要关注微小细节，如明信片的设计以及购物的后续服务问题；提倡具有地域特色的旅游购物，重点是地方特产、山林特产和具有纪念意义的旅游商品。“娱”——既要注重民族化、地方化、民俗化，还要考虑集中性，以布局与规模来吸引人，打造主题晚会、找准卖点，市场化运作；在旅游活动中，必须为游客提供正面的、真实的、积极向上的，富有知识性、趣味性的解说，切忌用低级趣味的东西去迎合、误导游客，使旅游活动真正成为陶冶情操、增强知识阅历的美丽活动，让游客以积极姿态去审视所面对的景观，去仔细体会景观的美。

旅游美学理论对于本研究的意义在于：①为宜游城市指标体系构建提供分析思路；②为分析过程中的阶段性分析思维提供价值指导；③为探讨分析大美陕西“因何而美”提供坚实的理论基础。

第三节　旅游视角下的“美丽中国”理论探讨

一　“美丽中国”的学科框架

党的十八大提出“美丽中国”具有历史紧迫感，因为在“美丽中国”的背后有诸多“不美丽”的因素存在，如生态环境的破坏、城市拥堵、价值观扭曲、历史人文景观消失等，而建设“美丽中国”具有极强的现实意义。理论界以学科视角切入，从不同的角度进行建设路径的思考，把“美丽中国”从一个理念变为现实。

在这个过程中，旅游学作为发现美丽、欣赏美丽、建设美丽的学科更是义不容辞。历史上，旅游个体行为与零散现象已经存在，这些行为多是为了发现美、鉴赏美，建设美的行为相对较少；进入现代社会以后，旅游成为人们的一种生活方式，群体移动密集发生，已不仅是停留在发现美、鉴赏美的范畴，更多的是促进了对美的建设。目前，我国工业化水平虽表现不一，但旅游需求势头强劲，旅游业的地位跳跃提升，从政治外事事业到经济产业转型，均落脚在将旅游业建设成为国民经济的战略性支柱产业、人民满意的现代服务业。旅游产业地位的提升，使建成“美丽中国”成为可能。

“美丽中国”的提出，不仅是一个口号，而是治国理念与学术思想的统一体，涉及经济学、政治学、环境学、旅游学等多个学科，在其指导思想的变迁中始终以中国特色社会主义发展的理念为基础，使国家发展目标更加明确[164]。经济学研究推动经济增长，实现共同富裕，促进物质文明建设；政治学研究惩治腐败犯罪，维护社会安定团结，促进政治建设；环境学研究如何修复生态，实现节能减排，防治污染，消减雾霾，推进生态文明建设；旅游学让“美丽中国”从口号宣传到具象呈现，伴随旅游业快速发展其内涵不断丰富[165]。将建立“美丽中国”旅游学放到一个宏大的时代背景（产业地位的变化）中去思考，有效化解“政治口号”走向理论研究的尴尬，让建立“美丽中国”旅游学成为旅游学研究的当下任务。旅游学研究创建宜游城市，打造品牌景区，彰显自然与人文美景，从广泛的角度与各学科共同拱卫着“美丽中国”（见图 2 -1）。

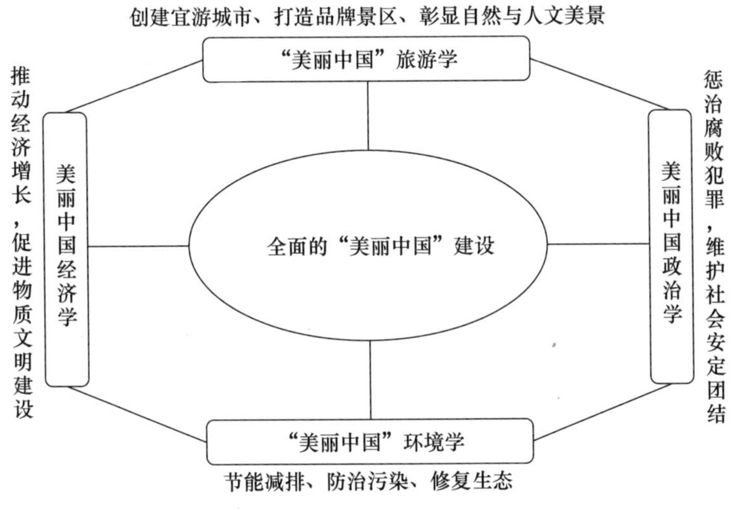

图 2 -1　“美丽中国”的学科框架

二　旅游视角下的“美丽中国”理论架构——四个维度

追溯中国旅游历史，无论是早期个体旅游行为，还是现代旅游的集体发生，都与“美丽中国”的美有着密切联系，始终伴随着美的发现、美的鉴赏、美的建设。早期，既有个人出于政治需要的“游”说，也有帝王、臣民的“游”玩；到了魏晋南北朝时期，山水诗、山水文、山水画大量涌现，是美的发现与鉴赏的重要时期，也使得社会审美与自然审美意识出现分化[166]。与此同时，整个历史阶段中，旅游不仅停留在发现与鉴赏层面，也有建设行为为景点景物增添色彩，为现代旅游的发展留下了大量的名胜古迹。到现代，1956 年，广东省肇庆市建立我国第一个自然保护区，是一轮发现与建设的开始；直到改革开放以后，旅游业的发展迎来了真正的春天，从局部的进入到全民的参与，对美好事物的发现、鉴赏、建设进入了一个大迸发时期，从 A 级景区到世界遗产，从自然保护区到各类型的公园，从旅游名镇到优秀旅游城市，成为“美丽中国”让人们感受最为深刻的一个时期。

与其他产业相比，旅游业在“美丽中国”建设中具有先天优势和后天的基础。先天的优势来自于旅游业内在发展需要，只有保持好先天的优势才能在产业竞争中立于不败之地。先天优势首先表现为对环境建设的重视，离开了优美的生态环境，旅游业发展如“无源之水”；其次是对美景的建设、美食的挖掘、美行的营造、美乐的创新、美购的升级、美住的更替，从来没有那一个产业，像旅游业那般围绕“美”做足、做满文章。后天的基础来自于产业地位的不断提升、与国家经济发展需要的对接，尤其在消费疲软、内需不足时，旅游业的地位更显突出。据估计，到 2025 年，中国旅游投资将达到 2787 亿美元，居世界首位[167]。因此，旅游业在“美丽中国”建设中理应占有重要的份额。

基于此，从旅游视角的四个维度提出“美丽中国”的“四问”与“四答”，试图构建起“美丽中国”旅游学的理论框架。①因何而美——从旅游资源的视角出发探讨美的成因、机制；②到底多美——从旅游美学的视角进行美的评价、比较；③美有何用——从旅游经济学、伦理学视角分析美的效用、价值；④如何更美——从旅游管理的视角思考美的建设、形象定位等。从而为从旅游视角建设“美丽中国”提供理论与实践基础[2]（见图 2 - 2）。

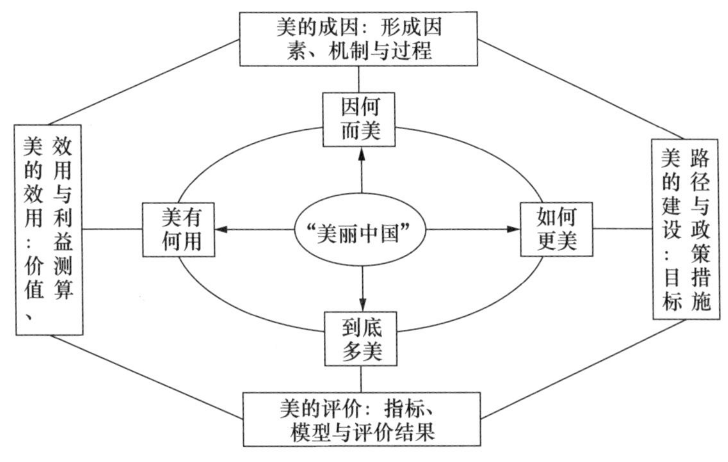

图 2－2 旅游视角下“美丽中国”的理论框架

三 宜游城市：“美丽中国”与旅游业发展、城市建设的耦合

“美丽中国”建设是从改革开放 30 多年的伟大建设实践中走出来的，是新中国成立 60 多年来不断探索的结果，具有极为广泛的现实基础，是治国理念不断趋于完善的结晶。邓小平同志在改革初期提出“两个文明”，即物质文明、精神文明建设；1986 年，党的十二届六中全会将经济、政治、文化三大建设并在一起，成就“三位一体”的总体布局；2006 年，党的十六届六中全会将社会建设纳入体系，形成经济、政治、文化与社会建设的“四位一体”总体布局；2012 年，党的十八大将生态文明建设提到前所未有的高度，形成经济文明、政治文明、文化文明、社会文明、生态文明“五位一体”的总体布局。这一过程既是治国理念的不断调整，也是对以往发展建设中存在问题的一种反思与应对。“五位一体”的总体布局是站在更为全面的高度来把握发展战略，必然成为引领各项事业改革发展的新理念。

我国现代旅游业自改革开放以来，从入境旅游市场，逐步发展为入境、出境、国内三大旅游市场。尤其是近年来，国内旅游市场异军突起，占据三大旅游市场的主要份额，国内各景点、各城市成为重要的旅游地，游美景、品美食、写美文、晒美照等已成为人们的日常活动。“美丽中国”建设的出发点是为了人们美好的生活，根本问题是协调发展与生态平衡，要有亮点、有步骤地进行布局，避免陷入“处处皆美丽”的矛盾之中，有层次、有重点地突出美丽。与其他行业相比，旅游业是建设“美丽中国”最有优势的产业，能使生态保护和凸显美丽实现均衡博弈，在“美丽中国”的理念下，使二者相互搭配，共同推动形成“美丽中国”旅游的新格局。

城市化是一个人类社会的经济转型、社会变迁和文化重构的过程，是工业化发展和经济增长的客观要求，是促进工业化发展和经济增长的主要力量[168]。2011年，我国城镇化率达51.27%，首次过半；2014年，达到54.77%。与城镇化率提高相伴随的是人均收入的提升，人民生活方式发生改变，呈现出多样性特征。这种多样性所迸发出来的是巨量的消费需求，人们的旅游消费欲望从来没有像今天这样得到最大的满足与释放。城市作为接纳游客的重要场所，必将成为“美丽中国”建设的主阵地。就全国各地而言，美丽中国旅游学建设的重点是景区、核心是城市。景区能凸显“美丽”，应打造升级品牌旅游资源、景区，塑造形成本省、本地区最有代表性的“亮点”。城市是旅游的目的地、中转地，在旅游时代，离开旅游业发展只抓生态环境保护的“美丽中国”建设是“缘木求鱼”，而脱离环境保护单靠旅游业促进“美丽中国”建设则是“竭泽而渔”，只有以城市为抓手来进行“美丽中国”建设才能相得益彰、互惠互利，因此，宜游城市成为“美丽中国”旅游学建设的核心与标杆。

综上，“美丽中国”的理念与旅游相耦合成就了美丽中国旅游新格局，与城市建设相耦合成就了美丽城市建设，城市建设与旅游相融通推动了城市旅游的发展，三者在旅游时代背景下结合成为“美丽中国”理念下的宜游城市建设（见图2-3）。

四　大美陕西宜游城市的内在逻辑：三个问题

建设好大美陕西能更好地服务于旅游业的发展，为其创造良好的外部环境和产业基础，以旅游业为龙头，更能凸显陕西的“美丽”；旅游业依托城市作为建设的主阵地，宜游城市则是实现大美陕西理想目标的空间载体。本书基于旅游视角开展“美丽中国”的理论探讨，主要研究以下三个问题：一是大美陕西“因何而美”，是对美形成的基

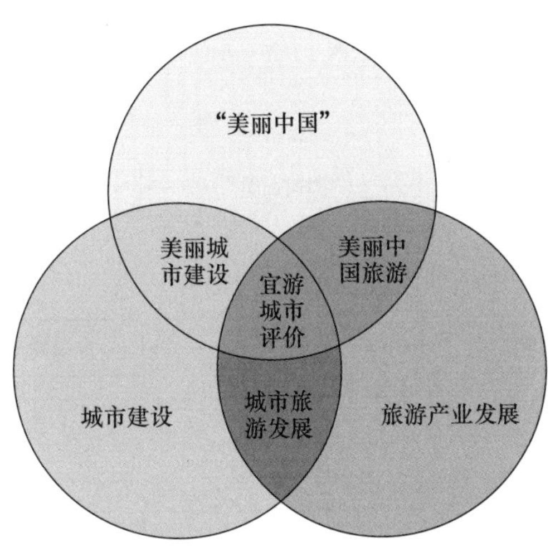

图2－3　宜游城市与“美丽中国”、旅游产业发展、城市建设的关系

本要素与机制进行分析，是大美陕西的基础内容，从旅游资源要素角度对陕西具体的美进行剥离，是对自然地理、历史演绎与现实发展的一个综合呈现，同时构成宜游城市建设的背景因素。二是大美陕西“到底多美—各美其美”，是对美进行评价与比较，是对之前研究内容的进一步拓展与衍生。以宜游城市所包容的旅游吸引要素、交通便利、旅游服务设施及能力、旅游业绩、经济社会指标为参考，建立科学评价体系，进一步将对旅游中蕴含美的定性认识与指标定量分析结合起来，实现对其理性评价。三是大美陕西“如何更美”，是美的建设，即以宜游城市为中心做骨架来评价，在评价与比较之中，透过现象看清问题的实质，着眼于宏观战略与城市形象的塑造，提出提升路径，使其建设有坚实的立足点，更能彰显大美陕西的“美”（见图2－4）。从旅游视角提出大美陕西“因何而美”“到底多美”和“如何更美”的三层追问，结合旅游资源、旅游管理学、旅游经济学等角度对应探讨美的形成原因，进行美的内部比较，着手美的建设、凸显亮点，分别与宜游城市建设基础、构建指标、定量测度、路径提升一一对应并形成着力点。从宏观上架构起大美陕西与宜游城市的理论框架，为建设大美陕西提供理论与实践支撑。

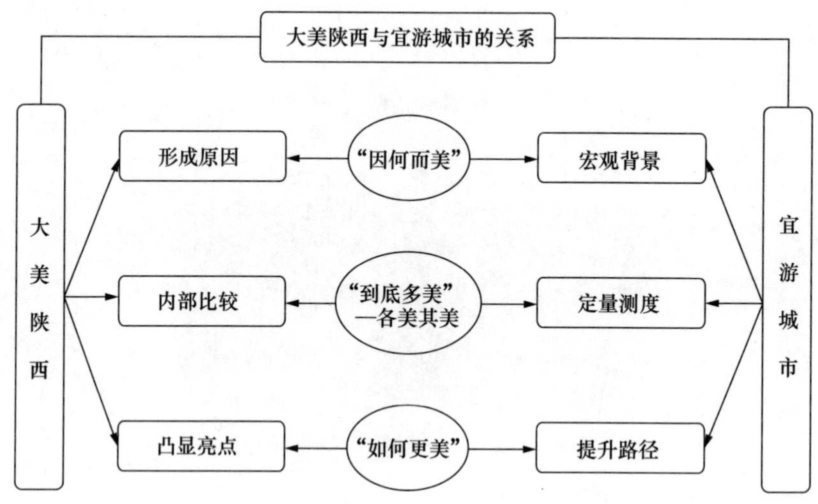

图 2-4　大美陕西与宜游城市的内在逻辑

第三章　大美陕西"因何而美"：宜游城市的宏观背景

"因何而美"是对大美陕西的美形成的基本要素与机制以及美的特征点进行分析。作为基础内容，从旅游资源视角剥离出陕西具体的美，分纵向深挖与横向比较两个层面切入。纵向主要体现为自然山水之美、历史积淀之美、区域文化之美、发展和谐之美四个方面；横向与西北四省比较，表现为国家级景观资源既多且优、历史遗迹居于首位、4A及以上级景区优势突出、经济社会建设及旅游业差距明显四个方面。从两个层面、八个方面厘清陕西"美"的主要特征，在对陕西"美"形成要素分析的基础上，兼与区域间进行比较，要素与要素之间相互搭配，垒砌成宜游城市建设的宏观背景。

第一节　成因之一：自然山水之美

陕西从何而来？据《国语》记载，西周初年，周王朝以"陕原"（今河南省陕县境内）为界。陕原以东曰"陕东"，由周公管辖；陕原以西曰"陕西"，由召公管辖。"陕西"名称即发端于此。与全国其他省市相比，陕西位于我国版图较为中心的位置，其地质构造、风景地貌、气候水文等独具一格。

一　地质地貌——大地龙脉与鬼斧神工

陕西境内地质构造情况复杂，存在着地台与地槽两种性质不同、相互对立的构造，它们是我国主要地台和地槽中的一部分。前者包括属于华北块地台的鄂尔多斯台向斜、山西台背斜和伏牛—大别台背斜的一部分以及川陕界上属于华南块断地台的部分地区；后者则是有名的秦岭褶皱带。陕西地区的构造系统代表着不同构造形式的复杂的综合，境内主要存在着属于基底断裂范围的东西向褶皱带和属于盖层滑动范围的山字型构造。从时间来看，地质构造的发展包括太古界与元古界之间的，前震旦系与震旦系之间的，以及加里东、华力西、印支、燕山和喜马拉雅等几个相互联系、前后相承的主要阶段[169]。

地质构造的运动形成不同的地势与地貌，陕西地势的基本特点是清晰分明，中间低，南北高；从北到南依次是：北部陕北高原、中部关中平原、南部陕南山地。陕北有沙漠、沟壑、盆地等多种复杂的地貌环境，其中黄土地貌是陕北高原最主要的地貌类型，基本上由黄土塬、梁、峁及沟壑组成[169]（见图3－1）。关中地区形成了平原、黄土台塬、洪积扇形地、沙苑区、低山区等地貌，平原地带较多（见图3－2）。同时因地质结构的演变形成了华山，以“险”扬名于国内外（见图3－3）。陕南则形成了高山中山区、低山中山区、丘陵盆地区等地貌。综上，陕西地貌中包含高原、山地、平原、盆地等，一类地貌中又有若干小地貌，各种类型应有尽有，差异性强，多样复杂，面积分布也较为广泛[170]。

图3－1　陕北高原

图 3 - 2　关中平原

图 3 - 3　华山

在众多山脉中，秦岭作为中华龙脉，是中国大陆山脉三条四列中居中的一条，地位突出。作为南北自然地理分界线中的一端，对两边的植物分布、动物繁殖、气候水文、河流走向等有着至关重要的影响（见图 3 - 4）。不仅如此，秦岭还是众多濒危生物的栖身之所，最为著名的有“秦岭四宝”：金丝猴、羚牛、大熊猫、朱鹮（见图 3 - 5），世界自然基金会宣布，秦岭是全球第 83 份“献给地球的礼物”[171]。

图 3 - 4　秦岭

图3－5　秦岭四宝

二　河流气候——纵横交错与层次分明

陕西省整个区域横跨三个气候带，陕北北部长城沿线属于中温带气候，关中及陕北大部属于暖温带气候，陕南属于北亚热带气候，因各区域所属气候带不同，南北之间气候差异较大。由于降水的差异，陕西省以秦岭为界，跨长江支流的汉江、嘉陵江上游和黄河中游两大河流域，境内河流星罗棋布，流域面积在100平方千米以上的有552条，达到1000平方千米的有61条，由于受地形地貌及季风性气候影响，河流水量季节性变化也较大（见图3－6），为众多水文景观形成创造了条件。黄河穿流在晋陕峡谷中，河谷陡峭，形成气势宏伟、震天动地的壶口瀑布（见图3－7）。还有山西与陕西之间共有的乾坤湾，因形似“太极图”而闻名（见图3－8）。除此以外，境内还有瀛湖、咸阳湖、南湖等水系；黄河湿地也较为丰富。这些都为开发国家级风景名胜区提供了有利条件。

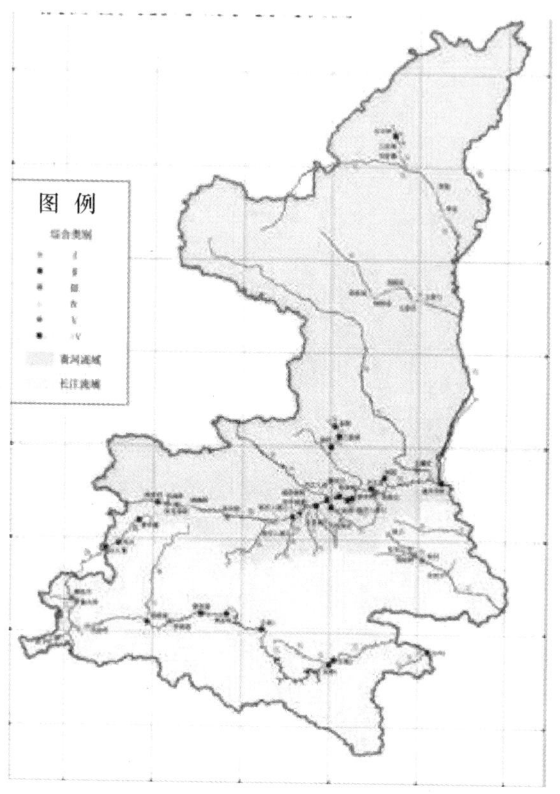

图 3－6 陕西省水系图

图 3－7 壶口瀑布

图 3-8　乾坤湾

三　生态植被——林木蓊郁与水秀山明

陕西在人们心中的印象曾经是“黄色、贫瘠、荒凉”之地。新中国成立后，经过数代人努力，现已形成了新的形象：“绿色、富饶、繁荣。”这主要得益于退耕还林、防沙治沙、治理雾霾等措施，这些措施的施行尤其在近年取得了较好成效：一是森林覆盖率的提升，从退耕前的 30.92% 增长到 41.42%，初步治理水土流失面积 9 万余平方千米；黄土高原的泥沙流失量减少到 4 亿吨；年均退耕还林 60 万亩，补栽补植 100 余万亩。二是探索出 6 大类型 24 种治沙模式，将产业发展、景观改造等很好地结合起来；尤其是在治沙过程中提高了科学技术含量，同时也推广了技术，榆林市作为陕西主要沙漠区，林木覆盖率达到 43.5%。三是全面治理雾霾的污染源头，使空气质量好转，PM10 与 PM2.5 都有不同程度的下降[172]。生态环境的改善为人们居住、绿色转型、旅游产业等都提供了较好的环境基础。

陕西众多自然旅游资源的形成都与地质构造、地貌结构、气候水文等相关，这是因为：一方面，旅游资源本身就是地理环境构成的重要因素，如气候水文、地质地貌、生态物种等旅游资源等；另一方面，旅游资源总要依存一定的地理环境而存在，从资源形成、发展到区域分布，都与地理环境的演化密不可分[173]。

第二节　成因之二：历史积淀之美

陕西是中华民族及其古代文明的发祥地，也是世界古代文明达到鼎盛最早的地区之一，在历史上留下了大量文字与文物古迹，不仅成为历史的见证，也成为国家的形象符号，形成声名远播的人文景观。

一　远古时代——华夏之根

古人类曾生活在这片土地上，1964 年在蓝田县境内发现的古人类化石证据，属于旧石器时代早期。其后，在距今三四万年前，关中地区的原始人类进入氏族公社时期，考古发现老观台遗址、半坡遗址、姜寨遗址等均属于这一时期，后来的考古证据证明，在 6000 年前原始人类已形成氏族社会群落。在 5000 年前，炎帝、黄帝联手打败蚩尤部落，建立部落联盟，从那以后，海内外中华儿女视自己为炎黄子孙。天下第一陵——黄帝陵业已成为追忆先辈、祭祀先祖的圣地（见图 3－9）。

图 3－9　黄帝陵

西周是中国奴隶制社会的鼎盛时期。这一时期，系列举措巩固了西周政权。在农业进步的同时，青铜制造技艺日渐精湛，将造型艺术与实用性结合得很好，其代表作虢季子白盘、散氏盘与毛公鼎并称为西周三大青铜器（见图 3－10）。除此之外，在天文历法纪年、教育等方面也有进步。

图 3－10　周青铜器

二　秦汉时期——国家统一与大气磅礴

秦始皇统一六国，建立了中国历史上第一个统一的封建王朝，其大兴土木，修建寝宫，修筑长城，为后世留下了秦咸阳遗址、阿房宫遗址、长城等；尤其是秦兵马俑将陶器制作艺术推到了新的境界，铜马车堪称“青铜器之冠”。这一时期留下来的遗迹震惊世界，秦兵马俑被称为“世界第八大奇迹”，生动地再现了大秦帝国气势恢宏的景象，成为中国与世界交流的窗口，多个国家的领导人均参观过，“不看兵马俑就不算真正到过中国”已成为全世界的共识（见图 3－11）。

汉代分为西汉与东汉，西汉时建都长安，而东汉时则建都洛阳。这一时期，曾有汉武帝派张骞出使西域，后抵达中亚，打通了古代中国经中亚向南亚、西亚进而通达欧洲与北非的陆上贸易通道，中西商品、特产互为交易，形成的商道被称为“丝绸之路”。2013 年 9 月，习近平总书记在出访哈萨克斯坦期间，在谈到区域间要创新经济合作模式时提出“新丝绸之路经济带”的战略构想。“丝绸之路”的灵魂

图 3－11　秦兵马俑

再次被唤醒，由一条人类经济、文化、商贸交通的实质性道路，升华为一种人类精神理念，即勇于探索、平等交流、友好合作、文化融合的象征[174]。西安是古丝绸之路的重要起点，也是正在打造的“新丝绸之路”的关键节点（见图 3－12）。

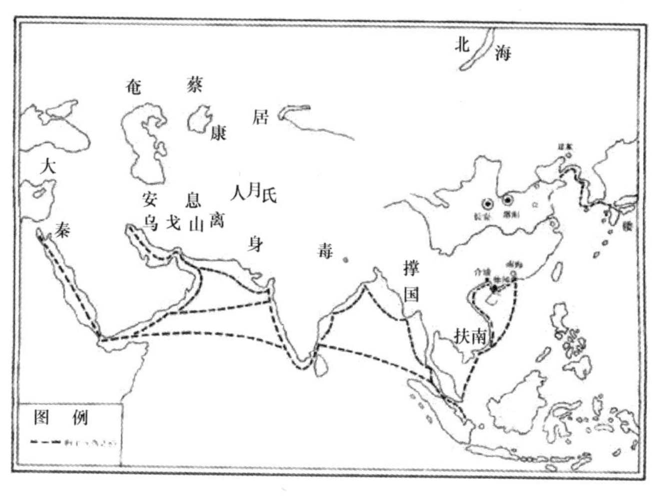

图 3－12　汉丝绸之路

三 隋唐鼎盛——名扬海外与盛世气象

隋朝结束分裂，完成统一，推行改革，选拔人才，开凿京杭大运河，连通南北自然水系。隋之后，唐朝是中国古代最为辉煌的朝代之一，在政治、经济、对外交流、文学、艺术创造等多个方面都处于当时的世界领先水平，极负盛名。其中，留存至今的、以“唐三彩”为代表的一批陶瓷工艺品（见图 3－13），艺术价值极高；对外交流上，除陆上丝绸之路外，海上交通也较为通畅，亚洲各国使臣前未交流学习，实践成了名副其实的国际化大都市；贞观三年，玄奘前往印度取经，佛教文化得以弘扬与传播，小雁塔就是最好的见证（见图 3－14）；文学艺术上，唐诗创造群体有 2200 多人，诗作多达 48900 首，形成了诸多诗歌流派，其中尤其以“诗仙”李白与“诗圣”杜甫最负盛名。现如今的西安大唐不夜城就是以盛唐文化为背景，将唐文化元素进行全面打造，构建成的集旅游、娱乐、休闲等为一体的体验消费区（见图 3－15）。

图 3－13 唐三彩

自远古始，陕西历经周、秦、汉、唐等多个朝代，朝代更替中留下诸多历史第一，是中华文明重要的发祥地之一。如今这些遗迹仍散发着周代礼仪、秦朝法度、汉唐盛世气象与威仪，成为发展现代旅游业的重要资源。

图3-14 小雁塔

图3-15 西安大唐不夜城

第三节 成因之三：区域文化之美

关于文化的定义多达166条，泰勒（E. B. Tylor）认为“文化或文明是一个复杂的整体，它包括知识、信仰、艺术、法律、伦理道德、风俗和作为社会成员的人通过学习而获得的任何其他能力和习惯"[175]。不仅文化的概念难以确立，而且文化的内容与形式也极其复杂。陕西是文化资源大省，"十里不同风、百里不同俗"。依据自然景观的相似性、学术文化的发达程度与风俗习惯的一致性，将陕西划分为关中地区、陕北地区、陕南地区三个文化区[176]。三个文化区的划分能较为明确地表现出陕西不同地域间文化的差异。

一 关中地区——帝王与乡土文化为主

关中以西安为中心形成帝都文化，自周以来，先后有秦、汉、唐等14个朝代在此建都，与罗马、雅典、开罗并称世界四大古都，有着1100多年的建都史，留下了大量遗址。其中最为著名的秦兵马俑，目前对外开放三个坑，坑中士兵站位明确，分由不同的兵种组成，按战场顺序依次排阵，面部表情栩栩如生，神态不一，其制作程序之复杂、工艺之精良令人惊叹。唐大雁塔高64.5米，塔身有七层，是楼阁式砖塔，整个塔体呈方形锥体，由仿木结构形成开间，自下而上按比例递减。塔内有木梯可攀登而上，在塔的每层四面各有一个拱券门洞，比例协调（见图3－16）。现有的古城墙是在隋唐城墙的基础上建立起来的，呈长方形，顶宽15米，底宽18米，墙高12米，总周长13.74千米，城墙高度小于其厚度，是我国最完整的一座古代城垣建筑。

图3－16 大雁塔

关中地区也是帝王陵墓集中的区域，主要有黄帝陵、炎帝陵、秦始皇陵、乾陵、昭陵、汉茂陵、长陵等，其空间分布之集中、文化内涵之丰富、品位价值之高为世之罕见[177]。除此之外，还有华清池（见图3－17）等多处历史遗迹。

图3－17　华清池

帝王文化的繁荣同样也滋润了乡土文化，作家陈忠实的《白鹿原》把关中文化中的民俗文化和方言文化描写得入木三分、鞭辟入里。民俗文化以婚丧嫁娶的礼仪文化与民俗艺术为主，主要表现形式有：结婚礼仪中的“三媒六问”“订婚”“嫁妆”“聘礼”“闹洞房”等；在娶亲中，唢呐的曲调激昂、豪放，演奏时别有一番情趣，直达人心；新郎新娘在洞房吃“合欢馄饨”，预示组建新家庭后，儿孙满堂、家庭和睦。丧葬礼仪中的“穿寿衣”“报丧”“设灵堂”；在棺材材料的选择上也很有讲究，穷人、富人都会有所区别。

在关中地区，最受欢迎的戏曲文艺形式是“秦腔”，又称“乱弹”。在秦腔中，又以关中宝鸡的西府秦腔最为古老。秦腔的表演自成一家，演员角色也很有讲究，分生、旦、净、末、丑五大行，各行又分多种，总称为“十三头网子”；其表演技艺十分丰富，身段和特技应有尽有，常用的有耍火棍、扫灯花、趟马、枪背、吐火、拉架子、扑跌、顶灯、咬牙、转椅等，神话戏的表演技艺则更为奇特而多姿。秦腔在后来流传中不仅汲取了不同剧种的养分，同时也对各个梆子腔剧种的形成与发展产生直接影响，开了梆子腔的先河。清康、雍、乾三代，秦腔流入北京，又直接影响到京剧的形成。所演的剧目多取材于历史中的英雄人物故事，也采编神话、悲剧故事、民间故事和各种公案戏，真实显现了陕甘人民耿直爽朗、慷慨好义的性格，以及纯朴敦厚、勤劳勇敢的民风（见图3-18）。陈忠实就曾说："如以时间而论，秦腔是我平生所看到的所有剧种中的第一个剧种；如以选择论，几十年过去，新老剧种或多或少都见识过一些，最后归根性的选择还是秦腔，或者说秦腔在我的关于戏剧欣赏的选择里，是不可动摇的[178]。"

图3-18　秦腔演出

除此之外，关中的方言、俗语、歇后语等也较有特色。方言的日常生活乡土气息较浓，如称男孩子为“娃子”、女孩子为“女子”、白酒为“烧酒”、邻里为“乡党”、角落为“旮旯”等；面食的做法多种多样，与之相匹配的叫法也有很多，如“牛羊肉泡馍”“麻食”“饸饹”等。俗语如“歪瓜裂枣”“羞先人”等。歇后语如“露水没籽儿闲话没影儿”“财东家惯骡马，穷汉家惯娃娃”等。[179]语言是文化直接表现形式，《白鹿原》巧妙地运用语言把关中文化演绎得淋漓尽致，也让全国人民都了解了关中（见图3-19）。

图 3－19 《白鹿原》演出

二　陕北地区——红色与民俗文化为主

陕北黄土高原是我国黄土高原的中心部分，滋养和孕育了中华文明，也是陕北文化的根基。当年一首《黄土高坡》唱遍大江南北，以高亢有力的曲调和陕北民歌的风格，唱出了人们对家乡的热爱。陕北地区的历史文化、歌舞文化、革命文化、民间工艺与民俗文化互相渗透，汇聚成苍劲有力、厚重深沉的“陕北文化现象”。

具体来看，陕北历史自原始社会晚期智人——“黄龙人”开始，从未间断。轩辕黄帝诞生于此，是中华文明的源头；秦长城与直道至今屹立；两汉有画像石、画像砖；十六国时期，匈奴人赫连勃勃在靖边县留下了唯一一座匈奴民族都城遗址——统万城；隋代时，隋炀帝曾对胡汉文化交融题诗称赞；两宋时期，西夏自这里入侵；明朝末年，农民起义自此而起，撼动了当时的统治阶级政权；到了国民革命时期，陕北是革命中心，刘志丹领导的陕北红军为革命的火种在中华大地传播打下基础；八年抗战时期，毛泽东领导的人民军队在这里逐步发展壮大，走上解放全国的道路，在此期间，毛泽东还在此发表了《论持久战》等多篇文章，胜利召开了中国共产党第七次代表大会。

作为世界三大民歌之一，陕北民歌内涵丰富，民歌种类多样，主要有信天游、酒歌、榆林小曲等，又以信天游为其中的精华，其歌词直白，曲调悠扬高亢、粗犷奔放，以地方小曲小调演绎着黄钟大吕的磅礴气势（见图 3－20）。自古歌、舞不分家，盛产民歌的陕北孕育出了秧歌与腰鼓两种舞蹈形式。陕北秧歌具有娱乐性、群众性和易学性等，主要有“踢场子”和“大秧歌”两大类，是很适合在广场上表演一种集体舞蹈。腰鼓也是陕北独特的民族艺术，它吸收了舞蹈、武术、体操、打击乐等多种艺术形式中的部分特点，动作刚劲有力、夸张奔放。其中尤以安塞腰鼓最为突出，表演性和视觉冲击力强，气势震撼人心（见图 3－21）。另外还有一些地方曲艺，如说书、二人台、碗碗腔等。

图 3－20　信天游

图 3－21　安塞腰鼓

陕北的民间工艺主要以剪纸、刺绣、石雕、面花、泥塑、民间画等为主。剪纸风格与秧歌、腰鼓相类似，将陕北人内在的自由、率真性格通过剪纸以粗狂、大气的形式表现出来。刺绣多绣在鞋面、鞋垫、枕套上，与江南刺绣风格迥异。石雕以狮子雕刻最有特色。面花多在清明节时才蒸。泥塑则是陕北分布较为广泛的一种民间工艺。民间工艺种类虽多，但名气远不如民歌，部分民间工艺也已失传。另外还有庙会活动，在庙会期间，有看戏、品小吃、烧香拜佛等习俗。

与关中平原、陕南地区相比，陕北不可谓不贫瘠。但在贫瘠的土地上，文化生活却别有洞天，创造了别开生面的文化样式。这是以文化对人生、理想以及养育自己的土地的感情与解读。而今因物质化的影响、现代传媒的冲击、年轻人价值观的改变、民间老艺人的离世等多种原因的叠加，当下陕北文化留存、成长与传承的环境已悄然发生了改变，文化内部已出现坍塌迹象。尤其在农村，陕北文化被遗忘、遭破坏的现象更为严重，如不着力抢救，陕北悠扬的信天游，喜庆的窗花、民间画等将会渐行渐远，直至成为历史。

三　陕南地区——生态及移民文化为主

陕南地区首推以生态旅游为主的生态文化。由于地理位置较为特殊，与陕北、关中地区相比，陕南地区气候条件比较舒适。汉江从陕南自西向东穿流而过，造就了神奇的山、水、林、洞自然景观，尤其是动植物种类与生态系统纷繁复杂。陕南森林覆盖率达 56.2%，辖内植物区系有种子植物 3754 种，包括世界植物区系中的 15 种地理成分[180]，其中陕西地方重点保护植物 58 种，列为国家重点保护植物有 24 种，世界性单中属和少种属植物 98 属，中国特有的 39 属，特有种 1428 种[181]。截至目前，汉中市有世界人与自然生物圈 1 个，国家森林公园 3 个，国家水利风景区 2 个，国家自然保护区 3 个，省级森林公园 3 个，省级自然保护区 6 个；商洛市有国家森林公园 4 个（天竺山国家森林公园、牛背梁国家森林公园、木王国家森林公园、金丝大峡谷国家森林公园）、丹江公园国家水利风景区、龙驹寨国家水利风景区——丹凤县龙驹寨、丹江国家湿地公园、柞水牛背梁森林公园；安康市有国家级森林公园 5 个（千家坪国家森林公园 、鬼谷岭国家森林公园、上坝河国家森林公园、南宫山国家森林公园、天华山国家森林公园），国家级自然保护区2个（化龙山自然保护区、天华山自然保护区）及其多处省级森林公园（见图3－22）。丰富的生态资源为陕南发展生态旅游创造了得天独厚的优势，旅游资源的开发既能产生效益，也能为生态保护提供保障。

图3－22　天竺山国家森林公园

在我国人口迁徙的历史中，民间流传着“湖广填四川，四川填陕南”的说法，陕南文化中有一种由移民构成的文化。来自周边不同地方的人，会聚到同一个地域繁衍生息，在生活中，这种文化的交融与碰撞，激发了不同地域文化的内在活力，尤其在民间文艺上表现较为突出，如宁强的端公戏、洋县的孝歌等。民间文艺以其强大生命力吸收、融汇了来自其他地方的文化，这种交融的方式显得那么从容与淡定，毫不矫揉造作。

除此之外，陕南还有宗教文化，主要包括道教、佛教、伊斯兰教等（见图3－23）。然而陕南人民并不局限于对哪一个神仙的崇拜，而是进行了多元化的选择，因此，宗教歌曲也融入到陕南文化中。

图 3－23　佛教圣地南宫山

综上，陕西是中华文明的起点，也是世界文明中保存相对完整的地区。三个地区虽进行不同文化的划分，且既有主体文化，又有附属文化，但二者相互辉映，展现的是一个共通的文化现象。另外，陕西的特色风味小吃琳琅满目，如腊汁肉夹馍、牛羊肉泡馍、西凤酒、臊子面、甑糕、八宝饭、火晶柿子等，有近 50 种（见图 3－24、图 3－25）；还有关中八景、走西口、火把节、十大怪等 16 种民俗，皮影戏、弦子戏、花鼓戏、木偶戏等 29 种地方戏曲，以及快板、说书、“社火”拓片、仿唐三彩等 50 种民间艺术。

图 3－24　羊肉泡馍

图 3－25　洛川苹果

来到三秦大地，就会有一种如在文化中行走的感觉，每一种文化都值得仔细玩味，其独特的魅力成为吸引中外游客的一项重要旅游资源。

第四节　成因之四：发展和谐之美

一　经济快速增长，产业结构不断优化

与历史上多个王朝相比，陕西如今已不再是全国的政治、经济中心；与东部沿海地区相比，区位优势更不明显。1978 年，陕西省地区生产总值 81.07 亿元。其中，第一产业 24.70 亿元，约占 30.4%；第二产业 42.13 亿元，约占 52%；第三产业 14.24 亿元，约占 17.6%，三次产业结构比为 30.4∶52∶17.6。改革开放伊始，陕西第一、第二产业占据重要地位，城镇居民人均可支配收入仅 310 元，农民人均纯收入仅 134 元。自 2000 年西部大开发战略实施以来，陕西地区经济发展提速，国民经济增速加快。2005 年，陕西地区生产总值 3933.72 亿元，是 1978 年的 48 倍多。其中，第一产业 435.77 亿元，约占 11.1%；第二产业 1951.36 亿元，约占 49.6%；第三产业 1546.59 亿元，约占 39.3%。三次产业结构比为 11.1∶49.6∶39.3，与 1978 年的产业结构相比，第三产业所占比重提升，整体产业结构向较为优化趋势发展。城镇人均可支配收入 8272 元，是 1978 年的 26.7 倍，农民人均纯收入 2052 元，是 1978 年的 15.3 倍。经过进一步发展，到

2012 年，地区生产总值达 14453.68 亿元，与 2005 年相比，增长将近 4 倍。其中，第一产业 1370.16 亿元，第二产业 8073.87 亿元，第三产业 5009.65 亿元。三次产业结构比为 9.5∶55.9∶34.6，产业结构内部变化不大，第二、第三产业成为陕西经济发展的主要力量。与此同时，农民人均纯收入达 5763 元，城镇居民人均可支配收入增长到 20734 元。2013 年继续保持较好的增长势头，全省地区生产总值比上年增长 11%，达 16045.21 亿元。其中，第一产业增长 4.7%，增加值为 1526.05 亿元，占生产总值的比重为 9.5%；第二产业增长 12.6%，增加值为 8911.64 亿元，占 55.5%；第三产业增长 9.9%，增加值 5607.52 亿元，占 35%。人均生产总值比上年增长 10.6%，达 42692 元[182]。再拿 2012 年数据与全国其他地区同期数据进行比较，陕西地区生产总值约占全国的 2.8%，城镇居民可支配收入与全国平均水平相差 3830.84 元，农民人均纯收入相差 2154.06 元。

二　基础设施改善与社会事业进步

1978 年，陕西省固定资产投资总额 20.35 亿元，应该说各项事业均处于起步阶段。在实施西部大开发战略之后，基础设施的投资力度加大，建设速度加快，国家在资金、政策方面都给予了一定的扶持与倾斜，与此同时，陕西省调动资金，建设的力度加大，基础设施有了很大改善。

2005 年，全省固定资产投资完成 1980.52 亿元，其中农村固定资产投资完成 141.32 亿元，城镇固定资产投资完成 1839.2 亿元。在文化、卫生等领域的建设步伐加快，投资比例也在提高。从三次产业的投资来看，2005 年第三产业完成投资 1157.38 亿元，第二产业完成投资 649.61 亿元，第一产业完成投资 32.31 亿元，第三产业投资高于第一、第二产业。这进一步说明政府对第三产业的重视，以宏观手段来调整产业结构。再对产业内部进行分析，第三产业中教育投资 91.95 亿元，居首位，大于在科学研究、技术服务、地质勘查业，文化、体育、娱乐业及卫生业等方面的投资，各行业投资都有不同程度的上浮；第二产业中制造业和电力、采矿业的投资高于燃气及水的生产和供应业投资，主要投资还是集中在传统能源工业领域[183]。

2005年以来，陕西省在交通基础设施改善上注入大量资金，铁路、公路等投资总额首次超过200亿元，尤其是高速公路建设，完成投资额超过10亿元以上的项目就有6个，城市内部公共交通业投资较前一年增长近2倍，总额达到4.03亿元。铁路建设也步入快车道，完成投资32.58亿元，不仅对原线路进行修复与改建，而且有新铁路的开工建设。高速公路、城内交通、铁路的投资极大地改善了陕西省区域内外的通达性，为游客进出提供了便利条件（见图3-26）。

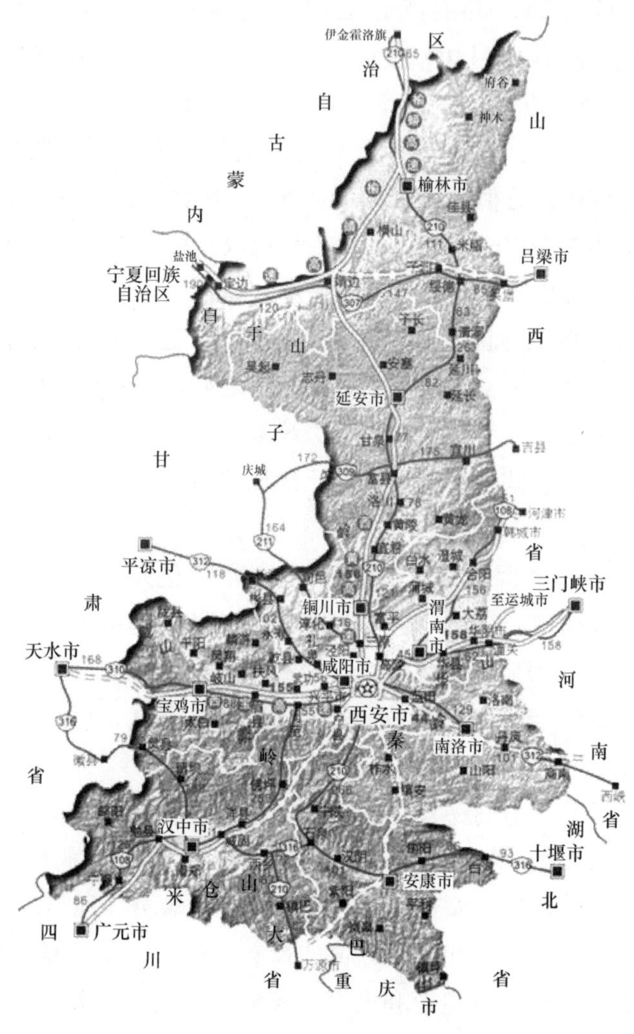

图3-26 陕西省交通干线

随着各产业投资力度的加强，加之基础设施改善，陕西省其他各项社会事业也有了明显进步。主要表现为：①各类保险公司 2005 年保险业务收入 97.39 亿元，比上年增长 18.01%；证券市场各类证券成交额 1179.44 亿元，比上年下降 37%；金融机构可比口径人民币各项存款余额 6446.48 亿元，比上年末增长 19.82%。②文化事业发展势头良好，文化市场繁荣，各类演出团体、文化馆、图书馆、艺术馆、博物馆等稳步发展；广播影视事业稳中有进，期刊、图书等陆续出版发行。医疗卫生系统不断完善，床位数、医疗人员、诊所等都有增加，农村卫生室覆盖率为 85.11%，新型合作医疗保险参合率达 81.99%。竞技体育成绩喜人、群众体育活动的开展也是如火如荼。③整体生态治理取得成效，6 条主要河流水环境质量综合污染指数下降了 2.26，道路交通噪声平均等效声级为 68.6 分贝[184]。

通过数据性的分析可以看到，西部大开发战略实施的第一个五年里，社会各方面的情况较之以前都有很大起色。到 2012 年，全社会固定资产投资 12840.13 亿元，是 1978 年的 630.96 倍，是 2005 年的 6.48 倍；在农户投资方面也有很大进步。资金投入的增加直接为基础设施建设、社会事业的改善提供原动力，各行业发展态势稳中有进。

三　科技与教育高地

陕西是全国六大高等教育中心，拥有 985、211 高校 3 所，211 高校 8 所，其他一般院校（含职业技术学院）共 100 所。院校涵盖层次齐全，从国家层面到地方性质的院校，从综合性较强到专业性突出的院校，从部队院校到职业技术教育等；从重点院校到一般高校乃至民办高校，在全国都有一定地位（见表 3－1）。

与此同时，陕西拥有我国规模最大的民用航天基地，以此为依托，新能源技术、电子信息、通用航空以及高技术现代服务业等多个领域均有所发展。除此之外，通过一组数据也能反映出陕西是全国的科技教育高地：2006 年高校本科、研究生招生人数持续增加，在校学生达到 72.53 万人；高中阶段教育与“普九”工作有新进展，在校学生达到 701.93 万人，全省累计“普九”达标县（市、区）103 个，人口覆盖率 97%。省级以上重大科技成果 533 项，其中居国内领先水

表 3-1 陕西高校分布

院校名称	院校类型	院校属性
西安交通大学	综合	985、211 高校
西北工业大学	工科	985、211 高校
西北农林科技大学	农业	985、211 高校
西北大学	综合	211 高校
陕西师范大学	师范	211 高校
西安电子科技大学	工科	211 高校
长安大学	工科	211 高校
第四军医大学	军事	211 高校

注：因涉及高校较多，在此只列出部分高校。

平的 141 项，居国内先进水平的 58 项；居国际领先水平的 16 项，居国际先进水平的 93 项[184]。

第五节 陕西与西北其他四省的比较

前文主要侧重从内部、纵向视角来对陕西自然形成、历史积淀、区位文化、快速发展等多个方面进行分析，认识陕西自身的状况。下文再从外部与其他四省进行横向比较，更全面、综合地分析与认识陕西。其他回省指是指、青海省、甘肃省、宁夏回族自治区、新疆维吾尔自治区，在地域上较为接近，既有多种类型的自然风光，又有较为丰富的历史文化遗迹，是一个兼具文化与地理意义的高地，同时也是西部大开发的重要建设区域。对陕西与其他四省的比较主要从以下四个方面进行：

一 国家级景观资源比较：既多且优

在西北五省中，陕西面积位居倒数第二，位于西北东部，在以高原、盆地为主的西北地区，陕西另有秦岭山地。各省不同的地质构造与地貌形成了各具特色的风景。从世界自然遗产、国家自然保护区、国家地质公园、国家森林公园、国家水利风景区数量来比较，截至2012年，五省中仅新疆有世界自然遗产——天山，其他分布见表3－2。

表3－2　陕西与其他四省国家级景观资源比较（截至2012年）

单位：个

项目	陕西	甘肃	宁夏	青海	新疆
国家地质公园	8	8	7	2	7
国家森林公园	32	21	19	4	7
国家自然保护区	17	14	10	7	5
国家水利风景区	19	21	20	8	9
国家湿地公园	14	4	9	1	15
森林覆盖率（%）	37.26	10.42	9.84	4.57	4.02

资料来源：国家公园网、中国地质公园网、国家森林公园网、水利部网、《中国统计年鉴》。

由表3－2可知，陕西拥有的国家级景观资源数位居西北第一，尤其以国家森林公园、国家永利风景区、国家自然保护区居多。一方面，与秦岭森林覆盖率高关系极大；另一方面，也与陕西省加大生态恢复、植树造林力度紧密相关。

二　历史遗迹比较：居于首位

西北五省在古代曾是极为热闹的繁华地带，也是“古丝绸之路”的必经之地。随着国家政治、经济中心的迁移，在这里留下了丰厚的历史文化遗存，既有被称为“中国古代的美术馆”的敦煌莫高窟，也有巍峨雄壮的长城，还有华夏始祖——轩辕黄帝的陵墓及若干帝王陵墓、享誉海内外的秦兵马俑等。五省相比，陕西、甘肃、青海、宁夏共有世界文化遗产——长城，陕西、甘肃、新疆共有世界文化遗产“丝绸之路”，另外，陕西、甘肃还各有一处世界文化遗产。除此之外，其他历史文化遗存见表3－3。

表 3－3　　陕西与其他四省历史文化遗存比较（截至 2012 年）

项目	陕西	甘肃	宁夏	青海	新疆
国家历史文化名城（处）	6	4	1	1	7
国家历史文化名镇（村）（处）	5	7	1	2	6
全国重点文物保护单位（家）	140	70	18	18	58
国家博物馆（家）	162	146	27	19	67
国家一级博物馆（家）	7	1	2	0	1
国家二级博物馆（家）	11	7	0	1	2
国家三级博物馆（家）	18	15	3	5	6

资料来源：国家文物局网站。

由表 3－3 可知，陕西历史文化遗存在西北五省居于首位，其中全国重点文物保护单位包括石窟寺、石刻及其他古遗址、古墓葬、古建筑及历史纪念建筑物、革命遗址及革命纪念建筑物、近现代重要史迹及代表性建筑以及其他总共七大类、140 处，是居于第二位甘肃省的两倍；国家博物馆数量同样位居第一，其中一级博物馆比其他四省之和还要多 3 家。这一方面与陕西悠久的历史分不开，历史遗迹的涵盖时间跨度大，从远古人类到近现代都有；另一方面也与历史遗存的留存方式、类型多样紧密相关。

三　4A 及以上级景区比较：优势突出

A 级景区是我国对景区质量的一项评价标准，一个地区拥有高级别的景区数量，往往是一个地区旅游业发展的生命线和保障，也能以高级别景区为核心来打造区域旅游品牌。在将陕西与西北其他省份进行对比时，主要选取 4A 及以上级景区，以认识其旅游业发展潜力（见表 3－4）。

总体来看，比基地回省总数还多 6 个陕西在高级别景区方面优势突出，尤其是 4A 级景区数量，具备了向 5A 级景区提升的基础；百强景区也是其他四省的 3 倍以上，具备了创建品牌景区的绝对实力。在整个西北地区，陕西拥有较强的旅游竞争力。

表 3－4　陕西与其他四省 4A 及以上级景区对比（截至 2012 年）

景区	陕西	甘肃	宁夏	青海	新疆
5A	5	3	3	2	5
4A	72	28	13	10	15
全国百强景区	7	2	0	1	1

资料来源：各省旅游局网站。

四　经济社会建设及旅游业比较：差距明显

西北五省总面积 311.69 万平方千米，占西部大开发地区面积将近一半，全国的 1/3 左右，地上历史文物、古迹多，地下资源丰富，可谓地大物博。自新中国成立以来，经过 60 多年的发展，其中有两个比较好的建设时期，一是改革开放，二是西部大开发。相比较而言，前一个历史时期对东部沿海城市，国家建设支持力度要大些，西部地区获得的发展机会相对少；后一个历史时期对西部地区的建设力度、投资范围都在加大。目前西北地区的发展与东部发达地区相比，确实还有较大差距，但依然取得了明显进步。五省比较情况见表3－5、表 3－6。

表 3－5　陕西与其他四省 2000 年、2012 年经济总量、产业比较

单位：亿元

省区	年份	经济总量	第一产业	第二产业	第三产业	三次产业结构比
陕西	2000	1660.92	279.12	731.90	649.90	16.8∶44.1∶39.1
	2012	14453.68	1370.16	8073.87	5009.65	9.4∶55.9∶34.7
甘肃	2000	983.36	193.36	439.88	350.12	19.7∶44.7∶35.6
	2012	5650.20	780.50	2600.09	2269.61	13.8∶46.0∶40.2
宁夏	2000	265.37	45.95	120.04	99.58	17.3∶45.2∶37.5
	2012	2341.29	199.40	1159.37	982.52	8.5∶49.5∶42.0
青海	2000	263.59	38.53	114.00	111.06	14.6∶43.2∶42.2
	2012	1893.54	176.91	1092.34	624.29	9.3∶57.7∶33.0
新疆	2000	1364.36	288.18	586.84	489.34	21.1∶43.0∶35.9
	2012	7505.31	1320.57	3481.56	2703.18	17.6∶46.4∶36.0

资料来源：《中国统计年鉴》。

表 3－6　陕西与其他四省其他经济指标比较

省区	年份	人口（万人）	城镇居民人均可支配收入（元）	农民人均纯收入（元）	路网密度（千米/百平方千米）
陕西	2000	3605	5124.24	1443.86	22
	2012	3753	20733.88	5762.52	78.81
甘肃	2000	2562	4916.25	1428.68	9.18
	2012	2578	17156.89	4506.66	133.69
宁夏	2000	562	4912.40	1724.30	16.5
	2012	647	19831.41	6180.32	42.14
青海	2000	518	5169.96	1490.49	2.74
	2012	573	17566.28	5364.38	9.39
新疆	2000	1925	5644.86	1618.09	2.22
	2012	2233	17920.68	6393.68	10.25

资料来源：《中国统计年鉴》。

选取 2000 年、2012 年两个时间点进行比较，在经济总量上，陕西始终位居第一，但人口基数较大，城镇居民人均可支配收入与农民人均纯收入并不是排在首位；从三次产业结构比来看，西北五省的产业结构都在向比较优化的趋势发展，陕西、青海的第二产业在整个产业结构中所占比重较高。西部大开发战略实施的十多年里，西北五省的铁路、公路建设有很大改善，其中陕西、甘肃路网密度增长幅度较大。

通过前三项对比，可知陕西在自然景观、历史文化资源等方面独占鳌头，经济发展、基础设施建设水平提升较大，尤其内外交通与以前相比有显著改观。2014 年，“丝绸之路经济带”的建设成为热门话题，西北虽广阔，资源虽多，但生态环境很脆弱，应以能源、产业、城市、贸易、金融、文化、生态、交通作为“丝绸之路经济带”一体化的八大战略路径[185]，逐层推进。相比之下，建议以建设便捷交通、保护生态、发展旅游作为先导。旅游业是一项关联性强、带动效应大的产业，在某种程度上地域间自然、文化旅游资源可以实现优势互补，区域间旅游业联手打造精品线路，有望克服诸如市场僵化、信息闭塞、交通不畅、规划乱象等障碍，在经济一体化的大背景下，推进“以旅游业为先导做大市场与产业”的发展战略。陕西是新丝绸之路的起点，想要以旅游业带动经济发展，实现省域间合作，就有必要进一步对西北五省旅游业进行比较（见表3－7）。

表3－7　　陕西与其他四省旅游业比较

省区	年份	旅游总收入（亿元）	占GDP比重（%）	入境旅游收入（亿美元）	国内旅游收入（亿元）
陕西	2010	983.99	9.71	10.16	915.92
	2011	1324.12	10.58	12.95	1240
	2012	1713.32	11.85	15.97	1609.52
甘肃	2010	237.2	5.76	0.1	236.2
	2011	333.7	6.64	0.17	332.57
	2012	471.08	8.34	0.22	469.65
宁夏	2010	71	4.20	0.2	69.6
	2011	92.3	4.39	0.27	90.57
	2012	123.75	5.30	0.24	122.16
青海	2010	67.8	5.02	0.06	67.27
	2011	84.23	5.04	0.06	83.83
	2012	103.39	5.46	0.05	103.05
新疆	2010	302.7	5.60	3.2	281.1
	2011	441.21	6.67	4.65	411
	2012	576	7.67	5.5	541.75

资料来源：国家旅游局网站、《中国统计年鉴》。

通过对比发现：①2010—2012年陕西省旅游总收入占GDP比重约为10%，其他省份大多在6%上下浮动，所占比重较小。总体来讲，西北五省旅游业整体水平都有待提升。②陕西入境旅游收入三年均超过10亿美元，其他各省多维持在一个较低的收入水平，甘肃、宁夏、青海的入境旅游收入还不到1亿美元，入境旅游业的发展空间还较大，这与整体入境旅游不景气、区域交通便利程度不高、服务质量较差有很大关系。

陕西在西北五省中，优势多于劣势，以优势来带动其他四省，串联起这一经济带，实现旅游业的大发展，与我国东部经济带遥相呼应，是产业的需要，更是时代的责任与实现人民幸福生活的有效途径。

第四章 宜游城市指标体系构建

宜游城市指标体系的构建遵循演绎法，从城市旅游的空间范围起，探讨在“美丽中国”理念下的宜游城市概念的界定，进而廓清宜游城市的内涵、外延及特征。结合概念、内涵、外延与特征，从彰显正能量与消除负能量两个层次出发进行宜游城市指标的宏观架构。彰显正能量主要侧重对品牌景区、交通可达、旅游服务、产业效应等方面的考量，而与之对应的消除负能量主要侧重生态环境、社会和谐、政治文明等方面的探究。按照理论指导、可操作性、对比性、代表性与前瞻性、界定清晰的原则，借鉴前人研究成果，甄别专家意见，最终形成七个维度：旅游吸引力，交通可达性，旅游信息、设施及服务能力，旅游业绩，环境适宜性，社会包容性，经济生活性，共64个指标，建构起整个宜游城市指标体系。

第一节 城市旅游的地域空间范围：微观、中观、宏观

从城市发展历程与游客的活动范围来看，早期城市发展缓慢，基础条件相应薄弱，中心城区的条件好于周围地区，游客主要活动范围集中在中心城区，活动范围受到限制，城区主要是指由市政府划定的城市中心部分与周围地区，但不包括郊区在内[186]。随着城市的发展速度提升，基础条件改善，除中心城区外，城市的建设范围不断扩大，后来形成以中心城区为主并包括其他区域的城市空间范围，城市旅游中游客的活动空间逐渐扩大，受条件因素的限制逐

渐变小。到城市高速发展时期，由单一的城市发展到城市群，甚至是多中心的城市圈，尤其是城市交通条件的大幅度提高，使得游客出行更为舒适与快捷，城市旅游中游客的空间范围已从单个城市跳转到城市圈中。

国外学者研究“城市旅游”是从游客选择城市作为旅游目的地的动机入手，进行旅游行为的社会心理学分析；也有学者研究旅游者在城市中的旅游活动以及活动带来的种种影响[187]。持有这一观点的麦考恩·库柏强调，城市旅游就是旅游者被吸引到城市进行消费的系列活动[188]。以此来看，国外学者最初对城市旅游的研究更多锁定在影响研究范围。国内学者对“城市旅游”定义出发点则不一样，多是从城市角度出发。宋家增（1996）认为，都市旅游是以都市风貌、风光、风物、风情为特色的旅游，不同的城市具有不同的特色，其都市旅游的内涵也不尽相同[189]。唐思富，罗能认为，城市旅游是以世界著名大城市为旅游目的地，带有各种目的而进行的一系列旅游活动[190]。虽然扩大了目的地的范围，却束缚了城市旅游的思维。薛莹（2004）指出，“城市”限定了“城市旅游”的全部特征，主张在这种限定上来理解城市旅游的含义，并以产业—城市理论、城市基本/非基本经济活动理论来理解城市旅游与城市的关系[191]。吴承照（2005）指出，城市旅游是以城市为载体的观光游憩体验活动和商务会展活动[192]。张玲（2009）认为，城市旅游就是旅游者以城市本身作为旅游目的地，在城市内部及其周边地区完成其包括物质消费和精神消费在内的各种旅游活动的总称，是城市旅游职能提高的表现[193]。

总体来看，对城市旅游的定义限定在将城市作为旅游目的地，其中城市旅游活动的空间范围在不断发生变化，围绕中心城区，向周边地区辐射，尤其是交通条件的跨越式发展为游客在不同城市间周转提供了无限便利。站在游客的角度来审视，微观尺度的城市旅游，空间地域范围是中心城区，如早期城市旅游时，条件有限，空间范围小，属于城市旅游初期；中观尺度的城市旅游，空间地域范围是包括中心城区在内的行政管理区，与市及市管（县）区构成整体，如到延安旅游，就是以宝塔区为主并包括其他两区的空间范围，如今大多数城市旅游的空间范围都以城市的行政区划为主；宏观尺度的城市旅游，空间地域范围是城市圈，已突破行政区域限制，如上海与苏州、杭州三地之间的旅游，以上海为中心，在空间上构成一个城市旅游圈，这种大尺度的城市旅游并不多，对城市功能的要求很高。

本研究的主体对象是城市旅游，就其地域空间范围而言，与行政上划分的区域并非一一重合对应。为了有效获取资料，在研究中采取了将陕西十地市城市旅游空间范围等同于行政区划面积的做法，如西安的城市旅游空间范围包括下辖的10区3县，数据来自于各地市的统计年鉴。

第二节 宜游城市的内涵、外延及特征

一 宜游城市的内涵及外延

本研究认为，宜游城市是指建立在宜居基础上，具有独特吸引力且能较好满足旅游者需求的城市活动圈，与行政上市以及市辖县（区）的范围相对应。大于微观尺度的城市旅游空间范围，小于宏观尺度的城市旅游空间范围，属于城市旅游空间的中观尺度范围。城市圈不一样，城市圈一般范围较大，多由一个或多个核心城市与若干相关的周边城市组成，是空间关系密切、功能分工有序并互相依存的城市群体[194]。因此，宜游城市内涵大致可从以下四个方面加以界定：第一，宜游的城市首先必须是宜居的，“宜居”是“宜游”的前提[85]。从城市发展历史演化来看，宜游城市是比宜居城市高一级的城市形态，其功能比宜居城市更加强大与完备。第二，宜游城市必须拥有中心城区，这一点与大城市圈有出入，城市圈的范围要比宜游城市大。游客来到城市一般会先到城市的中心地带，以此作为旅行的中枢地点，从而能较好地安排自己的行程，呈现出“中心城区↔景区↔中心城区”的旅行模式。第三，宜游城市有旅游流的产生与空间扩散。旅游流的产生是游客在中心城区与景区之间流动的结果，作为整

个宜游城市空间联系的实质内容，旅游流的扩散方向与强度的差异，使中心城区到景区间从点到面的区域空间结构形成与发展，并进而发展成为旅游流保持通畅并依附的空间载体。第四，宜游城市具有能较好满足游客需求的设施与服务。以中心城区作为旅游活动的目的地和中转地，主要考虑的是各种有利于进行旅游的要素较为齐备，虽然生活世界与旅游世界二者有错位，但游客更能适应比自身生活环境好的城市。

宜游城市的外延可以这样理解：符合以上四个条件的城市都能算是宜游城市，宜游城市是旅游时代的产物，是在宜居基础上体现“游客时代”的城市，它以游客的活动构成一个轨迹圈。不同的城市表现出来的宜游水平各异，宜游城市的水平与资源禀赋、基础设施、区位条件、游客到访的时间及次数频率等都有一定关系。我国改革开放初期，以入境旅游开始发展的一批城市，游客到访时间早、频率较高、游客数量大，通过游客来影响城市的发展自然就早，城市规划者考虑游客需求的时间也相应地较早，城市的宜游水平相对就会高些；旅游业发展较晚的城市，游客到访时间相对晚些，频率也低些，宜游水平相对较低。

二　宜游城市的特征

宜游城市是城市发展到一定阶段，与旅游业深度融合的产物。与宜居城市对比，可从以下七个方面来提炼宜游城市特征：①具有极强的旅游吸引力。宜游城市必须是一个美丽的城市，美丽的城市不仅追求宜居，更有在宜居基础上对城市环境美学价值的一种追求，与其他城市相比，宜游城市有独具个性的吸引力（品牌景区、城市景观、地标建筑、节事庆典活动等），唯有如此，才具备作为宜游城市的最主要因素。如张家界市、黄山市等依托世界级自然遗产，以旅游立市；香港依托发达的商贸、物美价廉的商品，成为购物的天堂；深圳依托区位、经济优势，打造城市主题公园等。②通达的交通是宜游城市的先决条件。游客要进得来、出得去、散得开，才能玩得爽。从交通条件来看，进出要快捷、舒适，构筑陆、海、空一体化的交通网络，良好的进入性可缩短游客的时间距离；在城市与景区之间，要建立快速通道，腾出更多留给游客游玩的时间，同时还可使游客减少旅途颠簸之苦。③适宜旅游功能以及能够满足旅游者需求的各种服务设施。宜游城市接待的是来自四面八方、不同种族、不同消费级别、不同兴趣爱好的旅游者，对城市的需求自是五花八门，总体来说均是以基本需求为主体，宜游城市的基础设施功能就是建立在宜居的基础上对城市旅游功能的综合提升。④可喜的旅游业绩。作为宜游城市的检验标准，旅游业绩是一个城市宜游程度的判断尺度。⑤良好的生态环境，这是宜游城市的大前提。不管是本地居民，还是外地来的游客，在同一个城市，宜居与宜游作为城市功能是有交集的，虽不是彼此包含的关系，但宜游城市首先应该强调安全舒适的生态环境和良好的人文环境等，这也构成了宜游城市的基础。⑥和谐的社会包容性。宜居城市具有一定的私密性、排他性，而宜游城市则具有开放性、接纳性；在同一个城市，大量游客涌入，与本地居民共用部分公共设施，压缩原住居民的物理及心理空间，因此市民的素质以及好客程度也是宜游城市较为重要的影响因素。⑦有质量的生活经济水平，这是宜游城市的物质基础。不能服务本地居民的城市绝对也不能很好地服务外地游客。游客以中心城区为暂住地向周边扩散，不会局限在一个区域，而是以活动轨迹形成一个活动圈，城市发展程度与居民生活水平的高低都会对游客游乐水平造成一定的影响。

依据对城市宜游水平的判断，本研究试图将宜游城市分为宜游城市、较宜游城市、一般宜游城市、弱宜游城市。宜游城市是既适合居住又适宜旅游的城市，既有比较高的环境适宜性、社会包容性、经济生活性，又具有良好的交通可达性，诱人的旅游吸引力，高水平的旅游信息、设施及服务能力和不错的旅游业绩；较宜游城市与宜游城市相比在各方面仍有上升空间，需加快发展；一般宜游城市在宜居性、宜游性以及二者结合上都有待进一步的发展；弱宜游城市的综合条件与发展水平在短期内难以达到宜游城市的要求与标准，需继续在城市宜居、宜游两个方面下功夫，以高标准来推进城市的发展。具体分类见表4-1。

表 4-1　　宜游城市分类及特征

类型	宜游城市	较宜游城市	一般宜游城市	弱宜游城市
正能量	最多	较多	较多	很少
负能量	很少	较少	较多	最多

第三节　指标体系构建的必要性及技术路线

一　指标体系构建的必要性

构建宜游城市综合评价指标体系，主要基于以下理由：①由于地域差异的存在，在区域研究中往往没有普适性的评价标准。但如果将"区域"和"尺度"综合起来考虑，小尺度（陕西）的区域分异同样表现为大尺度（全国）上的均质性，具有一定的共性，存在横向比较的可能。因此，构建综合评价体系有利于陕西城市之间的宜游性的比较，实现分级区分与发展，利于整个区域旅游发展格局优化，及差异化政策的制定与发展指引。②目前已出现的指标体系有待于进一步优化[195]。

二　指标体系构建的技术路线

为对宜游城市建设给予更加准确、科学的指导与评价，有必要建立一套评价体系，这一做法借鉴自优秀旅游城市与最佳旅游城市在创建中所遵循的模式。关于宜游城市评价体系的建立，研究认为要经历四个阶段：述评→借鉴→考量→重生。第一阶段：述评。研究中先要对以往的各种有关的指标体系进行认识、评述，思考如何构建宜游城市指标，确定指导思想。第二阶段：借鉴。每项研究都是建立在前人对事物认识基础之上，绝无凭空捏造，在宜游城市指标构建中，要汲取以往指标中合理的、精华的部分，摒弃不合理的部分，借鉴对宜游城市指标构建有益的部分，步入构建阶段，思考构建原则。第三阶段：考量。依据指导思想与原则，严密思考，初步构建宜游指标体系，与专家讨论，衡量其合理性、科学性；再次修改、综合考虑，确定指标体系，通过咨询外部专家，收集整理意见，进一步仔细考量各指标的科学性。第四阶段：重生。结合多位专家意见，再次审视，仔细推敲，最终确定指标体系。历经四个阶段，最终形成新的宜游城市指标体系（见图4－1）。

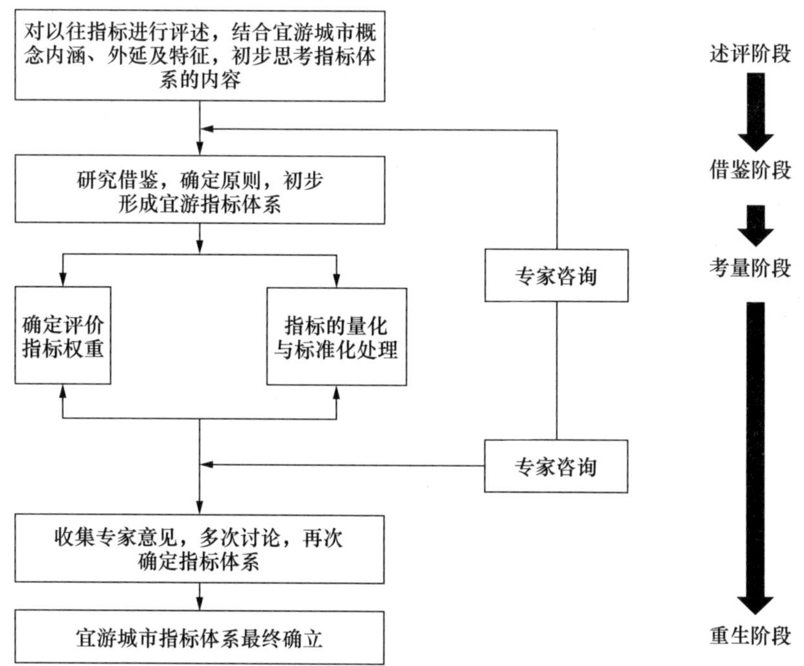

图4－1　宜游城市指标体系构建技术路线

第四节　相关指标体系的研究现状

现代城市功能已逐步演化成类型多样、纷繁复杂的集合体，成为政治中心、经济中心、旅游中心等多个中心的重合。在中国，只要逢大、小假期就会出现“游堵”，城市在接纳游客、服务游客、周转游客中已成为最主要的地域载体。本节对中国当前主要的有关旅游城市指标进行归类，对指标体系的构建背景、基本内容与采用的基本方法、特征、效果与不足之处四个方面进行深度剖析，认识其优缺点。从已有指标体系来看，主要有两大类：一是优秀旅游城市、最佳旅游城市；二是中国城市竞争力研究会的宜游城市、国际旅游城市、中国老年人宜居（宜游）城市及其他人研究成果等（见表4－2）。

表4－2　　　　与宜游城市指标体系相关的评价表

指标体系名称	制定者	制定年份
中国优秀旅游城市	国家旅游局、专家	1995
中国最佳旅游城市	国家旅游局、专家	2003
国际旅游城市	专家、学者	1999、2007、2011、2012
中国老年人宜居（宜游）城市	中国老年人学会、专家	2010
宜游城市	中国城市竞争力研究会	2007（参考文献推断）

资料来源：国家旅游局网站、相关文献。

一　优秀旅游城市指标体系——普及化

我国现代旅游事业起步于改革开放以后，1980年，旅游总人数570.25万人，其中入境游客52.91万人，国内游客517.34万人，旅游外汇收入6.17亿美元。经过十多年发展，1995年，入境游客4638.65万人次，国内游客6.29亿人次；接待海外旅游者人数超过20万人次的城市有北京、深圳、广州、上海、西安等15城市，另有接待人数超过10万人次的城市有大连、武汉、长沙、重庆等13个城市。说明这一时期，旅游业发展仍外在初级阶段，城市作为旅游客主要的集散地、目的地地位还未完全显现出来。这一时期，旅游业的发展仍处于初级阶段，城市作为游客主要集散地、目的地的地位还未显现出来。

在产业发展的催动下，国家做出响应，1995年《中国优秀旅游城市标准体系》颁布实施。指标体系以城市为核心，将与旅游有关的因素全部纳入进行考虑，更全面地考核优秀旅游城市应该具备的素质与能力。内容涉及16个方面：城市旅游产品定位与经济发展、城市旅游业的管理体系、精神文明建设及发展的主导体系、城市的旅游交通、生态自然环境、现代旅游功能、教育与培训、游览区（点）与市场促销、住宿设施、旅行社、餐饮、购物服务、文化娱乐、厕所、安全与保险以及城市及周边短线旅游的一日游管理，再对每个方面逐一量化，以分数的形式计算，并为合格的城市授予“优秀旅游城市”的称号。

第一批优秀旅游城市总计 54 个。其中直辖市 3 个，重庆除外；副省级城市 14 个、地级市 24 个、县级市 13 个。各城市级别中均有代表城市获批，具有不同的特色；涵盖面宽，城市上、中、下三级呈现出中间大、两头小的特点。2000 年，第二批优秀旅游城市 67 个，以后采用的方法是成熟一个批准一个。中国优秀旅游城市评价指标体系从 1999 年开始执行，此后做过两次修改，分别是 2003 年、2007 年。2003 年的修改是在原有指标体系基础上首次进行的调整、修订，其合理性主要体现在以下几个方面：①把握一个原则，总分不变，仍为 1000 分，但对部分大项分值进行适当调整；②提升条目表述的准确性、统一性；③吸纳新政策和规定，对原内容进行修改，使之更符合市场经济发展要求；④更新与旅游业发展形势不相吻合的标准，如对《旅行社出境旅游服务质量》行业标准进行宣传与贯彻。2007 年，再次对中国优秀旅游城市指标体系 2003 年版进行了修订，这次修改整体框架与上次相比，变动不大，原有框架与总分设置都不变。结合旅游业发展出现的新情况，进行了有针对性的调整，如充实“5A 级景区”等内容。截至 2012 年 9 月，我国已有 370 个优秀旅游城市，占城市总数比例达到 56.2%，意味着国内一半以上的城市都是优秀旅游城市，优秀旅游城市的评比也进入一种“平民化”的状态。

优秀旅游城市指标体系有三个版本：1999 年版、2003 年版、2007 年版，其中 2003 年版具有承上启下的作用，使 1999 年版得以改进、2007 年版得以延续。因此本文以 2003 年版为例来对优秀旅游城市指标体系的特点做进一步分析（见表 4-3）。第一个特点是全面性、层次鲜明。2003 年版有 20 个大项，每一大项下面设子项，子项下再设小项，涵盖了与旅游业有关的所有内容，再逐层分解；20 个大项分别赋分为100、70、60、50、45、40、35，以不同赋分区别其重要性，层次清晰；其中以40分段的项目最多，有8项，100分、50分、45分的项目各一项；对城市现代旅游功能赋分最高，为100分，包括了5个子项，34个小项，是所有项目中小项最多的，对城市旅游功能里的旅游咨询、标示信息、语言环境、公共设施服务、城市夜景等五个方面进行评价。第二个特点是指导性。在全国已经获批、正在创建的旅游城市都是以指标体系为指南，对照对城市进行建设。第三个特点是连续性。指标体系从1999年版到2007年版，虽有所调整，但都保持了基本内容的连续性，使得前、后陆续申报的城市有章可循。第四个特点是适应性。从1999年版到2007年版，指标体系有过两次调整，不断与时俱进，使之能与城市旅游发展的脚步保持同样节奏。优秀旅游城市指标体系成为指导城市建设的“指挥棒”，这根“指挥棒”在促进、引领、布局着优秀旅游城市创建，同时也为旅游业的发展奠定了坚实的基础。

表4-3 中国优秀旅游城市检查标准实施细则（2003年修订本）

序号	评估领域	分值	最高得分	分档计分	检查得分
1	城市旅游经济发展水平	60			
2	城市旅游产业定位与规模	35			
3	城市旅游业投入和专项政策支持	35			
4	城市旅游业发展的主导机制	35			
5	城市旅游业的管理体系	70			
6	城市旅游行业精神文明建设	60			
7	城市的生态自然环境	45			
8	城市的现代旅游功能	100			
9	城市的旅游教育和培训	40			
10	城市的旅游交通	60			
11	城市的旅游区（点）开发与管理	40			
12	城市的旅游促销与产品开发	60			
13	城市的旅游住宿设施	50			
14	城市的旅行社	40			
15	城市的旅游餐饮	40			

续表

序号	评估领域	分值	最高得分	分档计分	检查得分
16	城市的旅游购物服务	40			
17	城市的旅游文化娱乐	40			
18	城市的旅游厕所	40			
19	城市的旅游市场秩序	70			
20	城市的旅游安全与保险	40			
合计					
得分					

资料来源：国家旅游局网站。

优秀旅游城市指标体系在发挥积极作用的同时也暴露出一些不足：一是政策的统一性与旅游城市的个性矛盾。传统的、有名气的旅游目的地本身旅游业发展就很不错，个性较强，经过参评，城市在某些方面比如交通的短板有了很大改观，属于“锦上添花”现象；而一些非传统的旅游目的地，不是经济发达地区，按照优秀旅游城市评价体系，不惜代价，整合旅游资源，积极争取，这样做虽有短期效应，但从长期看没有形成强有力的市场吸引力，没有形成城市自身的独特个性，产生了“千城一面”现象。二是对照传统旅游“六要素”，优秀旅游城市的指标对其都有涉及，但对“城市的现代旅游功能”一项赋予最大分值：100 分，其中有些功能与指标体系中其他内容有所重合；另外还出现了“验收前脚刚走、效果后脚折扣”的现象，因为指标考评内容过多，部分城市在创建过程中为了应付，验收期间认真对待，验收结束立马松懈。三是与城市领导者观念的耦合。在创建过程中，指标体系与城市领导者观念的耦合程度直接决定了旅游城市的创建质量，领导者对旅游业的重视程度、市政建设的认可程度等都很重要。如若二者发生冲突，指标体系必定让位于领导者理念，如某古城市长任性作为，乱挖城市古树。四是对城市文化记忆的破坏。在旅游城市创建过程中，不乏急功近利的思想，在没有对城市做更长远的规划时，建造的都是“钢筋水泥混凝土”的结合物，风格相似的摩天大楼、千篇一律的购物中心、布局雷同的广场、四通八达的大马路等都在不断吞噬着城市有历史、有文化内涵的建筑，譬如北京老四合院的消失。五是交通的堵塞。从全国来看，似乎就没有几个不“堵”的城市；小县城、大都市在某一个时间都同时“堵”上了。优秀旅游城市也不例外，在黄金周期间，堵得更厉害，大量游客涌入景区与城市，甚者出现“一票难求”“一床难求”的情况；在旅游服务上，出现供给严重不足的情况时，部分优秀旅游城市就会出现“宰客”现象，平时卖100元的床位，到了黄金周涨到200—300元，更不要谈服务，此时游客也不能感受到“宾至如归”，而这种现象在创建验收阶段是断然不会出现的。

二　最佳旅游城市指标体系——高端化

进入21世纪，中国旅游业的发展速度与规模势头强劲。应该说优秀旅游城市主要是国内城市的同台比拼，与国际上公认的一些旅游城市相比，仍有很大差距。为促进旅游业可持续发展，在全国优秀旅游城市不断增多的背景下，理论的探讨者与政策的制定者在不停思考，力图改变现状。2001年，国家旅游局与世界旅游组织联合启动“最佳旅游城市”项目研究，制定指标体系。

最佳旅游城市指标体系内容包括总体原则、基础标准与专项标准三部分。总体原则是对参选资格、评选办法、基本要求、绩效检验、不搞终身制、系统工程、注重民意、设置专项称号等8个方面做出解释说明；基础标准有9项；专项标准也有9项。采用的还是赋分相加的方式，并设有排除线（见表4－4）。整个评价体系是为了“优中选优”、突出最佳，从而区别于优秀旅游城市，也为了达到以“最佳”来彰显城市作为旅游目的地的独特性的目的。与此同时，评价指标更加注重“软旅游”，如绿色环境、交通环境、好客环境、旅游文化环境、购物环境等建设的要求，对旅游发展进行协同规划，也即多部门相互间合作的要求也得到重视[196]。2006年，成都、杭州、大连被授予“最佳旅游城市”称号。

单从最佳旅游城市指标体系的内容来看，已达到无可挑剔的地步，全面考虑到作为最佳旅游城市的游客体验及满意度，居民的满意度、获益度及参与度，旅游资源丰度及独特性，交通基础设施及服务的覆盖面、质量及独特性，城市的管理水平及其长远规划，尤其对9个专项相关的独特性方面考量也颇为周全。将一个最佳旅游城市的独特性、全面性、持续性、前瞻性融为一体。从评选结果来看，仅有3个城市获得这一殊荣；从实际效果来看，杨传开等对国内36个主要城市的旅游功能强度进行研究，结果见表4－5[197]。

表4－4　　中国最佳旅游城市评估指标的权重及排除线

序号	评估领域	权重（%）	最高得分	排除线
1	旅游者体验及满意度	12	120	100
2	当地居民获益度、满意度和参与度	8	80	65
3	旅游资源和景点（区）的丰富程度、质量及独特性	12	120	不设
4	自然及文化景观的规划、保护水平	4	40	25
5	环保、旅游自然与文化资源保护、污染控制	8	80	50
6	交通及城市基础设施	4	40	25
7	旅游设施和服务的覆盖面、质量及独特性	16	160	125
8	城市旅游管理、规划、发展及营销	8	80	65
9	有关方面合作发展旅游业的格局	8	80	65
10	与9个专项相关的独特性方面	20	200	150
	合计	100	1000	675

资料来源：国家旅游局网站。

表4－5　　中国最佳旅游城市旅游功能强度比较（2010年）

城市	客源地		目的地		中转地		总体旅游	
	强度	排序	强度	排序	强度	排序	强度	排序
成都	0.173	22	0.080	10	0.174	4	0.424	5
杭州	0.234	10	0.099	5	0.076	9	0.409	6
大连	0.215	15	0.060	18	0.051	16	0.326	18

资料来源：根据杨传开，汪宇明，杨牡丹《中国主要城市旅游功能强度的变化》，《地域研究与开发》2012年第31期整理。

从结果来看，最佳旅游城市的旅游功能强度并不是最强，在客源地、目的地、中转地、总体旅游四个方面强度部分指标值处于中上水平，部分指标值处于中下水平，由此可知，评价结果与效果出现一定错位。另有研究指出，成都应该加强城市旅游支撑系统的投资并加大招商引资的力度，杭州应该在强化合作机制、优化旅游服务等方面下功夫，大连应该在大型节庆活动、商务会议及会展方面做文章，进一步证实最佳旅游城市在某些方面仍有待提升[198]，结果最佳并非效果最好。

如果以“普及化”来框定优秀旅游城市指标，最佳旅游城市就是“高端化”指标，两个不同的指标体系形成了层次鲜明、各有特色的评价、验收体系。最佳旅游城市源自优秀旅游城市，堪称极品，但选“最佳”就有可能导致优秀旅游城市特色出不来，最佳也上不去，毕竟“最”字在中国汉字解释为“极”，无比的意思，代表好上加好，好中更好，现实中却总有“最佳不佳”“优秀不优”的现象。在一个大众化的旅游时代，城市旅游功能整体水平的提升不仅仅是荣誉称号能够弥补与代替的，应该在创建过程中把工作做实。

三　宜游城市及其他指标体系

自入境旅游始，中国旅游市场持续摊开扩大，城市旅游始终是主战场，研究者提出建立国家，甚至国际旅游城市的标准，与部分城市发展中提出建设国际旅游城市的战略目标相吻合。周玲强最先提出建立国际风景旅游城市指标体系，从理论、类型、特征、建立原则等多个层次探讨，并从城市现代化、城市国际化、城市风景旅游建立三个方面建立指标体系，给出计算方法。同时认为城市现代化、国际化、风景旅游三个指标互相联系与协调，不可分割[199]。其后，阎友兵等根据可持续发展理论、旅游系统结构理论以及优秀旅游城市评选标准，归纳提炼出国际旅游城市评估体系的 27 个指标[200]。朱梅等借鉴国内外有关旅游城市的理论与实践经验，建立一套国际旅游城市评价指标体系，包括 10 个二级指标、70 个三级指标[201]。另有闻飞等从国际旅游业发展水平与国际旅游业发展环境两大方面，构建了 4 层 39 个指标，评价热点旅游城市的旅游国际化水平[202]。

除此之外，还有中国老年人学会委托相关机构建立的老年人宜居

（宜游）城市指标体系，最先运用指标体系对“宜游”城市进行定量评价的是中国城市竞争力研究会，以十佳城市对评选城市命名，其中包括“十佳宜游”城市。《GN 中国宜游城市评价指标体系》由包括旅游资源指数、旅游业发展指数、市容市貌指数、基础建设指数、社会安全指数、市民素质指数在内的 6 项一级指标、12 项二级指标、52 项三级指标构成，以此评选出宜游城市，这些城市均具有旅游资源特色鲜明、旅游业发展较好、旅游功能设施完备、城市环境好、游客满意度高、城市旅游产品丰富等特征[88]。2010 年，《中国老年人宜居（宜游）城市评价指标体系》对外发布，指标体系包括门槛指标和评定指标，其中评定指标设三级 33 个终端指标，并附加 6 个引领指标。指标体系将老年人的社会参与、人文关怀、对城市建设的主观感受与评价、敬老优待政策的制度性安排等四个方面同时结合起来[89]。孙明菲在前人研究的基础上，提出滨海城市的宜游度，并分离出影响因子，对宜游度与影响因子之间的关系也做了进一步探讨，构建了滨海旅游城市宜游度评价指标体系，对选取的样本城市进行定量评价研究[90]。无论是把指标体系应用到实践中，还是作为研究成果，都是从某一个角度出发去认识旅游城市的功能，为城市如何增强旅游功能、提升城市管理水平提供有益的思考。

城市是一个复杂的世界，不管何种指标体系，都仅代表研究者从某一角度出发对城市功能的认识。城市已融入我们生活，成为重要活动的场所，评述是为了对以往指标中涉及的城市旅游功能保持清晰的认识，本文在吸纳以往指标体系的基础上，试图把精华部分融合在一起，建构一个新的宜游城市指标体系。

第五节　构建指标体系原则

为实现对宜游城市的科学评价，尽量做到宜游城市评价结果的科学性、精准性、实践性，在建立宜游城市指标评价体系时，既要充分体现宜游城市的基本内容，又要围绕宜游性因素进行解构，建立逻辑严密合理、关系相互影响，又可独立解释事物的体系。在建构过程中应遵循以下原则：

一 理论指导原则

理论来源于实践并高于实践，是对实践活动、经验与结果的反思与矫正，以此来进一步指导实践。宜游指标体系的构建是对城市宜游性的测评，这种实践活动需要理论来指导，否则将成为一种盲目的实践。

生态文明理论是宜游指标在框架构思中首先应遵循的理论，对生态文明建设的理解再也不能简单地停留在植树造林阶段，而应该将其放到与经济、政治、社会、文化建设同等重要地位。生态文明建设与其他四项建设“五位一体”，是其他建设的基础。以往建设中对生态环境的忽略导致如今人地关系紧张、资源枯竭、环境污染现象严重，甚至已经造成某些无法挽回的后果。在构建宜游指标时务必考虑到环境因素的测度，失去了生态基础，宜游城市的建设将毫无意义。另外，以宜游城市指标体系进行大美陕西的测评，“美”的基础就是生态环境的安全与健康，从这个角度出发同样应坚持生态文明理论在创建过程中的指导性。

宜游指标在构建中要结合城市品牌理论。城市在持续建设中，上演着类似于商品与顾客之间的供需关系，不断调整，以适应市场的需要。最初的城市功能很单一，顾客的需要也容易满足；后来，城市功能随着社会的进步与发展逐渐变得复杂，被冠以各种称号。城市品牌理论源自商品品牌理论，提出城市一样需要品牌创建，宜游城市是城市发展到一定阶段的必然产物。品牌的背后需要优级质量与较高要求做支撑，若“金玉其外，败絮其中”就不能表里如一。

宜游指标体系在构建中要结合旅游美学理论。从旅游学角度，大美陕西的建设核心是城市，城市是本地人与外来游客共处的空间，需以审美的眼光来分辨城市的“美”与“丑”。定量化的指标体系从可度量的角度来审视城市吸引游客的根本原因，区分不同城市之间的吸引力。宜游指标体系在创建中还要结合城市旅游理论，尤其是城市旅游理论中对城市的空间结构、旅游形象、旅游影响等研究，系统地梳理，在创建宜游指标体系过程中打开思路，为创建评价体系的关键点奠定基础。

二　可操作性原则

构建宜游指标体系的出发点是为了可数量化地测度各城市的宜游性，确定三级不同的指标时需仔细甄别。一级指标是指导思想型，属于较为宏观的认识，主要起引导作用；二级指标是对一级指标的分解，要能说明一级指标的特征点，朝着一个更为清晰的方向去解构宏观思想；三级指标是更微观、深入的剖析，是具体可用的内容。因此，选取指标时要注意指标的可操作性，能呈阶梯状地逐层、准确解释前一指标包含的意义。这里所说的可操作性其实包含两层意思：一是指标选取要考虑有效性，在一个接近事物本质的状态下选取数据；二是选取的数据要具有可计算性，尽量便于计算，使宜游城市的特征点能很好地体现出来，从实践的角度来推动理论的进步。譬如在指标的选取时，某个指标能说明问题的部分特征，有效性也不错，但无法进行定量，此时就应该调整思路，回到具体操作层面，在充分理解宜游城市的概念界定的基础上，从特征点出发层层剥离，选择具有可操作性的指标，以确保数据资料的获得。

三　对比性原则

从农业时代到工业时代再到后工业时代，从区域分布、发展阶段进行划分，研究城市发展的规律，结果可知，全世界的城市发展仍处在不同的水平，表现出不同的特征。城市的区位差异、资源禀赋多寡、自然地理的构成、历史文化的阶段都不是均衡分布的，即便是一个城市的内部，也会出现发展水平参差不齐的现象，如广州作为一线发达城市却仍存在“城中村”，从表面形态来看，似乎有的城市未发展就已陷入“先天不足”的困境。故而取其某一时段，制定一个统一的评价体系，可以尝试对不同的城市间具备的条件进行比较，科学地识别城市间的具体差距，从城市管理的角度看清楚各自的优势和劣势，从而为城市的建设提供参考。宜游城市是城市旅游发展到一定阶段的产物，选取指标，在同一个时段对不同城市的宜游性进行对比性研究，可以在部分领域达成共识。

四　代表性与前瞻性原则

城市是一个充满活力而又复杂的有机体，不仅涵盖大量因素，而且不同的因素会折射出海量信息。在宜游指标创建过程中，要对指标进行相互比较、仔细分辨、认真评价，围绕宜游城市的特征选出具有代表性的指标。在确定指标时，指标与指标之间还能反映宜游城市内部功能系统的相互协调、互相影响关系，很好地反映出宜游城市的整体面貌，又不至于出现自我矛盾现象。考虑到城市发展时刻处在不断变化中，既要能尽量科学、准确地反映出当下的状况，同时也要能对城市发展部分趋势作出一定判断和预测。因此，在指标选取时，既要抓住重点，彰显代表性；也要适当考虑宜游城市未来发展方向，选取部分具有前瞻性的指标。

五　界定清晰原则

整个指标体系由一级指标进行分解，由上到下构成一个完整系统，上一级指标含义表达通过下一级指标来完成，由此循环向下传导形成一个“金字塔”结构。一级、二级、三级、四级指标的准确界定避免对对象认识和理解上的误差，以免影响到最终结果与整个指标体系的科学性。宜游城市的指标包括生态环境、社会、经济、交通、旅游吸引力、信息及服务设施、业绩等多方面的因素，涉及面宽且广，极易导致在评价过程中出现模棱两可、辨别不清等现象，对指标进行过滤时，不能因为追求全面导致关键指标间表述重复、互相叠加。因此，在确定上一级指标后，需准确、清晰界定下一级指标，以免出现指标内部“相互拆台”现象，并保证各指标存在的合理性。

第六节　构建宜游城市指标体系

一　指标体系总目标层

基于对以往指标体系的梳理，在构建宜游城市指标体系的第三阶段，将指导思想与操作原则结合，缜密思考，形成宜游城市指标体系，通过专家咨询，确定指标权重，衡量其合理性与科学性，经过修改、综合考虑，确定指标体系。再次通过专家咨询，收集整理意见，进一步对各指标设计的科学性进行仔细考量。

整个指标体系由四层构成，即总目标层（宜游城市指标体系）（见图4－2）→A，评价综合层（旅游吸引力，交通可达性，旅游信息、设施与服务能力，旅游业绩，环境适宜性，社会包容性，经济生活性7个方面）（见图4－3—图4－9）→B，评价因素层（知名度，景点、资源，进得来、出得去，散得开，媒体，吃、住，娱、购，旅游客流量，旅游综合收入，增长率，城市园林绿化，城市环境卫生，城市气候舒适度，城市空气质量，社会环境，人文氛围，城市化率，生活水平，三大产业比重19个方面）→C，评价因子层（人均园林绿化面积、人均公共绿地面积、人均公园面积等64个）→D。

二　指标体系中各评价综合层分析

经过评述、借鉴、考量三个阶段后，基于前文可知，宜游城市指标体系由七个维度构成，以下，我们试图综合城市化进程中既有的实践成果及出现的问题、旅游业发展趋势，对七个评价综合层以及所包含的内容进行解释与界定。

（一）旅游吸引力

旅游吸引力是宜游城市的最主要因素，指的是围绕核心旅游资源打造、提升城市的吸引力，旅游就是吸引力经济。

每个城市都有自己的个性与特色，围绕不同的资源条件进行建设，形成不同的旅游吸引力。按照旅游资源分类来看：一是围绕自然旅游资源进行建设。自然旅游资源的形成与地质构造、生态环境、自然因素、生物多样性等有关系。从大的方面区分，这类旅游资源可细分为岩石圈旅游资源、水圈旅游资源、生物圈旅游资源、大气圈旅游资源四大组，组下可进一步分为地质旅游资源、地貌旅游资源、宇宙天空天文旅游资源等14类，形成了64小类旅游景观[166]。这类旅游资源具有先天性、独特性，并非每个城市都拥有这类旅游资源，进行开发时一般多是围绕这类资源精心打造。比如安徽的黄山市以旅游立市，围绕黄山的四绝——奇松、怪石、云海、温泉，三瀑——人字瀑、百丈泉、九龙瀑，还有多座山峰、良好的植被、珍稀动物等奇特景观来打造旅游吸引力，形成了玉屏景区、北海景区、温泉景区、白云景区、松谷景区、云谷景区等多个景区，让人游览之后仍能在回味

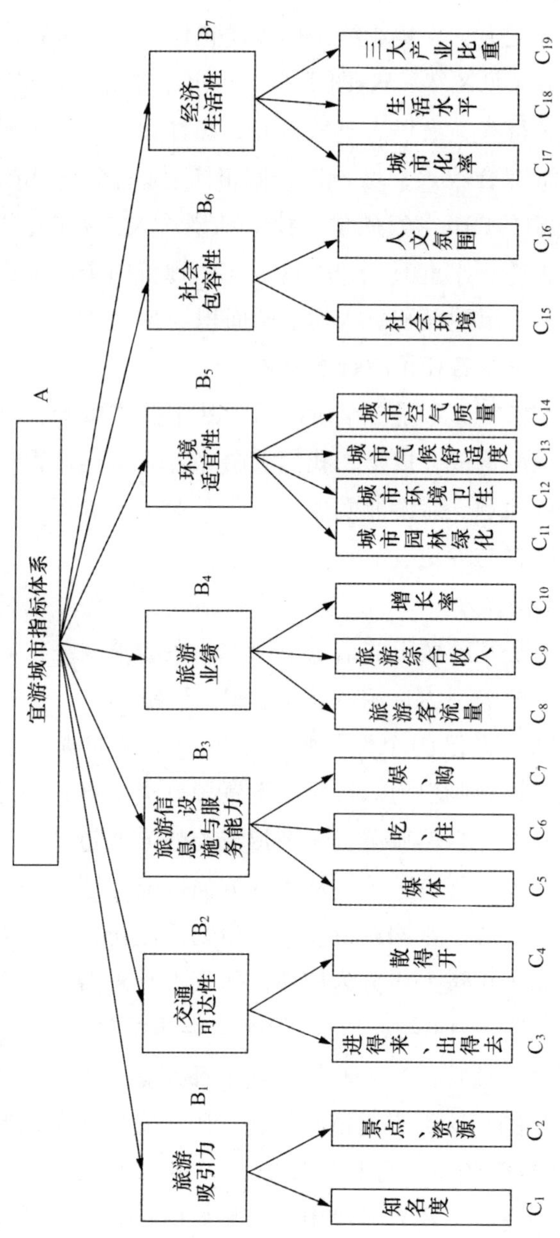

图4－2 宜游城市指标体系

中感慨“五岳归来不看山，黄山归来不看岳”的精妙。黄山成为集“世界地质公园、国家5A级景区、世界自然与文化遗产、中国十大名胜古迹之一、国家级风景名胜区”于一身的名牌景区。与黄山相比，广西的桂林市则另有一番风景，它以典型的“喀斯特”地貌为主，经过风化，形成了形态各异、怪石嶙峋的模样，最有代表性的景点是象鼻山、伏波山、独秀峰、七星岩、冠岩等，山被水环绕，多了几分妩媚与灵动。再加上少数民族地区的文化、习俗、地方特产等，成就了“桂林山水甲天下”的美誉。以此类推，我国从东部沿海到西部边境，从南国风情到北部大漠，孕育着数以万计的自然美景，以其特点来打造旅游吸引力，定有无穷魅力。

二是围绕人文旅游资源进行建设。人文旅游资源以历朝历代留下的文物古迹、建筑遗址为主，分为遗址遗迹类、建筑与居落类、陵墓类、园林类、社会风情类五大类，进一步可分为28小类旅游景观[166]。这类景观经历历史、文化的积淀形成，有着与自然旅游资源不一样的吸引力。如山东省曲阜市，古城鲁县，是儒家思想创始人孔子的故乡，拥有著名的孔府、孔庙、孔林——“三孔”，1994年获批成为世界文化遗产；并拥有国家首批历史文化名城、王牌旅游城市之一、第一批优秀旅游城市等多项荣誉。曲阜以“孔文化”为核心打造核心旅游吸引力，正好配合我国在全世界推行儒家文化的活动。又如山西省平遥古城，从西周至今，已有2700多年的历史，古城由四大街、八小街、七十二条蚰蜒巷构成，犹如迷宫；城墙高约12米，总周长6163米，墙内市楼、铺面、街道保留明清形制，墙外则是新城，内外建筑各有风格；从上向下俯瞰全城，呈“龟”状，城内保留了清朝商号、店铺，每个店铺背后都有一段故事。整个古城集建筑文化、商贾文化、宗教文化等于一体，以此历史文化旅游资源来打造吸引力，扬名海内外。

以上两者是以自然或历史人文旅游资源来形成旅游吸引力，对于无资源的城市，依然能打造出吸引力，如深圳因区位优越、交通发达、经济发展水平高等原因，依靠建设世界之窗、海滨浴场、世界民族大观园等获得吸引力。又如香港背靠内地，是经济、商贸中心，成为“购物天堂”吸引众多内地游客前往。

在宜游城市中，旅游吸引力是最重要的因素，在建设过程中，需进一步区分资源之间的级别，采取不同的开发方式，不同的资源具有不同的吸引力，世界级的如自然、文化遗产要着眼形成世界吸引力；国内高级别景区建设要着眼形成全国吸引力；稍微次之则着眼形成全省、地区吸引力。

在指标构建中，旅游吸引力包括景点、资源与知名度两个因素。景点、资源由4A及以上级景区数、A及以上级景区数、城市地标建筑测度；而知名度则由百度指数、优秀旅游城市批次来衡量（见图4-3）。

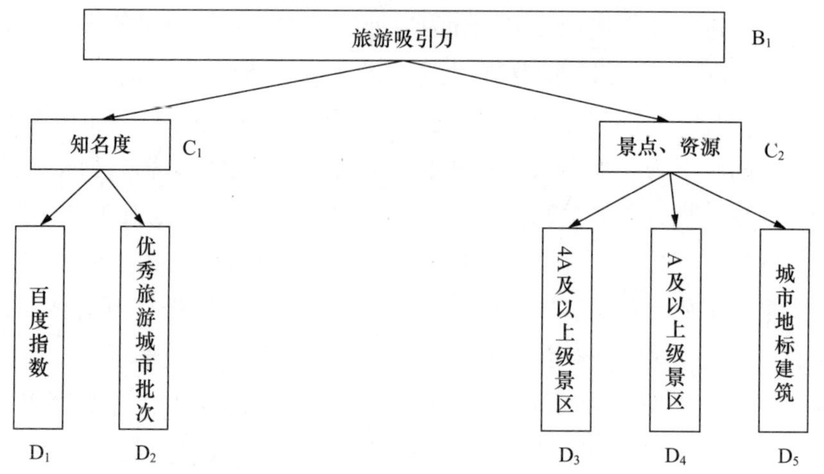

图4-3 宜游城市旅游吸引力指标体系

（二）交通可达性

交通可达性是宜游城市的先决条件，指的是宜游城市内外交通的通畅度，不仅要有陆、海、空交通的覆盖，而且在城市内部、城市与景区之间的交通也要极为畅通。

梳理人类旅行的历史可知：从古至今，交通工具与方式的变化、道路基础设施改善对旅行的发展有着深刻的影响。早在欧洲奴隶社会时期，古罗马帝国为显示国力强盛，便于征战与出行，在境内修筑了大量宽阔的马路，可供四轮马车通行，并在全国其他地方设立交通驿站，这些设施为人们出行、住宿提供便利，使得外出旅行的人数增多。后在封建社会时期的中国，帝王为外出巡游、封禅祭祀、南征北战、扩大交流等，在修路架桥的同时，还开凿河道，最为著名的是京杭大运河的开通，这些举措为水陆交通的畅通奠定了基础。加之经济水平逐渐提高，使得外出游山玩水不再是帝王、贵族的特权，普通民众也一并因交通改善而受益。

与近现代旅游相比，在奴隶、封建社会时期，外出旅行受各种条件制约，次数比较有限，游客量增加的情况出现在交通运输工具改善以后。19 世纪，蒸汽式火车的出现，使得大规模人员的流动成为现实，1841 年库克组织第一次火车旅行团。新交通工具的使用使旅行的费用比以前低廉，而且舒适，提高了速度，也缩短了出游的时间，随着经济的发展，人们愿意也有能力支付旅行费用，外出的人数不断增加，逐步扩大了人的活动半径。到 20 世纪，喷气式飞机的出现，再一次扩大了人类的活动半径，可以轻易越洋跨海。发展到今天，飞机、轮船、高铁、城轨、地铁、私家车等各种及时便捷的交通工具，配以四通八达的路网，使外出旅行的人遍布世界各地，从一个城市到另一个城市、从一个国家到另一个国家也可以“朝发夕至”。从独自的外出游玩到集体的、大规模地游山玩水，从谢灵运发明的“谢公屐”到国内外“井喷”式的游客流，每一次变化都与诸多交通工具和方式的开发、道路基础设施改善有着千丝万缕的联系。

从人类旅游活动范围来看，活动的地域也随交通的改善而不断扩大。作为主要的旅游目的地，交通的通达性在宜游城市中占有相当重要地位，表现为：外部交通——进得来、出得去，内部交通——散得开两个层次。第一个层次：进得来、出得去，在交通可达性中是较为宏观的层次。对宜游城市来说，从外部进入，依靠的是航空、高速、铁路、海运等。大尺度的距离多以航空为主，如从美国纽约来中国上海；中尺度的距离多以高速、铁路为主，如从湖北武汉来陕西西安，尤其现在动车和高铁的陆续开通在一定程度上挤占了国内航空市场。

第二个层次：散得开，在交通可达性中属于比较中观的层次，主要是指游客从城市前往景区以及在景区之间的移动。游客来到各个景区，还需要其他交通工具在景点之间流动，属于微观层面。在其他旅游活动中，还有短暂假期外出的自驾游、骑自行车的郊游等。时代在变、生活在变、人们的观念也在变，旅游已逐渐成为人们的一种生活方式。

在指标构建中，交通可达性包括进得来、出得去，散得开两个因素。进得来、出得去由旅客运输量、旅客周转量、航空吞吐量、高速里程数、火车站级别、高铁线路数、火车趟次数来衡量；散得开由省道路网密度、公共汽车总数、旅游专线数、人均拥有的士数量来衡量（见图4-4）。

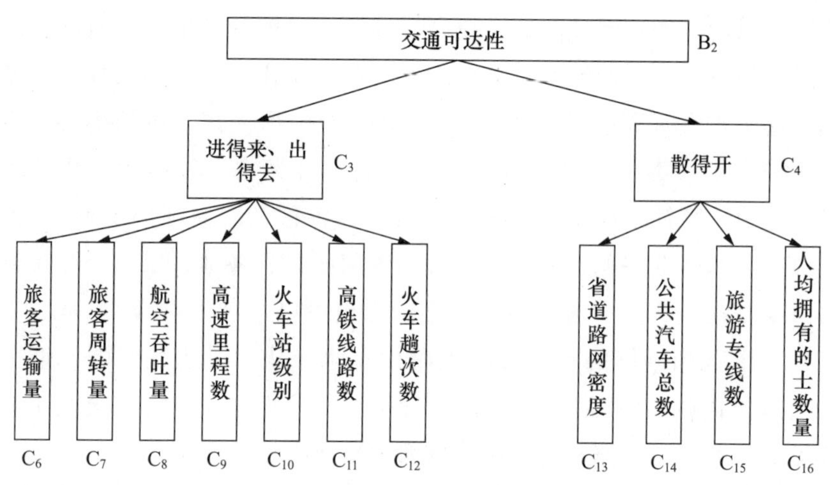

图4-4　宜游城市交通可达性指标体系

（三）旅游信息、设施与服务能力

旅游信息、设施与服务能力是宜游城市的核心保障，指的是宜游城市在旅游信息、设施与服务功能方面为游客提供方便的能力，是旅游业良性发展的基本条件。

在宜游的城市，游客不仅想看到美丽的景色，而且期望获得满意的服务与接待，二者缺一不可。旅游业因直接、间接经济效益受到重视，故而在促进旅游业发展时难免会急功近利。发展之初，基础设施、景区开发都跟不上，尤其遇到客流高峰期，更是应对不暇。还有的景区在营销策略上先以较为吸引人的宣传“哄骗”游客，游客到来之后却看到另外一番景象，得到的也是与先前宣传中不一样的服务。最近几年，每到“黄金周”就变成了“黄金粥”，一片“涨价声”——门票涨、住宿涨、餐饮涨，唯独就是服务不涨，更有甚者还会出现伤人、踩踏事件，旅游服务的质量每逢“大考”就骂声一片。

我国现代旅游业从入境旅游开始，旅游服务相应也从学习国外经验开始，包括涉外酒店的建设标准、服务水平等，全国热点旅游城市都是在这样的背景下发展起来的。起初这样的发展模式还能被接受，各地也是以高标准、高要求制定了星级饭店评价标准，并且将这种标准化的评价体系向景区、旅行社等其他要素推广。然而虽参考了国外的制定与评价体系，却未能完全走市场化运作的道路，而是以政府为主导，在发展中难免会出现“两只手”在调控中不协调的状况，在国内旅游市场出现火爆场面时就显得有些力不从心。

自改革开放以后，人们可支配收入不断增加，从“保温饱”状态逐步进入到小康水平，加之节假日的调整，人们闲暇时间变长，交通条件不断改善，景区的营销手段不断提高等，多种因素叠合在一起，从20世纪90年代开始，国内游客数、旅游总花费、人均花费都在不断上升。从1994年到2004年10年时间，国内游客数从5.24亿人增长了1倍多，达11.02亿人；2012年更是2004年的近3倍。1994年国内游客的旅游总花费1023.5亿元，其中城镇居民花费848.2亿元，农村居民花费175.3亿元；到2004年，增长近5倍，达4710.7亿元，其中城镇居民花费3359.0亿元，农村居民花费1351.7亿元；2012年是2004年的4.8倍，其中城镇居民花费17678.0亿元，农村居民花费5028.2亿元。城镇居民、农村居民人均花费都有增长。人们的生活观念发生了翻天覆地的变化，由“温饱型”向“精神型”过渡。国内旅游市场增长速度之快，远超过了旅游接待能力，使接待地疲于应对。

从另一个角度来看，我国城市的行政级别区分也较为明确，分直辖市（正省级）、副省级城市、地级市、副地级市、县级市五个等级，不同等级的城市在基础设施、服务条件、资源聚集度等方面具有很大差别。进一步看，不同区域城市的水平又有差别，东部地区经济发达，各方面条件相对较好。复杂的因素导致了国内城市之间的差异，进而影响到为游客提供服务的水平。随着新生代游客的成长，“软件”服务与“硬件”基础若不发展，在新一轮竞争中必然会被淘汰。在指标体系构建中，旅游信息、设施与服务能力包括媒体，吃、住，娱、购三个因素。媒体由广播覆盖率、移动电话覆盖率、电视人口覆盖率、互联网用户数测度；吃、住由星级酒店数量、总客房数、特色小吃种类数、客房收入、旅行社总数来衡量；娱、购则由商品零售占社会消费品比重，地方特产、旅游商品，休闲娱乐场所数来衡量（见图4-5）。

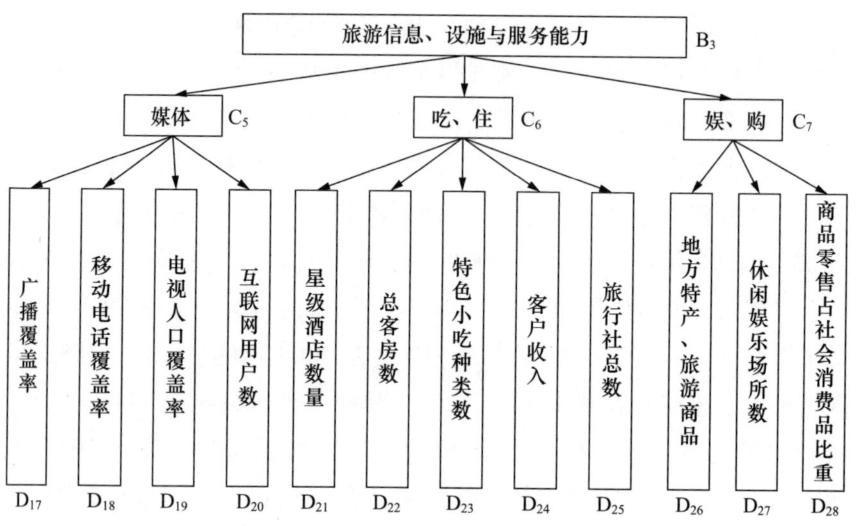

图4-5　宜游城市旅游信息、设施与服务能力指标体系

（四）旅游业绩

旅游业绩是宜游城市的检验标准，指的是宜游城市旅游业的发展水平，从年度与黄金周两个层面来衡量，选取的是平均增长指标。

宜游城市是旅游业发展到一定阶段的必然产物，城市不仅需要宜居，更要宜游，使得城市功能在服务本地居民的同时也为游客服务，二者虽有叠加重合部分，也有各自不同的功能，伴随着城市化水平的提高，城市功能在不断演化中向前发展。在城市众多行业中，旅游业是综合性的服务业，产业关联度高，形成和带动的产业链较长，仅围绕“行、吃、住、游、购、娱”六要素，就有29个经济部门与旅游业有直接关系，相关的部门已超过110个。另据测算，旅游消费对不同行业的贡献率也不相同，对餐饮业和零售业贡献率较低，但也超过40%；对其他的文化娱乐业贡献率超过50%；对民航、铁路等交通运输业贡献率超过80%；对住宿业贡献率最高，超过90%。[3]。

旅游业在城市发展的同时，也为城市带来经济、社会、文化、环境等多个方面的负面效应。环境方面表现为游客增多使城市垃圾增多、污水污物随处可见，部分景区状况更为堪忧，局部区域水体受到污染，自然景观美丽度下降、景点水体富营养化；文化方面表现为一些民族文化变味，单纯为迎合游客，被“舞台化”“世俗化”，对于民族文化内容进行压缩、修改甚至删减，使之失去了文化的意义与内在价值；经济方面表现为物价上涨，在购买无形服务产品与有形纪念品时，由于游客的大量涌入推动目的地的物价上涨，再加上游客带有“奢侈”性质的消费对本地居民产生了一定的带动效应；社会方面表现为游客在名胜古迹景区乱刻乱画，触摸攀爬，使风景原貌、寿命都受到影响，另外，还可能使社会秩序遭到破坏，犯罪率上升；等等。

旅游业是一把“双刃剑”，在发展过程中，正面效应较为突出，但也因其负面效应备受诟病。相比较更应看到它的正面效应，尤其当人们经济收入提高后，迫切希望提高生活水平质量，旅游业充当着重要的角色，发挥着正向作用。正因如此，近年来，我国出境旅游市场火爆，每年都处于旅游贸易“逆差”，国内旅游市场也是“芝麻开花节节高”。在这样一个时代，城市需要合理规划、不断建设，以适应人们日益增长的旅游需求。

在指标构建中，旅游业绩包括旅游客流量、旅游综合收入、增长率三个因素。旅游客流量由入境游客数、国内游客数来测度；旅游综合收入由旅游收入总数、旅游收入占 GDP 比重来衡量；增长率则由旅游接待量平均增长率、旅游收入平均增长率、黄金周旅游收入平均增长率、黄金周旅游接待量平均增长率来衡量（见图 4-6）。

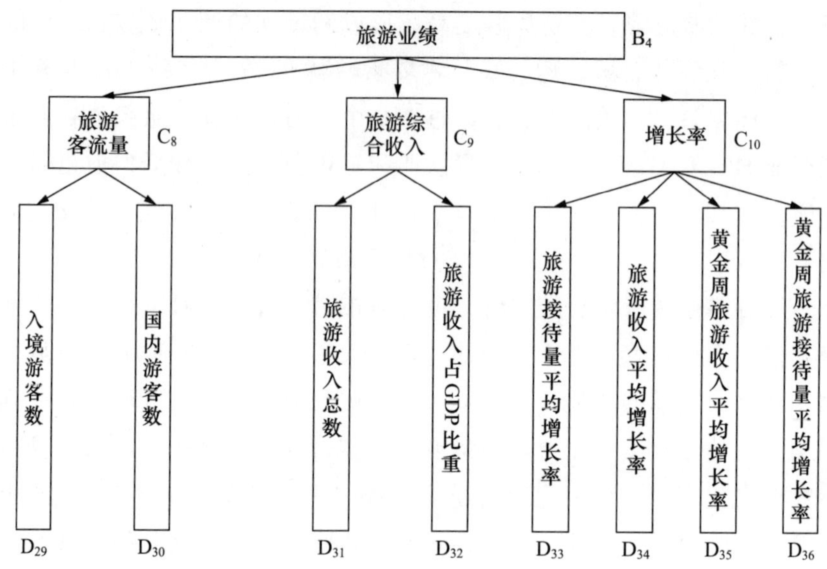

图 4-6　宜游城市旅游业绩指标体系

（五）环境适宜性

环境适宜性是宜游城市的大前提，是指外在的生态环境与人体系统舒适性的协调，包括生态环境自身的清洁、安全和健康与人体的舒适度两个方面。

从城市与生态环境的平衡关系来看，在农业社会及更早的时期，城市不多，居住在城市的人口也较少，此时生态环境受破坏程度较轻，人与自然处于相安无事状态。一进入工业社会，生产工具发生革命性变化，工厂烟囱林立，城市面积迅速扩大，人口迅速膨胀，对自然环境的索取与破坏达到前所未有的程度。中国工业化虽晚于西方，但改革开放以后，发展速度迅猛，城市化率不断攀升，严峻的人口压力和发展需求、环境恶化、资源短缺等问题在中国变得更为突出，城市垃圾、工业污染等正在腐蚀着空气、水体、土壤等自然环境，局部已超过了生态系统自我净化的能力，甚至有些脆弱敏感的生态区自然物种已经消失，人与自然的和谐与平衡关系正一步一步被打破。

人们来到城市居住、游玩，都渴望享受到一个舒适的生态环境。因此，宜游城市首先必须是生态环境健康、清洁、安全的城市，在不同级别的城市中，保留一定比例的原生态自然景观至关重要，而不是在“造城”运动之后，生硬地移花栽木。地理学家杰夫逊就曾指出：“在区域范围内保持一个绿化环境，这对城市文化来是极其重要的，一旦这个环境被损坏、被掠夺、被消灭，那么城市也随之衰退，因为这两者的关系是共存共亡的。……重新占领这片绿色环境，使其重新美化、充满生机，并使之成为一个平衡的生活的重要价值源泉，这是城市更新的重要条件之一[74]。”在我国城市建设中，规划者总会用“大高楼”“大广场”等以排山倒海的气势造城，而后在道路中间、两旁、小空地上栽上被修剪的整体划一的树木，植入草坪，给人一种类似于癞子“植皮添毛”的感觉。许多大城市甚至出现垃圾成堆、尾气弥漫、地下水污染、园林绿地消失等诸多“非生态化”现象，遇到气候恶劣时，连呼吸一口新鲜的空气都成奢望，“沙尘暴”“雾霾”等让整个城市“窒息”。另据调查，目前人们普遍感觉夏天比以前更热了，原来的“三大火炉”城市、“四大火炉”城市已被新的“十大火炉”城市取代，严重的污染与生态环境的破坏使自然系统“内分泌失调”。人们选择逃离城市时，是在躲避城市的喧嚣与污秽，向往优美、清净的自然环境，给予内心一份恬静与安宁。

宜游城市还应让人觉得舒适。人处在自然与社会环境中，除了人体自身系统的新陈代谢与循环外，还会随着外部自然条件的变化而做出相应的调整，维持在一个动态平衡的水平上。如果生态环境恶化或气候条件变化较大，就会使人体的自身调节能力失效，从而导致内部系统失衡，发生疾病，甚至危及生命，高温“热死人”或低温“冻死人”的现象都会发生。只有在适宜的生态环境下，人才能消乏解困、恢复体力、疗病健体。因此，人们在选择城市作为旅游目的地时，自然会考虑到生态环境舒适性。鉴于此，宜游城市环境适宜性包括城市空气质量、城市气候舒适度、城市环境卫生、城市园林绿化四个因素。城市园林绿化以人均公园面积、人均公共绿地面积、人均园林绿化面积三个指标来衡量；城市环境卫生则以人均道路清扫面积、人均生活垃圾清运量、人均环卫专用车数量、人均公厕数量来度量；城市气候舒适度以温湿指数、风寒指数、衣着指数、舒适期长短来衡量；城市空气质量以工业产值二氧化硫排放量、工业产值氮氧化物排放量、工业产值烟（粉）尘排放量及空气质量达标天数来衡量（见图4－7）。

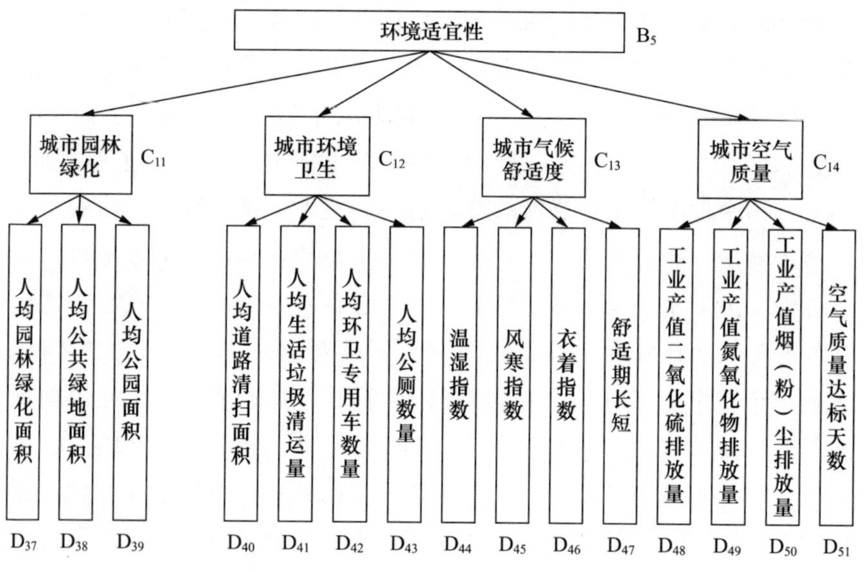

图4－7 宜游城市环境适宜性指标体系

（六）社会包容性

社会包容性是宜游城市的基本保证，是指大的社会环境下，不同社会特征的社会成员及其表现出来的各种社会行为在社会制度中会得到同样的认同。

在宜居的城市，日常的工作与生活使人们分离、孤立、疏远；而在宜游的城市，不同职业、肤色、民族的人聚集在一起，通过交流促进人与人之间的相互交往、增进理解与信任、加强团结与合作。自古中国就是文明礼仪之邦，人们追求“和而不同”，人际交往中奉行热情、友善、和睦等原则。在农业社会，家中来了客人，无不以最高礼节招待，唯恐礼数不周。而现代社会，居住在同一城市的人来自不同地方，社会节奏加快，人与人之间的交往变得势利与冷漠，传统的礼仪受到挑战，住在同一栋同一层的住户或许都会“老死不相往来”。基于这种局面，在游客不断涌入的城市，应对传统的礼仪重新定位，让人来到城市感受到温情。

宜游城市应该是一个在理念上较为开放的城市，作为城市的原住民，同样应该有“有朋自远方来，不亦乐乎”的心态。现在的城市已不是一个封闭的空间，流动性较大，有些城市在每年的春节时段甚至会成为“空城”，此时已无所谓谁是城市的主人。城市因为包容才会繁荣。

社会包容性中的“包容性”来自经济学。2010 年 9 月中旬，胡锦涛首次公开倡导“包容性增长”，这一概念最初是由亚洲发展银行提出的，改变以往只提倡经济增长的提法，将社会发展内容提到与经济增长相协调、可持续的层面，寻求公平竞争、互相尊重，公正地分享经济增长成果。因此，包容性增长涉及公平问题、机会均等等原则，后来包容性的增长原则被引入到社会生活领域。此时的社会包容指的是不同社会特征的社会成员及其表现出来的各种社会行为在社会制度中会受到同样的认同，不会因为你的出身、地位、民族、性别的不同得到不一样的待遇。

在同一个城市，居民与游客总会短暂相处，二者是“主客关系”，在宜游城市中，二者应该是互相配合、相互适应的，相处的关系应表现出个体与个体之间、群体与群体之间或不同文化之间的和谐与共生。在现实的经济利益面前，游客沦为赚钱的工具，由导游引着走马观花地观看景点，更多的时间则是被导游带去土特产店，反复地游说，甚至会采取过激行为逼迫游客购买物品，居民则埋怨游客的到来使物价上涨、城市垃圾增多等，这并非宜游城市应该拥有的面目。随着近年来散客化群体的增多，游客可以借助网络服务完成以往需人力才能做到的事情，城市与城市之间对赞扬性的评价更为关注。社会包容性追求的终极目标是社会心理的融合，它包括社会环境与人文氛围两个因素。社会环境以贫困人口比重、社会保障覆盖率来衡量；人文氛围则以高校数量、图书馆藏书量、每万人大学生数量来评价（见图4-8）。

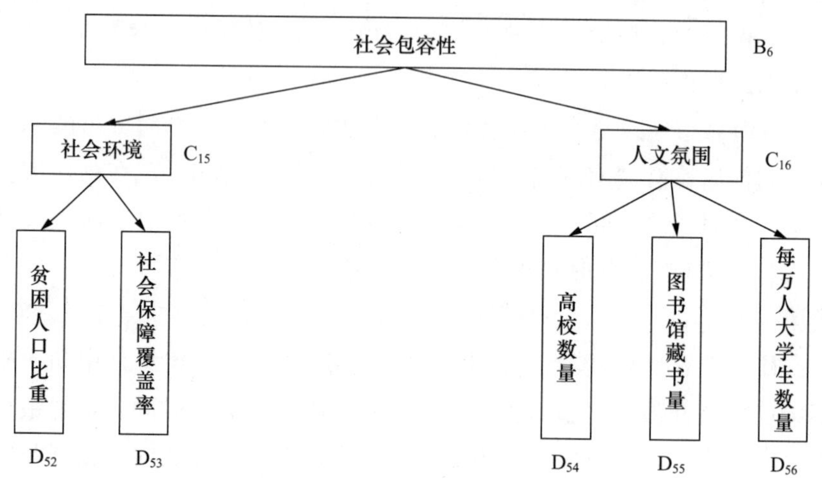

图4-8　宜游城市社会包容性指标体系

（七）经济生活性

经济生活性是宜游城市的物质基础，指的是居住在宜游城市居民生活水平较高、城市化也较高，且三次产业结构呈优化状态，尤其是第三产业发展快于第一、第二产业。

一座宜游的城市也应该是宜居的城市。在同一城市，有人曾主张宜居的城市不适宜发展旅游，而宜游的城市不适宜居住，将居民与游客对立。其实不然，旅游业发展较好的城市对带动区域经济发展，提高居民收入，进而提高人们生活的水平与质量发挥着积极作用。因此，政府应不停调整政策，扶持和加快旅游业的发展，从优先发展入境旅游到大力发展国内旅游，再到把旅游业作为战略性支柱产业，最终要使之成为全民的幸福事业。

宜居城市经济发展水平的高低是衡量社会进步的关键性指标，只有经济得到发展，才具备解决城市问题的物质条件，才能为治理环境污染、提供就业岗位、降低贫困人口比例等打好基础，进而为城市居民创造一个较好的人居环境。不仅如此，宜游的城市也应该是一个经济发展水平较高的城市，在确保经济可持续发展的前提下，具有强劲的发展潜力与良好的增长势头，进一步为游客到来改善旅游的软环境，从而使游客在短暂的停留中享受到较高水平的物质生活、精神生活，为居民与游客营造一个可共处的、良好的环境。

宜游城市是伴随着我国城市化水平不断提升而出现的。按城市化进程分阶段来看：1949 年到 1978 年，城市化相当缓慢，城市化率仅从 11.2% 上升到 19.4%，同期的世界平均城市化水平由 28.4% 上升到 41.35%，其中发展中国家由 16.2% 上升到 30.5%。可以讲，这一阶段，我国城市化远远落后于世界上多数国家。自 1978 年改革开放以来，国家调整发展战略，到 2008 年，30 年发展使我国城镇化水平从 19.4% 上升为 44.9%。2011 年，城镇化率突破 50%。在快速的城市化进程中，在一个城市的内部，宜居宜游的水平高低可以作为城市发展水平的衡量标准，仅有宜居只能算是发展的初级水平，在宜居基础上适度宜游就可达到中级水平，既适合居住又适宜旅游则是最高水平[203]。按此理解，宜居城市是宜游城市的基础，宜游城市是宜居城市发展水平的提升，建设宜游城市的前提是发展好宜居城市，唯有这样，才能使宜居、宜游二者并行不悖。协调二者关系时要注意并非“非此即彼”，而应是“彼此彼此”。

在指标构建中，经济生活性包括城市化率、生活水平、三大产业比重三个因素。城市化率以城镇人口所占比重、城镇居民可支配收入、城镇居住用地面积来衡量；生活水平以人均收入、恩格尔系数、总就业率来衡量；三大产业比重以第三产业占 GDP 比重、旅游业占第三产业比重来衡量（见图 4－9）。

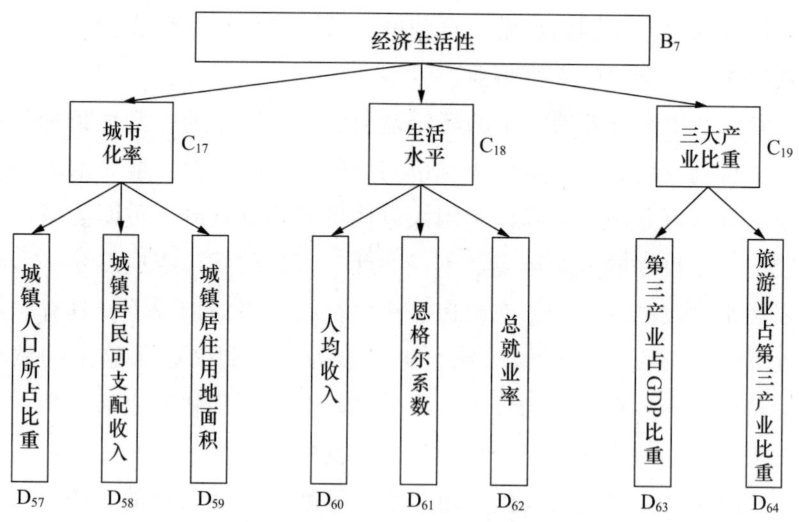

图4-9　宜游城市经济生活性指标体系

三　指标体系中各评价综合层之间的关系

基于上文分析可知，宜游城市指标体系由环境适宜性，社会包容性，经济生活性，交通可达性，旅游吸引力，旅游信息、设施与服务能力，旅游业绩七个部分构成，这七个部分之间相互影响，共同作用，彼此并不孤立，其中，环境适宜性是宜游城市的大前提，社会包容性是宜游城市的基本保证，经济生活性是宜游城市的物质基础，交通可达性是宜游城市的先决条件，旅游吸引力是宜游城市的最主要因素，旅游信息、设施与服务能力是宜游城市的核心保障，旅游业绩是宜游城市的检验标准，七个部分缺一不可（见图4-10）。

四　指标权重及正逆性判断

（一）指标权重

本指标体系涉及多个因素，综合在一起构成了宜游城市的全部内容。为较为科学地确定各指标的重要性次序，采取专家咨询法（Delphi法）与比较成熟的层次分析法（AHP法）来确定指标相对权重。

1. 专家咨询法及评价函数

就指标体系向本行业及相关专业的多位权威专家进行咨询，他们

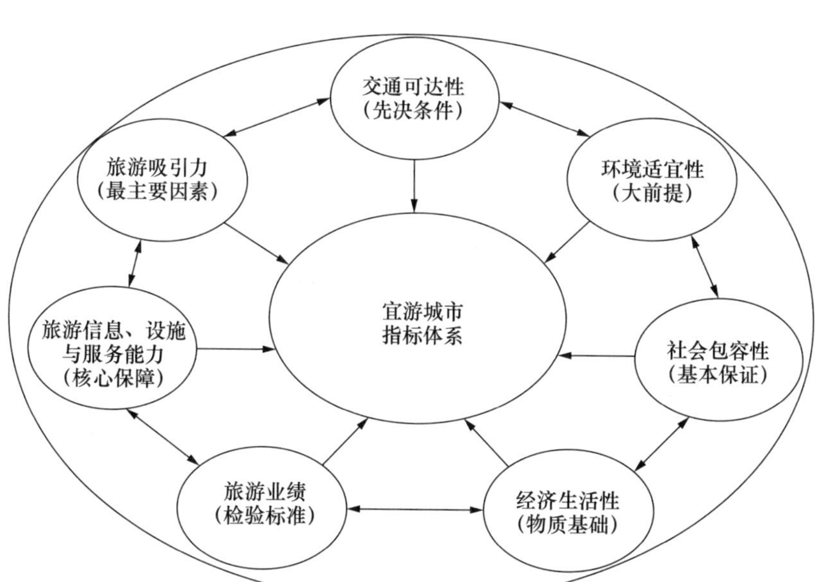

图 4－10　宜游城市体系内部关系

提出了极其宝贵而又科学的意见，为指标体系权重确定、修改做出了富有成效的贡献。具体而言：在一级指标上，专家建议增加环境优良性、居民好客度，一是为突出“五位一体”的思想，二是突出环境在宜游城市中的重要性；对每一个指标要进行详细的定义说明，在指标名称的表述上既要切合旅游业发展现状，又要抓住核心关键问题，还要便于读者准确理解。在二级指标上，考虑到交通可达性的复杂程度，专家建议增加航班数、高铁线路数、高速公路条数、城市内交通通畅度；对城市化率指标中涉及的内容需再次斟酌，选取能较好反映内容的次一级指标。在三级指标上，专家建议在指标的选择与说明时，引入假设前提，进行针对性分析。面对不同的假设情况，宜游城市各指标间的重要性关系是不同的。例如，交通可达性中次一级指标的相对重要性比较，都涉及该宜游城市的主要客源结构为何种类的问题。如海南三亚市，就其吸引远距离的来自北京、上海、广州的游客而言，国内航班很重要；就其吸引海外游客而言，国际航班很重要；就其吸引岛内居民或游客而言，岛内的火车或公路很重要。又如杭州市，就其吸引上海、南京等长三角区域内的国内市场而言，火车与高速里程数很重要。另有专家认为：人文氛围用教育指标来衡量不适合；在交通指标“散得开”中选用省道里程数不适合；在“媒体”方面选用指标与内容不相符，建议更改为“旅游信息化服务”“旅游网站建设”“旅游新闻刊发量”等；在“娱、购”方面使用零售业占消费比重指标时，对“消费”的界定要考虑科学性。

专家的建议为科学地设定指标体系进一步把关。为了把一个多目标评估问题转化为单目标评估问题，建立一个评价函数，其形式为：

$$h[F(Y_k)] = \sum_{j=1}^{m} b_j f_j(Y_k),\ k \in S \tag{4-1}$$

式中，$F(Y_k)=(f_1(Y_k), f_2(Y_k), \cdots, f_m(Y_k))$。$S$ 为评价单元集合，而 f_j（Y_k）是评价单元 Y_k 在目标 f_j 上的评价值，即 F（Y_k）是 f_1，f_2，…，f_m 个目标上的评价向量。b_j 为目标 f_j 在评估中的相对重要性（权重），并有：

$$\sum_{j=1}^{m} b_j = 1,\ b_1,\ b_2,\ \cdots,\ b_m \geqslant 0 \tag{4-2}$$

接下来就可依据这个函数的值来对评价单元进行排序，从而达到评估多目标的目的，进一步来合理地确定其相对权重向量（b_1，b_2，…，b_m）[204]。

2. AHP 方法及计算模型

运用 AHP 方法确定指标权重时，采用以下步骤：①分析系统中各个因素的关系，建立系统的递阶层次结构；②对同一个层次的各元素关于上一层次中某一准则的重要性进行两两比较，构造两两比较判断矩阵；③由判断矩阵计算被比较元素对于该准则的相对比重；④计算各层元素对系统目标的合成权重，并进行排序。

按 AHP 的算法思想，对表 4-6 所示层次结构的指标体系进行 AHP 分析，以确定出各指标的综合权重[205]。

（1）构建判断矩阵。针对上一层次因素，对每一个层次的各个因素的相对重要性两两对比，并给出判断，依据判断进行赋值，再构建判断矩阵。设$d=(d_1, d_2, \cdots, d_m)$为评价因素集，在对评价因素两两对比中得出判断矩阵 D。

（2）求取因素权重。依据以上构建的判断矩阵，可将 D 的最大特征根所对应的特征向量求出，再根据特征向量对各评价因素的重要性进行排序，归一化后就是所分配的权数。再使用方根法求解，按如下步骤操作：

①算出判断矩阵 D 每一行因素的乘积：

$$M=\prod_{j=1}^{m} b_{ij}(i,\ j=1,\ 2,\ 3,\ \cdots,\ m) \tag{4-3}$$

②算出 M 的 m 次方根：

$$V_i=\sqrt[m]{M_i}$$

③对向量 $V=(V_1, V_2, V_3, \cdots, V_m)^T$ 做归一化处理：

$$W_i=\frac{V_i}{\sum_{j=1}^{m} V_j}$$

则 $W=(W_1, W_2, W_3, \cdots, W_m)^T$ 为所求特征向量。

④算出判断矩阵的最大特征根：

$$\lambda_{\max}=\frac{1}{m}\sum_{i=1}^{m}\frac{(DW)_i}{W_i}$$

式中，$(DW)_i$ 表示 DW 的第 i 个分量[204]。

（二）指标正逆性研判及无量纲处理

从整个指标体系分析，凡被纳入评价体系中的每一个指标都应与总目标之间存在高度的相关关系，否则是不予考虑的，且每一个指标都应该有正形式、逆形式与适度形式三种形式，可依据指标与总目标之间关系来确定其表现形式。因此，在确定指标体系之后，要深入分析每一个指标的正逆性。研究发现，在本指标体系中，正向指标偏多，也有部分负向指标。具体来讲：64 个评价因子中，人均园林绿化面积、人均公共绿地面积、人均公园面积、人均道路清扫面积、人均生活垃圾清运量、人均环卫专用车数量、人均公厕数量、温湿指数、风寒指数、衣着指数、舒适期长短、空气质量达标天数、社会保障覆盖率、高校数量、图书馆藏书量、每万人大学生数量、城镇人口所占比重、城镇居民可支配收入、城镇居住用地面积、人均收入、第三产业占 GDP 比重、旅游业占第三产业比重、旅客运输量、旅客周转量、高速里程数、航空吞吐量、高铁线路数、火车站级别、火车趟次数、省道路网密度、公共汽车总数、旅游专线数、人均拥有的士数量、4A 及以上级景区数、A 及以上级景区数、城市地标建筑、百度指数、优秀旅游城市批次、广播覆盖率、移动电话覆盖率、电视人口覆盖率、互联网用户数、特色小吃种类数、客房收入、旅行社总数、商品零售占社会消费品零售比重、地方特产及旅游商品、休闲娱乐场所数、入境游客数、国内游客数、旅游收入总数、旅游收入占 GDP 比重、旅游接待量平均增长率、旅游收入平均增长率、黄金周旅游收入平均增长率、黄金周旅游接待量平均增长率、总就业率、星级酒店数量、总客房数 59 个指标属于正向指标，与宜游城市呈正相关关系；工业产值二氧化硫排放量、工业产值氮氧化物排放量、工业产值烟（粉）尘排放量、贫困人口比重、恩格尔系数 5 个指标属于逆向指标，与宜游城市呈负相关关系。

在指标数据收集整理中，由于每一指标的量纲不同，无法进行有效计算，还需进一步对数据做正规化处理：

正向指标（指标值越大对系统越有利）：

$$\chi_{ij}=\frac{a_{ij}-\min\{a_{ij}\}}{\max\{a_{ij}\}-\min\{a_{ij}\}}(i=1,\ 2,\ \cdots,\ m;\ j=1,\ 2,\ \cdots,\ n) \tag{4-4}$$

逆向指标（指标值越小对系统越有利）：

$$\chi_{ij}=\frac{\max\{a_{ij}\}-a_{ij}}{\max\{a_{ij}\}-\min\{a_{ij}\}}(i=1,\ 2,\ \cdots,\ m;\ j=1,\ 2,\ \cdots,\ n) \tag{4-5}$$

[206]

运用这两个公式对正向、逆向指标进行无量纲处理。

对于综合指标，运用标准化处理方法与指数化方法进行有效处理，最后用加权法求和，取得综合指标数值。

第七节　宜游城市指标体系的确立及特征分析

历时 4 个月，通过科学方法，结合多位专家意见，仔细推敲，多次核算，对层次的单排序与层次总排序进行一致性检验，结果显示随机一致性比率 CR < 0. 10，与研究设想相吻合，新的宜游城市指标体系诞生（见表 4 – 6）。

表 4 – 6　　宜游城市指标体系及其权重

综合层	因素层	因子层	权重
旅游吸引力（B_1）0. 2170	知名度（C_1）0. 3333	百度指数 D_1	0. 3333
		优秀旅游城市批次 D_2	0. 6667
	景点、资源（C_2）0. 6667	4A 及以上级景区数 D_3	0. 5000
		A 及以上级景区数 D_4	0. 2500
		城市地标建筑 D_5	0. 2500
交通可达性（B_2）0. 1680	进得来、出得去（C_3）0. 6667	旅客运输量 D_6	0. 0827
		旅客周转量 D_7	0. 0827
		航空吞吐量 D_8	0. 1437
		高速里程数 D_9	0. 2806
		火车站级别 D_{10}	0. 1094
		高铁线路数 D_{11}	0. 1572
		火车趟次数 D_{12}	0. 1437
	散得开（C_4）0. 3333	省道路网密度 D_{13}	0. 1972
		公共汽车总数 D_{14}	0. 3317
		旅游专线数 D_{15}	0. 1394
		人均拥有的士数量 D_{16}	0. 3317
旅游信息、设施与服务能力（B_3）0. 1680	媒体（C_5）0. 2000	广播覆盖率 D_{17}	0. 0938
		移动电话覆盖率 D_{18}	0. 1746
		电视人口覆盖率 D_{19}	0. 2231
		互联网用户数 D_{20}	0. 5085

续表

综合层	因素层	因子层	权重
旅游信息、设施与服务能力（B_3）0.1680	吃、住（C_6）0.4000	星级酒店数量 D_{21}	0.2485
		总客房数 D_{22}	0.1548
		特色小吃种类数 D_{23}	0.2485
		客房收入 D_{24}	0.1548
		旅行社总数 D_{25}	0.0997
	娱、购（C_7）0.4000	地方特产、旅游商品 D_{26}	0.4000
		休闲娱乐场所数 D_{27}	0.4000
		商品零售占社会消费品比重 D_{28}	0.2000
旅游业绩（B_4）0.1131	旅游客流量（C_8）0.4000	入境游客数 D_{29}	0.3333
		国内游客数 D_{30}	0.6667
	旅游综合收入（C_9）0.4000	旅游收入总数 D_{31}	0.6667
		旅游收入占 GDP 比重 D_{32}	0.3333
	增长率（C_{10}）0.2000	旅游接待量平均增长率 D_{33}	0.1667
		旅游收入平均增长率 D_{34}	0.1667
		黄金周旅游收入平均增长率 D_{35}	0.3333
		黄金周旅游接待量平均增长率 D_{36}	0.3333
环境适宜性（B_5）0.1248	城市园林绿化（C_{11}）0.1051	人均园林绿化面积 D_{37}	0.1051
		人均公共绿地面积 D_{38}	0.1634
		人均公园面积 D_{39}	0.2970
	城市环境卫生（C_{12}）0.1644	人均道路清扫面积 D_{40}	0.2721
		人均生活垃圾清运量 D_{41}	0.1144
		人均环卫专用车数量 D_{42}	0.2288
		人均公厕数量 D_{43}	0.3848
	城市气候舒适度（C_{13}）0.2848	温湿指数 D_{44}	0.3333
		风寒指数 D_{45}	0.1667
		衣着指数 D_{46}	0.1667
		舒适期长短 D_{47}	0.3333
	城市空气质量（C_{14}）0.4457	工业产值二氧化硫排放量 D_{48}	0.1667
		工业产值氮氧化物排放量 D_{49}	0.1667
		工业产值烟（粉）尘排放量 D_{50}	0.3333
		空气质量达标天数 D_{51}	0.3333

续表

综合层	因素层	因子层	权重
社会包容性（B_6）0.1067	社会环境（C_{15}）0.3333	贫困人口比重 D_{52}	0.6667
		社会保障覆盖率 D_{53}	0.3333
	人文氛围（C_{16}）0.6667	高校数量 D_{54}	0.5000
		图书馆藏书量 D_{55}	0.2500
		每万人大学生数量 D_{56}	0.2500
经济生活性（B_7）0.1024	城市化率（C_{17}）0.3847	城镇人口所占比重 D_{57}	0.2500
		城镇居民可支配收入 D_{58}	0.5000
		城镇居住用地面积 D_{59}	0.2500
	生活水平（C_{18}）0.4434	人均收入 D_{60}	0.297
		恩格尔系数 D_{61}	0.5396
		总就业率 D_{62}	0.1634
	三大产业比重（C_{19}）0.1692	第三产业占 GDP 比重 D_{63}	0.3333
		旅游业占第三产业比重 D_{64}	0.6667

在旅游时代，游客真真切切地来到了我们的城市，需求的多样性、个性化、层级化的特征越来越突出，宜游城市建设成了城市在发展旅游过程中不得不面对的问题。为了做出有益的探讨，本文历经述评→借鉴→考量→重生四个阶段，制定了宜游城市评价指标体系，以期能客观、科学、准确地评价宜游城市，为宜游城市建设提供有价值的建议做些尝试。与其他指标相比，本指标体系特征有以下几点：

（1）传承性。本指标体系的建立是基于前人的研究成果，既吸纳了原有指标体系中的合理部分，又有所改进。在构建过程中，考虑到了城市宜居性，但更突出宜游的特征点。宜居城市与宜游城市二者虽在一定程度上有所区别，但作为现代城市，其部分功能、空间已经无法做到很严格的区分，无法说明它具体是为谁所有、为谁服务。

（2）综合性。从指标选取来看，围绕宜游城市评价的目标，从经济、政治、文化、社会、生态“五位一体”层面考量，筛选影响因素，力求较为综合全面地反映宜游城市的水平，进行比较科学的评价，从而从宏观、中观、微观三个层面为宜游城市的建设提供参考建议。

（3）均衡性。宜游城市指标体系涉及七个方面，既要考虑到指标之间的关系，还要平衡各指标在体系中的地位，旅游吸引力，交通可达性，旅游信息、设施与服务能力比旅游业绩、环境适宜性、社会包容性、经济生活性所占比重要大。从城市宜居与宜游水平的平衡来看，作为宜游城市，关于宜游性的核心指标要重于宜居性指标。

（4）系统性。宜游城市的建设是一个复杂的系统工程，根植于城市经济、政治、社会、文化、生态建设中，离开某一方面的支持都无法进行。构建的指标测评体系，既要能反映宜游城市中内部因素的相互联系，又要与外部环境联系起来统一考虑。

（5）创新性。从文献来看，宜游城市是较新的研究课题，中国城市竞争力研究会创建了宜游城市指标体系，但由于未对外完整发布，难以知道该指标体系的具体内容。依据可见部分内容，该指标体系主要是从旅游的角度来选择指标，在指标测评后，公布前 10 名的结果，呼伦贝尔市得分最高，为 92. 58，其后依次是台北、烟台、扬州、丽江、肇庆、洛阳、潍坊、安顺、嘉兴[207]，其中无最佳旅游城市（杭州、成都、大连），这降低了指标结果的可信服程度。而在构建本指标体系时将宜居性与宜游性结合起来，侧重点不同，不是单纯从某一个角度出发去测度城市的宜游性。

城市已发展为多个中心的集合体，导致很难有一个严格的功能区分，其内在关系错综复杂，加之受部分主客观因素限制，使得本指标体系存在着一些不足之处，对此笔者会持续研究。

第五章　大美陕西“到底多美——各美其美”：宜游城市测评及 SWOT 分析

“到底多美——各美其美”是要对大美陕西的美进行评价与比较，是应用性基础研究。以宜游城市指标为参考，对陕西十地市进行科学评价，从内部比较的视角对旅游吸引力，交通可达性，旅游信息、设施与服务能力，旅游业绩，环境适宜性，经济生活性，社会包容性七个综合评价层进行对比分析；再将前四者、后三者研究结果综合起来，探讨不同区域间存在的规律；随后运用雷达图法、SWOT 分析法对单个城市进行深入解析；通过单层次分析与综合比较相结合、直观呈现与深度探究相连接，引导科学认识陕西十地市“到底多美”与“各美其美”。

第一节　数据来源与整理

一　数据来源

整个研究中的数据来源分为三个部分：一是实地调查数据，从 2014 年 3 月开始，经历两个多月，行程 3000 多公里，从关中到陕北，从陕北到陕南，看城市变化，收集景区资料，实地调查，形成对陕西的整体粗略认识。二是从统计年鉴及各种相关网站上收集资料，包括：①2013 年陕西省以及各地市国民经济与社会发展统计公报；②2013年《中国城市统计年鉴》、2013 年陕西省以及各地市统计年鉴；③2013 年《陕西省环境统计年报》；④2013 年《陕西省旅游统计年鉴》；⑤中国气象科学数据共享服务网；⑥12306 官方网站；

⑦百度指数、百度百科相关信息查询；⑧交通科学数据共享服务网；⑨文中其他数据均来源于《中国统计年鉴》；⑩他人学术成果中的数据。三是对陕西空间范围的处理，包括十地市和杨凌高新区，因杨凌高新区面积较小，合并到咸阳中作为一体进行处理。

二　数据处理

对系统搜集来的数据，为了消除单位差异，进行了无量纲化处理。无量纲化处理公式（初始标准化值）：

$$I = (a_i - \min T_i)/(\max T_i - \min T_i)$$

式中，a_i 为实测值，$\max T_i$、$\min T_i$ 为指标因子的极值。

第二节　评价模型及方法

一　评价模型

为了能准确将宜游城市指标体系中的指标逐层计算清楚，先对 D 层评价因子进行计算，公式如下：

$$T = C_1 \times I_1 + C_2 \times I_2 + \cdots + C_n \times I_n \tag{5-1}$$

式中，C 为指标因子分配权重，I 为指标因子的初始标准化值，T 为评价因子。

从整体构建以下评价模型（见图 5-1），对宜游城市进行评价。

D 层：D_i 为 D 层各指标计算值，W_i 为 D 层各指标对应权重值，I_i 为 D 层各指标无量纲化处理值。

C 层：D_j 为 D 层各指标计算值，W_i 为 C 层各指标对应权重值。

B 层：C_j 为 C 层各指标计算值，W_i 为 B 层各指标对应权重值。

A 层：B_i 为 B 层各指标计算值，W_i 为 A 层各指标对应权重值。

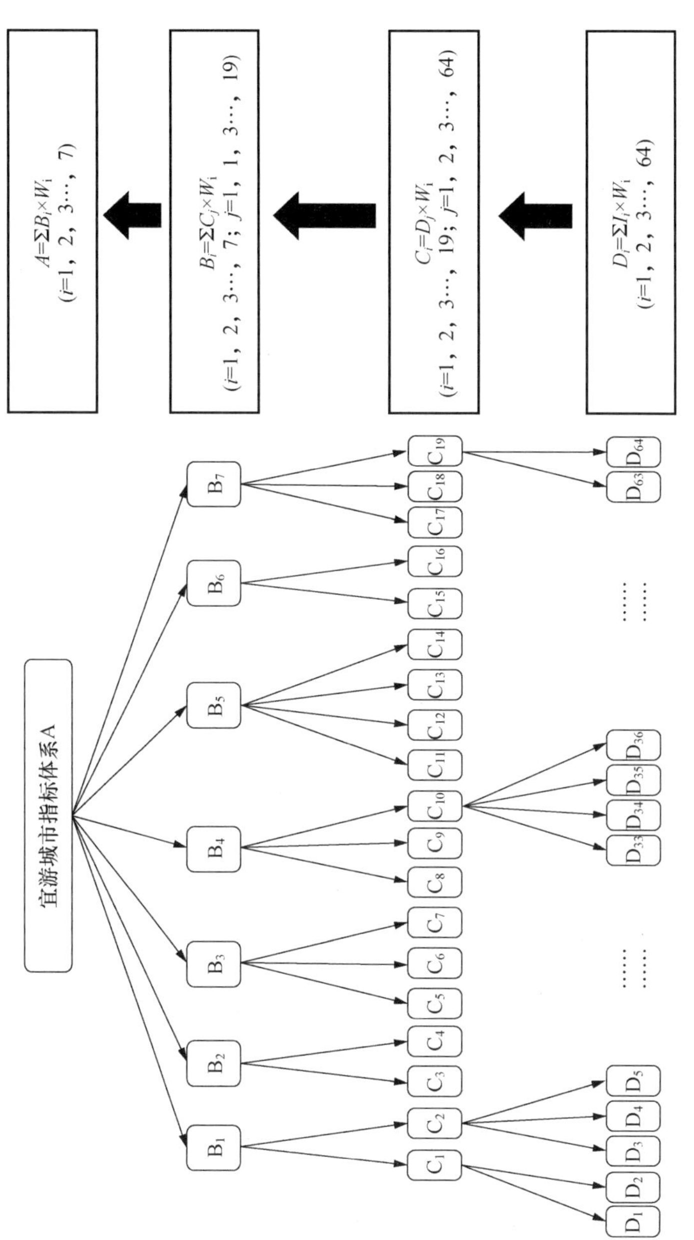

图 5－1　宜游城市指标体系评价模型

二 评价方法

（一）逐层计算呈现

为了更为直观地将问题表述清楚，在对宜游城市指标体系中环境适宜性，经济生活性，社会包容性，交通可达性，旅游吸引力，旅游信息、设施与服务能力，旅游业绩进行评价时，研究以逐层计算的方式呈现，从数据、计算公式、最终结果三个方面构建一张立体图。

（二）雷达图法

一是为了对宜游城市中环境适宜性，经济生活性，社会包容性，交通可达性，旅游吸引力，旅游信息、设施与服务能力，旅游业绩进行直观对比，分析十个城市间的布局规律；二是对单个城市进行综合评价分析，以认识其优劣势。因此，在分析中引进了雷达图法，雷达图分析方法是指基于一种形似导航雷达显示的图形而构建的一种多变量对比分析技术。其图示方式是：点的位置越靠外，优势越大；点的位置越靠内，优势越小[208]。

（三）SWOT 分析

SWOT 分析是 1956 年安索夫提出的，其分析方法在战略管理、产业竞争力等多个方面得到广泛应用，具体来说，SWOT 分析就是“将与研究对象密切相关的各种主要内部优势、劣势以及外部的机会和威胁等，通过调查列举出来，并依照矩阵形式排列，然后用系统分析的思想，把各种因素相互匹配起来加以分析，从中得出一系列相应的结论，而结论通常带有一定的决策性。运用这种方法，可以对研究对象所处的情景进行全面、系统、准确的研究，从而根据研究结果制定相应的发展战略、计划以及对策等”[209]。

第三节 结果分析

一 旅游吸引力：南北低、中间极高

（一）数据计算过程

本指标体系评价因子层（D）中除优秀旅游城市外，其他数据来

自统计年鉴、旅游网站。经专家咨询，优秀旅游城市依据批准时间进行赋值，首批赋值 10 分，第二批赋值 8 分，第四批赋值 6 分，第七批赋值 3 分，第八批赋值 2 分，无优秀旅游城市称号的赋值 1 分。在计算之前，先依据上文正、逆向指标公式对原始数据进行无量纲化处理，再根据表 4 - 6 中指标的层次分类符、权重，按照求和公式逐层计算得到旅游吸引力的初始值，最后结合表 4 - 6 中旅游吸引力的权重计算出结果，计算过程见图 5 - 2。由于数值较小，不宜比较，将最终结果值放大 100 倍再进行分析。

城市	西安	铜川	宝鸡	咸阳	渭南	延安	汉中	榆林	安康	商洛
B_1	1.0000	0.0008	0.3506	0.3486	0.1464	0.2197	0.1187	0.0507	0.0976	0.0324

⇧

$$B_1 = \sum_{i=1}^{n} C_i W_{C_i} \quad (i=1,\ 2)$$

城市	C_1	C_2
西安	1.0000	1.0000
铜川	0.0000	0.0024
宝鸡	0.2456	0.5606
咸阳	0.1714	0.7031
渭南	0.1374	0.1645
延安	0.1300	0.3991
汉中	0.1177	0.1207
榆林	0.0576	0.0368
安康	0.1310	0.0308
商洛	0.0486	0.0000

⇧

$$C_1 = \sum_{i=1}^{n} D_i W_{D_i} (i=1,\ 2)$$

城市	D_1	D_2	D_3	D_4	D_5
西安	1. 0000	1. 0000	1. 0000	1. 0000	1. 0000
铜川	0. 0000	0. 0000	0. 0000	0. 0071	0. 0000
宝鸡	0. 1765	0. 4359	0. 1935	0. 1262	0. 7778
咸阳	0. 0588	0. 4872	0. 0806	0. 1092	1. 0000
渭南	0. 1176	0. 2821	0. 0323	0. 0491	0. 2222
延安	0. 1765	0. 1026	0. 0645	0. 0861	0. 5556
汉中	0. 0588	0. 2564	0. 0968	0. 1400	0. 1111
榆林	0. 0588	0. 0000	0. 1129	0. 1103	0. 0000
安康	0. 1176	0. 2564	0. 0323	0. 0923	0. 0000
商洛	0. 0588	0. 0769	0. 0000	0. 0000	0. 0000

图 5－2　旅游吸引力计算过程

（二）结果分析

旅游吸引力是宜游城市的最主要因素，涉及两个评价因素：景点、资源，知名度，5 个评价因子：4A 及以上级景区数、A 及以上级景区数、城市地标建筑、百度指数、优秀旅游城市批次。经计算，陕西十地市的吸引力雷达图见图 5－3。从旅游吸引力的雷达图可知：首先，陕西十地市旅游吸引力首位度突出，指数为 2. 85，有整体倾斜、

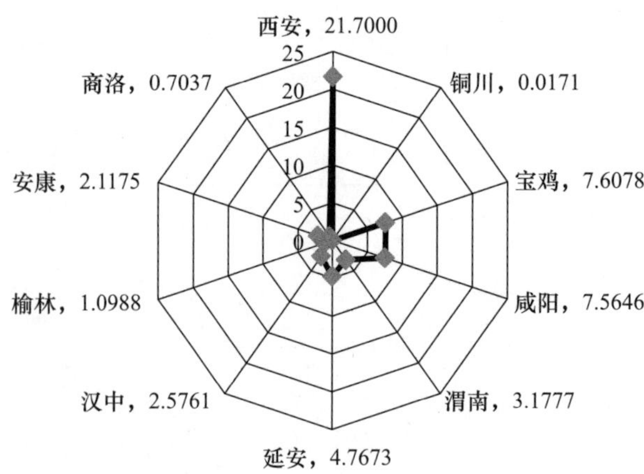

图 5－3　宜游城市旅游吸引力雷达图

过度集中的趋势；旅游吸引力按计算结果大小排序为：西安 > 宝鸡 > 咸阳 > 延安 > 渭南 > 汉中 > 安康 > 榆林 > 商洛 > 铜川。最高值为 21.70（西安），最低值为 0.0171（铜川），最高值是最低值的 1269 倍，差距悬殊。其他城市旅游吸引力呈不规律性分布，宝鸡、咸阳分值分别为 7.6078、7.5646，延安为 4.7673，渭南为 3.1777，汉中为 2.5761，安康为 2.1175；还有两个城市或刚过 1 分，或不足 1 分，即榆林 1.0988、商洛 0.7037。

其次，陕西省关中地区城市旅游吸引力“极富与极贫”并存，十地市中前三位、倒数第一位城市都在这一地区，另一个城市渭南居于中间位置，整个排位呈倒金字塔形。最高分值是西安，紧随其后的宝鸡与之相差 14 分多。作为省会城市，西安是首批中国优秀旅游城市、历史文化名城、世界名城，既历史悠久又充满着浓郁的现代气息，保存有大量级别高、比较完好的历史文化遗存，汇集古城遗址、古陵墓、古建筑等多达 700 处；其旅游资源涵盖 89 个基本类型，占我国旅游资源类型的 57.4%；拥有生态旅游资源富集区秦岭终南山；随着旅游业的不断升级与优化，世园会、大唐芙蓉园等现代建筑艺术精华再次提升了其旅游吸引力。排在第二、第三位的宝鸡、咸阳相距较近，其城市旅游吸引力也高于其他城市，宝鸡获得了“国家森林城市”“国家园林城市”“国家环保模范城市”“中国十大生态宜居城市之一”等多个国家级城市荣誉称号，历史、生态旅游资源都较为丰富；咸阳同样获得了“中国优秀旅游城市”“国家级历史文化名城”“中国甲级对外开放城市”“国家卫生城市”等多个国家级城市荣誉称号，历史文化遗存较多。陕北城市旅游吸引力处于中间状态，延安比榆林高 3.685，差距没有关中地区那么明显。陕南地区的城市旅游吸引力较低，汉中与安康相差 0.4586，比商洛高 1.8724。

最后，从旅游吸引力的总和、均值来看，陕西省旅游吸引力呈“南北低、中间极高”的态势。陕南地区为 5.40，城市均值为 1.80；陕北地区为 5.86，城市均值为 2.93；关中地区为 40.06，城市均值为 8.012。由此观之，关中地区除铜川外城市旅游吸引力是陕西省最优地区，远远高于陕北、陕南地区；陕北地区的延安城市旅游吸引力位居中上等；榆林、陕南地区旅游吸引力整体较差。在旅游吸引力体系构建中，评价因素层只考虑景点、资源，知名度两大因素，其吸引力主要受景点、资源影响，汇集专家咨询与层次分析法得到其权重为0.6667，另一个因素的权重为0.3333。

二 交通可达性：南低、中高、北次高

（一）数据计算过程

本指标体系评价因子层（D）中除火车站级别、省道路网密度、公共汽车总数、人均拥有的士数量外，其他数据来自统计年鉴。经咨询专家，火车站级别分为特等站、一等甲级站、一等站、二等站、三等站、四等站，分别赋值10、8、6、4、2、1，省道路网密度为省道里程除以面积所得；公共汽车总数、人均拥有的士数量数据来自统计年鉴，除以人数之后得到人均值。在计算之前，先依据上文正、逆向指标公式对原始数据进行无量纲化处理，再根据表4-6中指标的层次分类符、权重，按照求和公式逐层计算得到交通可达性的初始值，最后结合表4-6中交通可达性的权重算出结果，计算过程见图5-4。由于数值较小，不宜比较，将最终结果值放大100倍再进行分析。

城市	西安	铜川	宝鸡	咸阳	渭南	延安	汉中	榆林	安康	商洛
B_2	0.8844	0.1674	0.2707	0.2789	0.2602	0.2515	0.1996	0.3573	0.2448	0.1262

⇧

$$B_2 = \sum_{i=3}^{n} D_i W_{C_i} (i = 3,\ 4)$$

城市	C_3	C_4
西安	0.8358	0.9817
铜川	0.0314	0.4393
宝鸡	0.2606	0.2908
咸阳	0.2747	0.2874
渭南	0.2592	0.2620

城市	C_3	C_4
延安	0.2391	0.2762
汉中	0.2411	0.1165
榆林	0.4126	0.2467
安康	0.2928	0.1487
商洛	0.1652	0.0482

⇧

$$C_3 = \sum_{i=6}^{n} D_i W_{D_i} (i = 6, 7, \cdots, 12)$$

城市	D_6	D_7	D_8	D_9	D_{10}	D_{11}	D_{12}	D_{13}	D_{14}	D_{15}	D_{16}
西安	1.0000	1.0000	0.4794	1.0000	1.0000	1.0000	1.0000	0.9071	1.0000	1.0000	1.0000
铜川	0.0000	0.0000	0.0000	0.0000	0.2000	0.0000	0.0000	0.5386	0.3316	0.1111	0.6260
宝鸡	0.2416	0.1284	0.1687	0.0000	0.2000	0.7500	0.5759	0.4014	0.1843	0.2222	0.3604
咸阳	0.3389	0.2287	0.3333	0.0000	0.2000	0.5000	0.3973	1.1344	0.0668	0.0000	0.1253
渭南	0.3524	0.4210	0.2922	0.0000	0.2000	0.2500	0.4107	1.0000	0.0502	0.0000	0.1452
延安	0.1897	0.0547	0.4290	0.0065	0.2000	0.5000	0.1429	0.0000	0.2954	0.1111	0.4906
汉中	0.2265	0.1880	0.4303	0.0000	0.2000	0.5000	0.0625	0.2244	0.1157	0.0000	0.1022
榆林	0.1732	0.2640	1.0000	0.0455	0.2000	0.5000	0.0848	0.1588	0.1849	0.0000	0.4644
安康	0.1898	0.0535	0.5471	0.0000	0.0000	0.7500	0.3527	0.5256	0.0000	0.0000	0.1359
商洛	0.0623	0.0305	0.3453	0.0000	0.2000	0.2500	0.0446	0.2258	0.0112	0.0000	0.0000

图 5－4 交通可达性计算过程

（二）结果分析

交通可达性是宜游城市的先决条件，涉及两个评价因素：进得来、出得去，散得开，11 个评价因子：旅客运输量、旅客周转量、高速里程数、航空吞吐量、高铁线路数、火车站级别、火车趟次数、省道路网密度、公共汽车总数、旅游专线数、人均拥有的士数量。经计算，陕西十地市的交通可达性雷达图见图 5－5。

从交通可达性的雷达图可知。首先，陕西十地市交通可达性首位度突出，指数为 2.48，有过度集中的趋势；内部层次分明、不均匀分布，交通可达性按计算结果大小排序为：西安 > 榆林 > 咸阳 > 宝鸡 >

渭南 > 延安 > 安康 > 汉中 > 铜川 > 商洛。最高值为 14.8586（西安），最低值为 2.1208（商洛），最高值是最低值的 7 倍多。其他城市多集中在 2—5 之间的分数段上，占 80% 的比例，具体为：4 分以上的咸阳（4.6858）、宝鸡（4.5473）、渭南（4.3706）、延安（4.2249）、安康（4.1124），3 分以上的汉中（3.3529），2 分以上的铜川（2.8121）、商洛（2.1208）。另外还有榆林，分值为 6.0025。

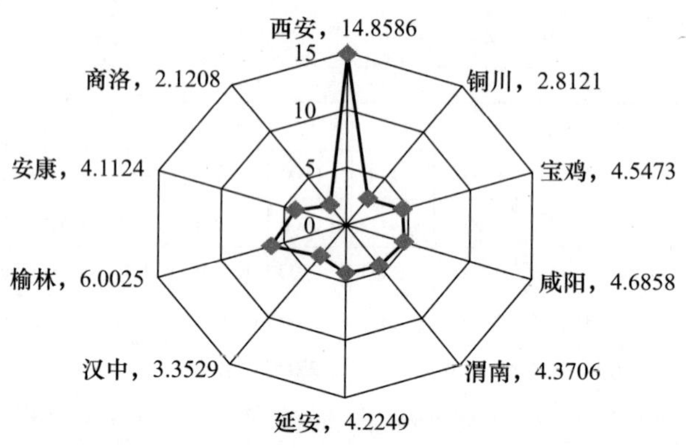

图 5－5　宜游城市交通可达性雷达图

其次，陕西省关中、陕北地区城市交通可达性差距大，陕南地区差距相对小。最高分值是关中地区的西安，紧随其后的咸阳与之相差 10 分之多，作为省会城市，西安拥有四通八达的交通系统，连通中、西部两大经济区，是西北到华东、华北、中原的主干道，也是新丝绸之路经济带亚欧大陆桥的起点地区，高速公路、国道、铁路密集，拥有航空吞吐量全国增速最快十大机场之一，市内交通体系也比较发达。关中其他城市除铜川外相差不大，整体上交通可达性分值偏高，与地区地理位置、基础设施投入密切相关。铜川在关中地区相对较差，航空运输欠佳。陕北地区中榆林交通可达性位居全省第二，地处青银高速、包西铁路交会处，有铁路 3 条，到 2012 年末公路总里程 29048 千米，城内道路宽敞、交通发达。与榆林相比，延安交通可达性稍差。陕南地区的城市交通可达性整体水平靠后，呈阶梯状发展，从低到高依次为：商洛（2.1208）→汉中（3.3529）→安康（4.1124），这与城内交通工具欠缺、基础设施改善程度不大等相关。

最后，从交通可达性的总和、均值来看，陕西省交通可达性呈“南低、中高、北次高”的态势。陕南地区为 9.59，城市均值为 3.195；关中地区为 31.27，城市均值为 6.25；陕北地区为 10.22，城市均值为 5.11。总体上看，关中地区城市的交通可达性是陕西省最好的地区，高于陕北；陕北地区城市交通也较为通达；陕南地区整体欠佳，城市交通可达性较差。在交通可达性体系构建中，评价因素层只考虑进得来、出得去，散得开两大因素，其通达性主要受城市交通网络进得来、出得去影响，汇集专家咨询与层次分析法得到其权重为 0.6667，另一个因素的权重为 0.3333。

三　旅游信息、设施与服务能力：中北高、南低

（一）数据计算过程

本指标体系评价因子层（D）中除特色小吃种类数，地方特产、旅游商品外，其他数据来自统计年鉴、旅游网站。特色小吃种类数，地方特产、旅游商品，由《陕西旅游资源评价研究》[210]《陕西风情》[211]、旅游网站中数据归类得到。在计算之前，先依据上文正、逆向指标公式对原始数据进行无量纲化处理，再根据表 4－6 中指标的层次分类符、权重，按照求和公式逐层计算得到旅游信息、设施与服务能力的初始值，最后结合表 4－6 中旅游信息、设施与服务能力的权重计算出结果，计算过程见图 5－6。由于数值较小，不宜比较，将最终结果值放大 100 倍再进行分析。

城市	西安	铜川	宝鸡	咸阳	渭南	延安	汉中	榆林	安康	商洛
B_3	0.9428	0.1386	0.3777	0.1943	0.2521	0.3221	0.2774	0.3409	0.1547	0.0950

⇧

$$B_3 = \sum_{i=5}^{n} C_i W_{C_i} (i = 5, 6, 7)$$

城市	C5	C6	C7
西安	0.9598	0.9063	0.9708
铜川	0.4378	0.0024	0.1251
宝鸡	0.4430	0.2235	0.4992
咸阳	0.4269	0.1164	0.1558
渭南	0.2903	0.1573	0.3277
延安	0.5145	0.1651	0.3829
汉中	0.3655	0.1407	0.3701
榆林	0.3202	0.1423	0.5499
安康	0.1090	0.0668	0.2655
商洛	0.2109	0.0223	0.1097

⇧

$$C_5 = \sum_{i=17}^{n} D_i W_{D_i} (i = 17, \cdots, 20)$$

城市	D17	D18	D19	D20	D21	D22	D23	D24	D25	D26	D27	D28
西安	0.9862	1.0000	0.8255	1.0000	1.0000	1.0000	1.0000	1.0000	1.0000	0.8538	1.0000	1.0000
铜川	0.9754	0.1940	1.0000	0.1757	0.0000	0.0000	0.0000	0.0000	0.0242	0.0000	0.0864	0.2264
宝鸡	1.0000	0.1778	0.9480	0.2098	0.2233	0.4957	0.3158	0.0358	0.0726	0.6998	0.7901	0.1079
咸阳	0.9685	0.2054	0.9530	0.1722	0.1165	0.1042	0.2105	0.0778	0.0699	0.3716	0.0864	0.1172
渭南	0.5384	0.1260	0.4581	0.2274	0.1942	0.0927	0.3158	0.0584	0.0726	0.5498	0.4568	0.0875
延安	0.9813	0.4858	0.9966	0.2267	0.2816	0.0861	0.2632	0.0504	0.0860	0.3910	0.5309	0.2308
汉中	0.7756	0.1195	0.8171	0.1762	0.1553	0.0951	0.3158	0.0452	0.0188	0.3363	0.7037	0.0534
榆林	0.6929	0.4556	0.4060	0.1672	0.1845	0.1222	0.2105	0.1094	0.0833	1.2815	0.5185	0.2155
安康	0.0000	0.1130	0.0000	0.1756	0.1165	0.0401	0.1053	0.0267	0.0134	0.2815	0.4815	0.0416
商洛	0.4370	0.0000	0.7617	0.0000	0.0583	0.0335	0.0000	0.0168	0.0000	0.5483	0.0000	0.0000

图 5－6 旅游信息、设施与服务能力计算过程

（二）结果分析

旅游信息、设施与服务能力是宜游城市的核心保障，涉及 3 个评价因素：媒体，吃、住，娱、购，12 个评价因子：广播覆盖率，移动电话覆盖率，电视人口覆盖率，互联网用户数，星级酒店数量，总客房数，特色小吃种类数，客房收入，旅行社总数，商品零售占社会消费品比重，地方特产、旅游商品，休闲娱乐场所数。经计算，陕西十地市的旅游信息、设施与服务能力雷达图见图 5 -7。

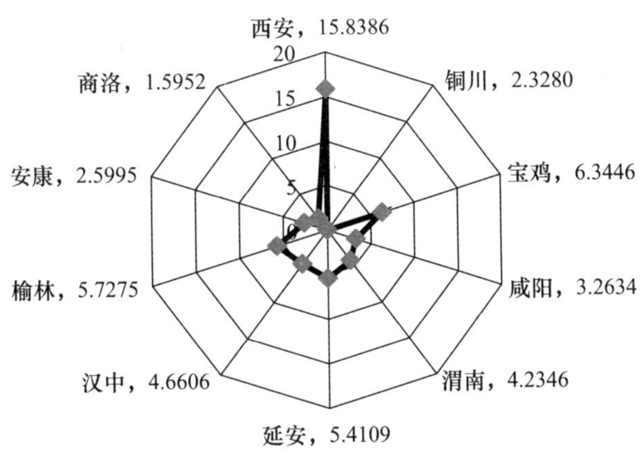

图 5 -7 宜游城市旅游信息、设施与服务能力雷达图

从旅游信息、设施与服务能力的雷达图可知：首先，陕西十地市旅游信息、设施与服务能力首位度较突出，指数为 2.50，呈过度集中，但又分布较为均匀的趋势；旅游吸引力按计算结果大小排序为：西安 > 宝鸡 > 榆林 > 延安 > 汉中 > 渭南 > 咸阳 > 安康 > 铜川 > 商洛。最高值为 15.8386（西安），最低值为 1.5952（商洛），最高值是最低值近 10 倍。其他城市旅游信息、设施与服务能力呈规律性分布，集中在一个比较低的水平，2—6 分的有 7 个城市，6 分以上的只有宝鸡。具体为：宝鸡为 6.3446，榆林、延安分别为 5.7275、5.4109，汉中、渭南分别为 4.6606、4.2346，安康、铜川分别为 2.5995、2.3280。

其次，陕西省关中地区城市旅游信息、设施与服务能力优势突出、劣势明显，十地市中前两位在这一地区，其他三个城市则属于中等偏下。西安分值最高，比宝鸡高出 9 分多。西安既是省会城市，又是我国最早开展入境旅游的城市之一，也是国家倾力打造的众多热点旅游城市之一，属首批中国优秀旅游城市。作为接待入境游客的城市，西安在旅游服务设施建设方面起步早、标准高，加之基础条件不错，旅游商品开发品种丰富，随着国内旅游市场持续升温，不断火爆，西安加快步伐，及时转型与调整，加大在旅游服务与基础设施等多个方面的建设力度。研究表明，国内游客对西安旅游服务质量的感知评价较高，尤其是对住宿和餐饮服务，多数游客满意程度较高[212]。宝鸡是陕西省第二大城市，其城市旅游信息、设施与服务能力位居第二，高于其他城市，建设力度大。关中地区的其他城市渭南、咸阳、铜川整体分值不高，是劣势城市。陕北地区的榆林、延安除低于关中地区西安、宝鸡外，分值较高，虽基础条件差于西安，但投入力度比较大，整体水平提升较快。陕南地区的城市旅游信息、设施与服务能力整体较弱，除汉中（4.6606）位居中等外，安康（2.5995）、商洛（1.5952）排名靠后。

最后，从旅游信息、设施与服务能力的总和、均值来看，陕西省呈“中北高、南低”的态势。关中地区为32.0，城市均值为6.40；陕北地区为11.14，城市均值为5.57；陕南地区为8.85，城市均值为2.95。由此观之，关中地区西安、宝鸡位次靠前，且分值较高，其他城市信息、设施与服务能力较为靠后，“优次相交”；陕北的榆林、延安处于中等靠前位置，总体水平较高；陕南地区整体偏低。随着旅游业的发展，各地都在加大投入，提升综合水平。在旅游信息、设施与服务能力体系构建中，评价因素层只考虑媒体，吃、住，娱、购三大因素，并主要受吃、住，娱、购影响，汇集专家咨询与层次分析法得到两因素的权重为0.80，另一个因素的权重为0.20。

四　旅游业绩：中部高、南北低、南比北高

（一）数据计算过程

本指标体系评价因子层（D）中入境游客数、国内游客数、旅游收入总数、旅游收入占GDP比重数据来自统计年鉴、旅游网站。旅游接待量平均增长率、旅游收入平均增长率、黄金周旅游收入平均增长率、黄金周旅游接待量平均增长率基础数据来自统计年鉴、旅游网站，为更好反映增长趋势，计算三年平均增长率作为原始数据。在计算之前，先依据上文正、逆向指标公式对原始数据进行无量纲化处

理，再根据表 4－6 中指标的层次分类符、权重，按照求和公式逐层计算得到旅游业绩的初始值，最后结合表 4－6 中旅游业绩的权重计算出结果，计算过程见图 5－8。由于数值较小，不宜比较，将最终结果值放大 100 倍再进行分析。

城市	西安	铜川	宝鸡	咸阳	渭南	延安	汉中	榆林	安康	商洛
B_4	0.7579	0.1403	0.2651	0.2990	0.3711	0.1652	0.1414	0.1329	0.2037	0.2648

⇧

$$B_4 = \sum_{i=8}^{n} C_i W_{C_i} (i = 8,\ 9,\ 10)$$

城市	C_8	C_9	C_{10}
西安	1.0000	0.8604	0.0687
铜川	0.0069	0.1374	0.4127
宝鸡	0.2626	0.3160	0.1685
咸阳	0.3251	0.2690	0.3069
渭南	0.1855	0.3043	0.8759
延安	0.1753	0.2005	0.0740
汉中	0.1198	0.1864	0.0949
榆林	0.0456	0.0296	0.5141
安康	0.1126	0.2476	0.2984
商洛	0.1523	0.4100	0.1993

⇧

$$C_8 = \sum_{i=29}^{n} D_i W_{D_i} (i = 29,\ 30)$$

城市	D_{29}	D_{30}	D_{31}	D_{32}	D_{33}	D_{34}	D_{35}	D_{36}
西安	1.0000	1.0000	1.0000	0.5813	0.1842	0.0543	0.0000	0.0868
铜川	0.0208	0.0000	0.0000	0.4124	0.0000	1.0000	0.5275	0.2105
宝鸡	0.2180	0.2849	0.2328	0.4823	0.4947	0.1884	0.0403	0.1237
咸阳	0.2822	0.3465	0.2152	0.3765	0.4632	0.3696	0.2253	0.2789

城市	D_{29}	D_{30}	D_{31}	D_{32}	D_{33}	D_{34}	D_{35}	D_{36}
渭南	0.0475	0.2545	0.2000	0.5127	0.6579	0.5978	1.0000	1.0000
延安	0.1086	0.2087	0.1398	0.3220	0.1842	0.0000	0.0458	0.0842
汉中	0.0182	0.1705	0.0823	0.3946	0.2684	0.1304	0.0641	0.0211
榆林	0.0000	0.0685	0.0444	0.0000	1.0000	0.7609	0.2985	0.3632
安康	0.0156	0.1610	0.0728	0.5972	0.1789	0.0507	0.3462	0.4342
商洛	0.0089	0.2240	0.1150	1.0000	0.5526	0.4710	0.0861	0.0000

图 5－8　旅游业绩计算过程

（二）结果分析

旅游业绩是宜游城市的检验标准，涉及 3 个评价因素：旅游客流量、旅游综合收入、增长率，8 个评价因子：入境游客数、国内游客数、旅游收入总数、旅游收入占 GDP 比重、旅游接待量平均增长率、旅游收入平均增长率、黄金周旅游收入平均增长率、黄金周旅游接待量平均增长率。经计算，陕西十地市的旅游业绩雷达图见图 5－9。

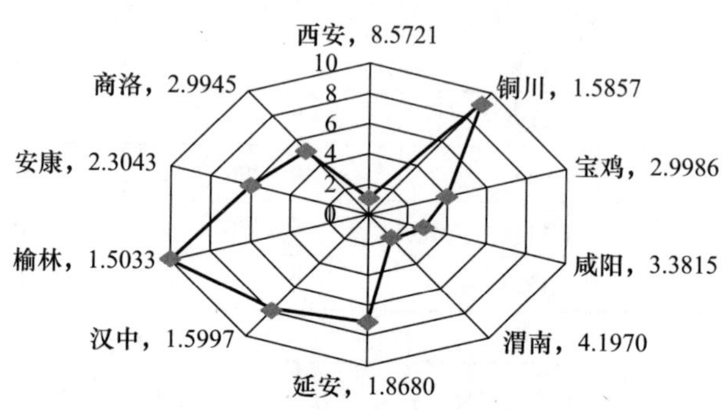

图 5－9　宜游城市旅游业绩雷达图

从旅游业绩的雷达图可知：首先，陕西十地市旅游业绩首位度略微突出，指数为 2.04，约为 2，其内部结构较正常，有集中适当的趋势；旅游业绩按计算结果大小排序为：西安 > 渭南 > 咸阳 > 宝鸡 > 商洛 > 安康 > 延安 > 汉中 > 铜川 > 榆林。最高值为 8.5721（西安），最低值为 1.5033（榆林），最高值是最低值的近 6 倍。其中 7 个城市旅游业绩处于较低水平，集中分布在 1—3 分，2 分以下的有 4 个城市：延安 1.8680、汉中 1.5997、铜川 1.5857、榆林 1.5033；大于 2 分的有 3 个城市：宝鸡 2.9986、商洛 2.9945、安康 2.3043。中等城市则包括咸阳（3.3815）、渭南（4.1970）。

其次，陕西省关中地区城市旅游业绩优势突出、层次显著、劣势较小，十地市中前四位都在这一地区，西安分值最高，是渭南的 2 倍多。2012 年，西安全年共接待国内游客 7863 万人次，占陕西省的 34.3%；境外游客 115.35 万人次，占 49.4%。全年实现旅游总收入 654.39 亿元，占 40.6%；其中，外汇收入 7.49 亿美元，占 46.9%。西安的旅游总收入、接待旅游人次均占陕西省的三分之一多。而其他城市渭南比咸阳高 0.8155，咸阳比宝鸡高 0.3829；铜川分值低、排名靠后。陕南、陕北地区分值普遍偏低，尤其入境旅游市场乏力，部分地市尚处于刚起步阶段。

最后，从旅游业绩的总和、均值来看，陕西省呈“中部高、南北低、南比北高”的态势。关中地区为 20.73，城市均值为 4.15；陕南地区为 6.90，城市均值为 2.30；陕北地区为 3.37，城市均值为 1.69。由此观之，关中地区除铜川外，西安、渭南、咸阳、宝鸡占据前四位，分值略高；陕南地区整体中等偏下，高于陕北；陕北的榆林、延安处于靠后位置。各地旅游总收入涨幅不一，部分地市基础好，基数大，涨幅低；其他地市后劲足，基数小，涨幅大。在旅游业绩体系构建中，评价因素层只考虑旅游客流量、旅游综合收入、增长率三大因素，主要受旅游综合收入、旅游客流量影响，汇集专家咨询与层次分析法得到两因素的权重为 0.80，另一个因素的权重为 0.20。

五 前四个因素比较：优、差搭配四种组合

1933 年，《雅典宪章》中就提出城市规划的目的是为了使居住、工作、游憩与交通四大功能活动正常运行。按理说四大功能应该是统一的并共存于同一个城市里，实际上，这四种功能中，居住与游憩的矛盾较之其他功能要尖锐，在不同的工业化时期居住与游憩的功能分分合合。

工业化快速发展时期，在城市工作与居住的人们压力大，加之城

市生态、生活环境恶化，使得人们向往自然、回归自然，选择离开城市来舒缓身心俱疲的身体，城市的旅游功能被其他功能所“遮蔽”。到后工业化时期，人们以一种反思的态度来调整城市建设，重新规划与布局，促使城市的生态、生活环境得到改善，基础投入加大，各种配套服务设施不断完善，城市吸引力日益显现，整体综合实力增强。一系列翻天覆地的变化使得城市的旅游功能跃居到其他功能之前，成为可与城市居住功能相提并论的基本功能之一。2011 年，中国内地城市化率首次突破 50%，按照国际经验，此时就是城市化的加速发展阶段。城市化所带来的不仅是产业结构的调整与转型、经济的增长与人们收入的提升，更为重要的是人们消费观念的改变，尤其是对游憩、休闲、旅游的需求与日俱增，广场舞的普及与盛行、国内旅游人次的呈几何级数攀升印证了这点。城市必将迎来不可逆转的游客潮，城市居住、旅游之间的矛盾也将随之升级，亟待调和，在此过程中一定要注意不能顾此失彼。

作为城市的基本功能，宜居是基础，宜游是在宜居基础上城市基本功能的重要扩展，二者相辅相成。基于此，在宜游指标构建过程中，前四个因素——旅游吸引力，交通可达性，旅游信息、设施与服务能力，旅游业绩中第一个因素侧重对城市宜游性的评价，后三个因素侧重对城市宜居性的考量。因此，本节将前四个因素分值综合起来（见表 5-1），对陕西省单城市、分区域再做比较。

表 5-1　　宜游城市前四个因素综合结果比较

地区	城市	旅游吸引力	排名	交通可达性	排名	旅游信息、设施与服务能力	排名	旅游业绩	排名	总分	排名
关中	西安	21.7000	1	14.8586	1	15.8386	1	8.5721	1	60.9693	1
	宝鸡	7.6078	2	4.5473	4	6.3446	2	2.9986	4	21.4983	2
	咸阳	7.5646	3	4.6858	3	3.2634	7	3.3815	3	18.8953	3
	渭南	3.1777	5	4.3706	5	4.2346	6	4.1970	2	15.9799	5
	铜川	0.0171	10	2.8121	9	2.3280	9	1.5867	9	6.7440	10

续表

地区	城市	旅游吸引力	排名	交通可达性	排名	旅游信息、设施与服务能力	排名	旅游业绩	排名	总分	排名
陕北	延安	4. 7673	4	4. 2249	6	5. 4109	4	1. 8680	7	16. 2711	4
	榆林	1. 0998	8	6. 0025	2	5. 7275	3	1. 5033	10	14. 3331	6
陕南	汉中	2. 5761	6	3. 3529	8	4. 6606	5	1. 5997	8	12. 1893	7
	安康	2. 1175	7	4. 1124	7	2. 5995	8	2. 3043	6	11. 1337	8
	商洛	0. 7037	9	2. 1208	10	1. 5952	10	2. 9945	5	7. 4142	9

首先，单个城市宜游性按结果大小排序为：西安 > 宝鸡 > 咸阳 > 延安 > 渭南 > 榆林 > 汉中 > 安康 > 商洛 > 铜川。在城市内部，旅游吸引力，交通可达性，旅游信息、设施与服务能力，旅游业绩呈四种模式，即“最优组合”“优优组合”“优差组合”“差差组合”。西安属于“最优组合”，四项指标排名第一，而且分值高，每项指标都是排名第二的城市得分的 2 倍多，是陕西省优势最为突出的城市，自 2011 年起连续两年荣登中国百强旅游城市的前 15 位。宝鸡属于“优优组合”，旅游吸引力，旅游信息、设施与服务能力分值较高，均排在第二；交通可达性、旅游业绩略高，均排在第四，四个指标的曲线图呈“波浪形”。咸阳、延安、渭南、榆林属于“优差组合”。分别来看，其一是城市指标数值间呈均衡分布趋势，咸阳交通可达性、旅游吸引力、旅游业绩排名靠前，但由于旅游信息、设施与服务能力排在第七，进而影响整个成绩。延安与渭南情况近似，但具体表现不一样，前者旅游吸引力、旅游信息、设施与服务能力排在第四，交通可达性排在第六，旅游业绩排在第七，整体成绩排在第四；后者旅游业绩排在第二，交通可达性、旅游吸引力排在第五，旅游信息、设施与服务能力排在第六，整体成绩排在第五。其二是完全不均衡分布，榆林四项指标分布在不同的位置，交通可达性，旅游吸引力，旅游信息、设施与服务能力、旅游业绩分别排在第二、第八、第三、第十的位置。汉中、安康、商洛、铜川属于“差差组合”，指标分值较低。分别来看，每个城市指标所处位置有均衡分布特

征，汉中交通可达性，旅游吸引力，旅游信息、设施与服务能力，旅游业绩所处位置为：第八、第六、第五、第八，总分值第七；安康四项指标顺序位置为：第七、第七、第八、第六，总分值第八；商洛四项指标顺序位置为：第十、第九、第十、第五，总分值第九；铜川四项指标顺序位置为：第九、第十、第九、第九，总分值第十。

其次，三个地区内部城市宜游性也呈现出“优差组合”“差差相交”的特点。关中地区的西安、宝鸡、咸阳属于“优”，渭南属于“次优”，而铜川就属于“差”；陕北地区的延安属于“优”，榆林属于“差”，陕南地区的汉中、安康、商洛均属于“差”。从陕西省地区间宜游性的总和、均值来看，呈三级阶梯分布，相差5—9分。关中地区为124，城市均值约为24.8；陕北地区为30.6，城市均值为15.3；陕南地区为30.72，城市均值约为10.24。总体上看，关中地区城市宜游性除铜川外均属优良地区，高于陕南、陕北。

六　环境适宜性：北低南高

（一）数据计算过程

本指标体系评价因子层（D）的数据来自统计年鉴，除以人数之后得到人均值。在计算之前，先依据上文正、逆向指标公式对原始数据进行无量纲化处理，再根据表4－6中指标的层次分类符、权重，按照求和公式逐层计算得到环境适宜性的初始值，最后结合表4－6中环境适宜性的权重计算出结果，计算过程见图5－10。由于数值较小，不宜比较，将最终结果值放大100倍再进行分析。

城市	西安	铜川	宝鸡	咸阳	渭南	延安	汉中	榆林	安康	商洛
B_5	0.6198	0.3040	0.5576	0.4154	0.3796	0.4158	0.6011	0.3193	0.6856	0.5457

⇧

$$B_5 = \sum_{i=11}^{n} D_i W_{C_i} (i = 11,\ 12,\ 13,\ 14)$$

城市	C_{11}	C_{12}	C_{13}	C_{14}
西安	0.4346	1.0001	0.4374	0.6397
铜川	0.3851	0.5074	0.2990	0.2131
宝鸡	0.4221	0.2875	0.5328	0.7051
咸阳	0.1185	0.1627	0.3384	0.6279
渭南	0.0117	0.0155	0.4081	0.5823
延安	0.2044	0.2320	0.1732	0.6884
汉中	0.0618	0.0381	1.0000	0.6810
榆林	0.1064	0.2744	0.0000	0.5901
安康	0.0613	0.1359	0.8434	0.9348
商洛	0.0640	0.1554	0.7227	0.6902

⇧

$$C_{11} = \sum_{i=37}^{n} D_i W_{D_i} (i = 37, 38, 39)$$

城市	D_{37}	D_{38}	D_{39}	D_{40}	D_{41}	D_{42}	D_{43}	D_{44}	D_{45}	D_{46}	D_{47}	D_{48}	D_{49}	D_{50}	D_{51}
西安	0.6198	0.8374	0.7833	1.0000	1.0000	1.0000	1.0000	0.0000	0.2667	0.5455	0.5455	0.5000	0.8400	0.9982	1.0000
铜川	1.0000	1.0000	0.3926	0.5759	0.6598	0.4485	0.4485	0.4183	0.1333	0.2727	0.4545	0.4000	0.4510	0.0000	0.0000
宝鸡	0.3376	0.5483	1.0000	0.3404	0.1769	0.2846	0.2846	0.2241	0.4667	0.9091	0.4545	0.4500	1.0000	0.8427	0.9697
咸阳	0.1040	0.4446	0.1165	0.1634	0.1086	0.1725	0.1725	0.2414	0.3333	0.0909	0.2727	0.5000	0.6277	0.7368	0.9601
渭南	0.0000	0.0717	0.0000	0.0552	0.0043	0.0000	0.0000	0.1724	0.1333	0.7273	0.4545	0.5000	0.6053	1.0000	0.7719
延安	0.1240	0.2456	0.5093	0.4029	0.0981	0.1811	0.1811	0.2069	0.1333	0.2727	0.0000	0.2500	0.8632	0.9529	0.9501
汉中	0.0417	0.2301	0.0669	0.0942	0.0300	0.0147	0.0147	0.6897	1.0000	1.0000	1.0000	1.0000	0.3772	0.8117	0.7589
榆林	0.1592	0.1157	0.2381	0.5554	0.1320	0.1763	0.1763	0.5172	0.0000	0.0000	0.0000	0.0000	0.4861	0.8067	0.6068
安康	0.0885	0.1232	0.1074	0.0460	0.2193	0.1602	0.1602	1.0000	0.6667	1.0000	0.7237	1.0000	0.9077	0.9949	0.8531
商洛	0.1076	0.0000	0.1774	0.0000	0.0000	0.0451	0.3769	0.8103	0.6000	0.9091	0.7273	0.7500	0.0000	0.9772	0.7718

图 5-10　环境适宜性计算过程

（二）结果分析

环境适宜性是宜游城市的大前提，涉及 4 个评价因素：城市园林绿化、城市环境卫生、城市气候舒适度、城市空气质量，15 个评价因子：人均园林绿化面积、人均公共绿地面积、人均公园面积、人均道路清扫面积、人均生活垃圾清运量、人均环卫专用车数量、人均公厕数量、温湿指数、风寒指数、衣着指数、舒适期长短、工业产值二氧化硫排放量、工业产值氮氧化物排放量、工业产值烟（粉）尘排放量、空气质量达标天数。经计算，陕西十地市形成的环境适宜性雷达图见图5－11。

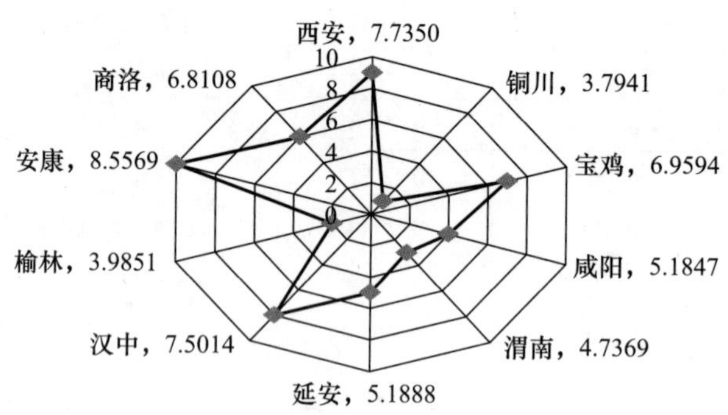

图5－11　宜游城市环境适宜性雷达图

从环境适宜性的雷达图可知：首先，陕西十地市的环境适宜性层次分明、分布均匀，环境适宜性按结果大小排序为：安康＞西安＞汉中＞宝鸡＞商洛＞延安＞咸阳＞渭南＞榆林＞铜川。最高值为8.5569（安康），最低值为3.7941（铜川），最高值是最低值的2倍多，并且在3—8各分数段中均有分布，在3分数段上的城市有铜川（3.7941）、榆林（3.9851），在4分数段上的城市有渭南（4.7369），在5分数段上的城市有两个（咸阳、延安），在6分数段上的城市有两个（宝鸡、商洛），在7分数段上的城市有两个（西安、汉中），在8分数段上的城市是安康，同样分数段上的城市并没有集中在一个地区。

其次，陕西环境适宜性地区差异性较大，最高分值是安康，且陕南地区的三个城市安康（8.5569）、汉中（7.5014）、商洛（6.8108）分值均较高，彼此分值相差不大，这与陕南地区生态环境良好、生物物种资源丰富、工业较少密切相关；相比西部其他生态环境脆弱的城市，这是整个陕南地区城市的优势。最低分值是铜川，工业产值二氧化硫、氮氧化物、烟（粉）尘排放量在陕西十地市中最高，属于工业污染较为严重的区域；关中地区的环境适宜性呈阶梯状分布：铜川

(3.7941)→渭南(4.7369)→咸阳(5.1847)→宝鸡(6.9594)→西安(7.7350),这与区域城市产业发展、生态环境等相关。另一个地区就是陕北,包括榆林(3.9851)、延安(5.1888),属于黄土高原,生态脆弱区,植被覆盖也较低;榆林市发展资源型经济,单纯依靠资源开采,对环境的破坏很大,产业发展也受限,工业产值二氧化硫、氮氧化物、烟(粉)尘排放量在陕西十地市中仅次于铜川。

最后,从环境适宜性的总和、均值来看,陕西省环境适宜性呈"北低南高"态势。陕南地区为22.87,每个城市均值为7.62;关中地区为28.41,每个城市均值为5.68;陕北地区为9.17,每个城市均值为4.59。总体上看,陕南的环境适宜性是陕西省最优地区,高于关中、陕北;关中处于中间,陕北是环境适宜性较差的地区。在环境适宜性体系构建中,评价因素层只考虑城市园林绿化、城市环境卫生、城市气候舒适度、城市空气质量四个因素,其适宜性主要受城市空气质量、城市气候舒适度影响,汇集专家咨询与层次分析法得到其权重总和为0.7305,另外两个因素的权重总和为0.2695,前两个因素与当下气候环境有着直接关联。

七 社会包容性:中间高、南北低

(一)数据计算过程

本指标体系评价因子层(D)的数据来自2013年《陕西省统计年鉴》及其他统计年鉴,除以人数之后得到人均值。在计算之前,先依据上文正、逆向指标公式对原始数据进行无量纲化处理,再根据表4-6中指标的层次分类符、权重,按照求和公式逐层计算得到社会包容性的初始值,最后结合表4-6对社会包容性的权重算出结果,计算过程见图5-12。由于数值较小,不宜比较,将最终结果放大100倍再进行分析。

城市	西安	铜川	宝鸡	咸阳	渭南	延安	汉中	榆林	安康	商洛
B_6	1.0000	0.1888	0.2467	0.3347	0.1962	0.1775	0.2174	0.0703	0.1133	0.0906

⇧

$$B_6 = \sum_{i=15}^{n} D_i W_{C_i} (i = 15, 16)$$

城市	C_{15}	C_{16}
西安	1.0000	1.0000
铜川	0.0897	0.2383
宝鸡	0.5679	0.0862
咸阳	0.4726	0.2658
渭南	0.5885	0.0000
延安	0.3018	0.1153
汉中	0.4862	0.0829
榆林	0.0664	0.0722
安康	0.1847	0.0776
商洛	0.1478	0.0725

⇧

$$C_{15} = \sum_{i=52}^{n} D_i W_{D_i} (i = 52, 53)$$

城市	D_{52}	D_{53}	D_{54}	D_{55}	D_{56}
西安	1.0000	1.0000	1.0000	1.0000	1.0000
铜川	0.0000	0.2690	0.1418	0.6673	0.0024
宝鸡	0.6100	0.4838	0.0492	0.1920	0.0543
咸阳	0.7089	0.0000	0.3469	0.0930	0.2762
渭南	0.6931	0.3793	0.0000	0.0000	0.0000
延安	0.4399	0.0256	0.1022	0.1506	0.1062
汉中	0.4594	0.5397	0.0977	0.0732	0.0632
榆林	0.0886	0.0221	0.0578	0.1597	0.0136
安康	0.0730	0.4080	0.0809	0.1106	0.0381
商洛	0.1194	0.2047	0.0943	0.0678	0.0334

图5－12 社会包容性计算过程

（二）结果分析

社会包容性是宜游城市的基本保证，涉及2个评价因素：社会环境与人文氛围，5个评价因子：贫困人口比重、社会保障覆盖率、高校数量、图书馆藏书量、每万人大学生数量。经计算，陕西十地市的社会包容性雷达图见图5－13。

从社会包容性的雷达图可知：首先，陕西省社会包容性出现"众星拱月"现象，西安（10.6700）分值最高，一家独大；其他地市普遍较低，8个城市处在1—4的分数段；榆林（0.7497）分值最低，不到1。最高值是最低值的14倍多，社会包容性按计算结果大小排序为：西安>咸阳>宝鸡>汉中>渭南>铜川>延安>安康>商洛>榆林。

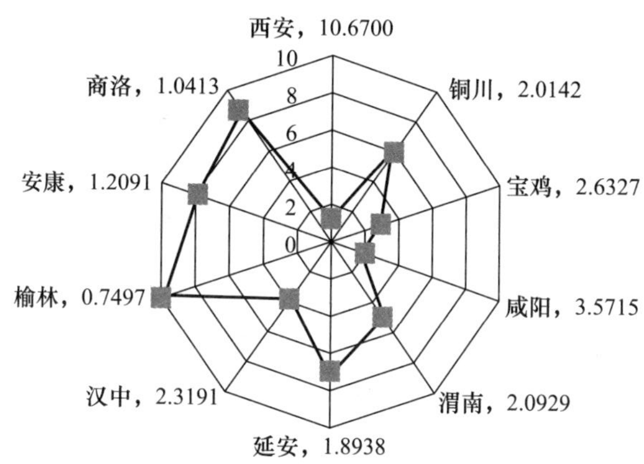

图5－13 宜游城市社会包容性雷达图

其次，与环境适宜性相比，陕西社会包容性的差异更明显，地区与地区之间、城市与城市之间差距显著。关中地区分值最高的是西安（10.6700），其他城市分别为咸阳（3.5715）、宝鸡（2.6327）、渭南（2.0929）、铜川（2.0142），西安是关中地区其他城市的3—5倍，差距较大，这与西安高校密集、人文素质高、社会保障覆盖率高等相关联。陕北地区分值最低的是榆林（0.7497），另一个城市延安是它的2倍多；陕南地区的汉中（2.3191），也是其他两个城市（安康、商洛）的2倍左右。

最后，从社会包容性的总和、均值来看，陕西省社会包容性呈"中间高、两头低"的态势。关中地区为20.98，每个城市均值为

4.20；陕南地区为4.57，每个城市均值为1.523分；陕北地区为2.64，每个城市均值为1.32。总体上看，关中地区社会包容性较优异，远高于陕北、陕南；陕北地区是社会包容性薄弱地区。在社会包容性体系构建中，评价因素层只考虑社会环境、人文氛围两个因素，其中人文氛围影响较大，汇集专家咨询与层次分析法来看，其权重达到0.6667，另一个因素权重为0.3333。

八 经济生活性：两头低、中间高

（一）数据计算过程

本指标体系评价因子层（D）的数据来自统计年鉴，其中恩格尔系数由于某些城市数据不全，参照人均收入与恩格系数关系求得。计算之前，先依据上文正、逆向指标公式对原始数据进行无量纲化处理，再根据表4－6中指标的层次分类符、权重，按照求和公式逐层计算得到经济生活性的初始值，最后结合表4－6中经济生活性的权重计算出结果，计算过程见图5－14。由于数值较小，不宜比较，将最终结果值放大100倍再进行分析。

城市	西安	铜川	宝鸡	咸阳	渭南	延安	汉中	榆林	安康	商洛
B_7	0.8819	0.3875	0.6616	0.4195	0.4807	0.4550	0.3553	0.3947	0.3220	0.2688

⇧

$$B_7 = \sum_{i=17}^{n} D_i W_{C_i} (i=17, 18, 19)$$

城市	C_{17}	C_{18}	C_{19}
西安	1.0000	0.8366	0.5475
铜川	0.3289	0.4850	0.4351
宝鸡	0.5561	0.8385	0.5379
咸阳	0.4603	0.4017	0.4150
渭南	0.2920	0.6814	0.4996

城市	C_{17}	C_{18}	C_{19}
延安	0. 3901	0. 6418	0. 4472
汉中	0. 0408	0. 5936	0. 4034
榆林	0. 3437	0. 6406	0. 0420
安康	0. 0754	0. 4790	0. 5470
商洛	0. 1043	0. 2470	0. 8286

⇧

$$B_{17} = \sum_{i=57}^{n} D_i W_{D_i} (i = 57, 58, 59)$$

城市	D_{57}	D_{58}	D_{59}	D_{60}	D_{61}	D_{62}	D_{63}	D_{64}
西安	1. 0000	1. 0000	1. 0000	1. 0000	1. 0000	0. 0000	1. 0000	0. 3213
铜川	0. 6934	0. 2070	0. 2083	0. 5693	0. 2826	1. 0000	0. 2787	0. 5132
宝鸡	0. 7472	0. 5859	0. 3056	0. 7562	0. 9022	0. 7778	0. 1658	0. 7240
咸阳	0. 4647	0. 5840	0. 2083	0. 4884	0. 2065	0. 8889	0. 2226	0. 5112
渭南	0. 5972	0. 1951	0. 1806	0. 3833	0. 7826	0. 8889	0. 3767	0. 5610
延安	0. 4523	0. 4846	0. 1389	0. 4590	0. 7013	0. 7778	0. 0000	0. 6708
汉中	0. 1492	0. 0000	0. 0139	0. 0878	0. 7826	0. 8889	0. 5234	0. 3434
榆林	0. 1364	0. 4247	0. 3889	0. 2677	0. 8043	0. 7778	0. 1262	0. 0000
安康	0. 0000	0. 0466	0. 2083	0. 0000	0. 6522	0. 7778	0. 4731	0. 5839
商洛	0. 3836	0. 0168	0. 0000	0. 2814	0. 0000	1. 0000	0. 4857	1. 0000

图 5－14　经济生活性计算过程

（二）结果分析

经济生活性是宜游城市的物质基础，涉及 3 个评价因素：城市化率、生活水平、三大产业比重，8 个评价因子：城镇人口所占比重、城镇居民可支配收入、城镇居住用地面积、人均收入、恩格尔系数、总就业率、第三产业占 GDP 比重、旅游业占第三产业比重。经计算，陕西十地市的经济生活性雷达图见图 5－15。

从经济生活性的雷达图可知：首先，陕西十地市的经济生活性区别明显、相对集中，经济生活性按结果大小排序为：西安 > 宝鸡 > 渭南 > 延安 > 咸阳 > 榆林 > 铜川 > 汉中 > 安康 > 商洛。最高值为 9. 0304（西安），最低值为 2. 7522（商洛），最高值是最低值的 3 倍多。有八个城市比较密集的分布在 2—5 分数段，相邻城市之间分值相差不大，如排在第三位的渭南与第四位的延安相差 0. 26 分，排在第九位的安康与第十位的商洛相差 0. 54 分。处在 4 分数段上的城市有 4 个（榆林、延安、咸阳、渭南），处在 3 分数段上的城市有 3 个（铜川、安康、汉中），处在 2 分数段上的城市只有商洛。另外，宝鸡的分值较高，为 6. 7744。

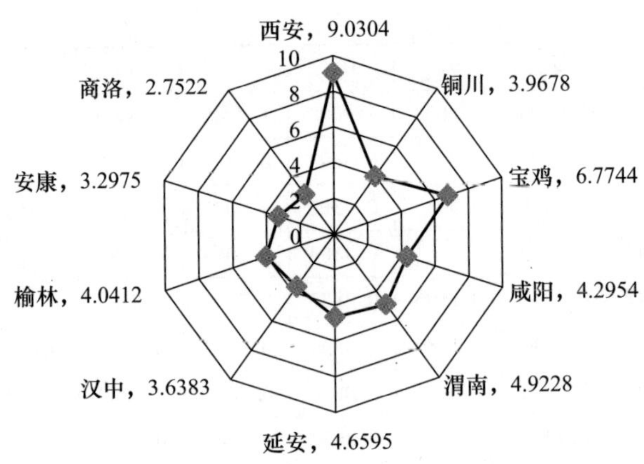

图 5 – 15　宜游城市经济生活性雷达图

其次，陕西省地区间城市经济生活性呈“相反”状态，关中地区的五个城市之间相差较大，平均相差分值为 1. 26；而陕南、陕北地区的城市间差异较小，平均相差分值为 0. 443、0. 618。最高分值的西安、宝鸡都在关中地区，另外三个城市的分值也不低，这与整个关中地区经济基础好并发展较快、产业门类齐全及结构优化、科学技术力量强、人均可支配收入高等相关联。陕北经济生活性处于中下游水平，延安分值为 4. 6595、榆林为 4. 0412，虽拥有资源，但发展速度不快、发展质量不高、发展方式较为单一，第三产业所占比重较低。

陕南处于下游水平，经济生活性居陕西省末位，受城镇人均可支配收入、人均收入低影响，人们收入用于食物比重仍较高。

最后，从经济生活性的总和、均值来看，陕西省经济生活性呈"两头低、中间高"的态势，三个地区间城市均值均相差1分多。关中地区为28.99，每个城市均值约为5.80；陕北地区为8.70，每个城市均值为4.35；陕南地区为9.69，每个城市均值为3.23。总体上看，关中地区的经济生活性较好，高于陕南、陕北；除西安、宝鸡外，其他城市都处在一个低水平的层次。在经济生活性体系构建中，评价因素层只考虑城市化率、生活水平、三大产业比重三个因素，其经济性主要受城市化率、生活水平影响，汇集专家咨询与层次分析法得到其权重总和为0.8308，另一个因素的权重为0.1692。

九 后三个因素的比较：优优与差差组合分化

城市发展到现在，已成为具有多种功能的公共空间，很难严格将城市仅仅归为本地居民所有，城市的发展与服务的人群、空间、范围已发生了质的变化。在旅游时代，城市成为外地游客与本地居民共处、共享、共有的空间。宜居、宜游是城市发展到一定阶段的基本功能，但在城市内部又需要相互协调，不能自相矛盾。宜居是基础，宜游是在宜居基础上城市基本功能的一个重要扩展，城市宜游性的提高必定带动宜居条件更加完善。为体现这一点，在宜游指标体系构建过程中，环境适宜性、社会包容性、经济生活性侧重对城市宜居性的考量，但也构成城市宜游性的重要部分。基于此，本节将后三个因素分值综合起来（见表5-2），对陕西省单城市、分区域再做比较。

首先，单个城市宜居性按结果大小排序为：西安>宝鸡>汉中>安康>咸阳>渭南>延安>商洛>铜川>榆林。在城市内部，环境适宜性、社会包容性、经济生活性的优势、劣势相对集中、均衡分布，呈现出"优优组合""差差组合"的两极分化趋势。西安、宝鸡整体宜居性位居前列，三方面分值排名都靠前，并相差不远；榆林、铜川、商洛整体宜居性排名靠后，三方面分值排名也都不高。另外，还有城市指标之间表现不协调的"优差组合"，如安康环境适宜性排名靠前，但社会包容性、经济生活性太靠后，从而影响整个城市的宜居性；咸阳社会包容性排名第二，但环境适宜性、经济生活性排名在中等或偏下，使得整体分值不高；渭南生活经济排名第三，但其他两项指标表现欠佳影响整体分值；汉中环境适宜性、社会包容性分值略微靠前，但另一个指标分值偏低；延安环境适宜性、社会包容性偏低，经济生活性略微靠前，整体水平也不高。

表 5－2　　　　宜游城市后三个因素综合结果比较

地区	城市	环境适宜性	排名	社会包容性	排名	经济生活性	排名	总分	排名
关中	西安	7.7350	2	10.6700	1	9.0304	1	27.4354	1
	宝鸡	6.9594	4	2.6327	3	6.7744	2	16.3665	2
	咸阳	5.1847	7	3.5715	2	4.2954	5	13.0516	5
	渭南	4.7369	8	2.0929	5	4.9228	3	11.7526	6
	铜川	3.7941	10	2.0142	6	3.9678	7	9.7761	9
陕北	延安	5.1888	6	1.8938	7	4.6595	4	11.7421	7
	榆林	3.9851	9	0.7497	10	4.0412	6	8.7760	10
陕南	汉中	7.5014	3	2.3191	4	3.6383	8	13.4588	3
	安康	8.5569	1	1.2091	8	3.2975	9	13.0635	4
	商洛	6.8108	5	1.0413	9	2.7522	10	10.6043	8

其次，三个地区内部城市宜居性也呈现出“优差组合”或“差差相交”的特点。关中地区的西安、宝鸡宜居性属于“优”，咸阳、渭南属于“次优”，而铜川就属于“差”；陕南地区的汉中、安康宜居性属于“次优”，而商洛则属于“差”；陕北地区的延安、榆林宜居性均属于“差”。从陕西省地区间宜居性的总和、均值来看，呈“凸”形，即两头低、中间高，三个地区间城市均值相差2—3分。关中地区为78.38，城市均值约为15.68；陕北地区为20.51，城市均值为10.26；陕南地区为37.13，城市均值约为12.38。总体上看，关中地区的城市宜居性较好，高于陕南、陕北。

第四节　单城市 SWOT 分析及区域间比较

一　单城市 SWOT 分析

（一）西安

西安是省会城市，综合分值 88.4047，属于宜游城市，其环境适宜性得分为 7.7350，排在十地市中第二位，社会包容性（10.6700），经济生活性（9.0304），交通可达性（14.8586），旅游吸引力（21.7000），旅游信息、设施与服务能力（15.8386），旅游业绩（8.5721）六个指标排在十地市第一位。西安作为宜游城市，在陕西乃至西北优势既明显又突出，但与东部发达地区的城市上海、北京、广州相比，仍相差很远。2012 年，西安接待的游客是上海、北京的三分之一左右，是广州的一半；与中部的武汉相比，接待人次数相差 5000 万；与西部的重庆、成都比，也相差较远；与古城杭州、苏州、南京、洛阳等相比，也有一定距离。与理想的宜游城市仍存在一定距离，其指标值形成的雷达图见图 5 - 16。

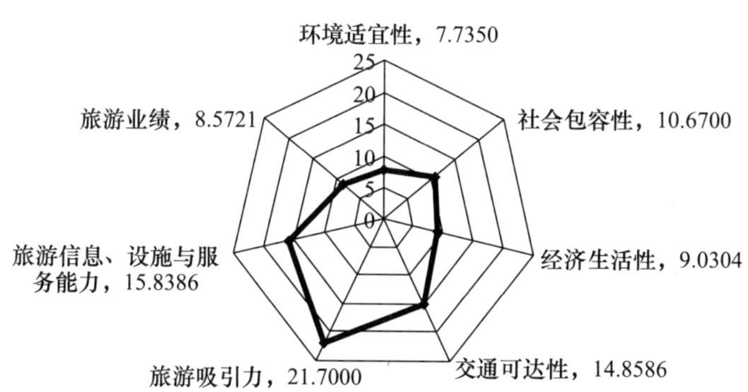

图 5 - 16　西安宜游城市雷达图

结合雷达图的直观呈现，下一步将对西安市进行 SWOT 分析（见表 5 - 3），以深入认识其存在的优势、机遇、限制与威胁，为后文提出建设路径提供基础。

表 5－3　　西安宜游城市建设 SWOT 分析

宜游城市	西安	分值	88.4047
城市目标：国际宜游城市			
优势（Strength）↕ 正能量	(1) 旅游资源种类多，类型全，集中度高，但偏重人文类旅游资源，吸引力较强 (2) 省会城市，区位优势，经济较发达，社会和谐 (3) 除海上交通外，陆路交通四通八达，城内交通可达性也较好，立体化交通枢纽整体形成 (4) 服务设施、接待能力强 (5) 旅游业绩在西北突出，排在全国前 20 位		
限制（Weakness）↕ 负能量	(1) 生态环境适宜性略差，尤其是空气质量，雾霾天数多 (2) 旅游产品创新力度欠缺，升级转型压力大 (3) 人文旅游资源众多导致市场结构失衡，可体验性较差 (4) 以景带城，城市在旅游业发展中作用不突出		
机遇（Opportunity）	(1) 城市形象、规模升级——国际化大都市 (2) 旅游业作为战略性支柱产业的地位不断突破 (3) 国家西部大开发政策新一轮的倾斜，对基础设施投入不断加大 (4) 党的十七届六中全会明确提出为文化旅游产业提供重要支撑；2013 年 2 月《国民旅游休闲纲要（2013—2020）》对带薪休假制度进行贯彻实施；2013 年 12 月《中华人民共和国旅游法》颁布，促进市场规范、企业合法经营、消费者权益的保护；2014 年 8 月《国务院关于促进旅游业改革发展的若干意见》发布，给予旅游业发展更为科学、及时的指导 (5) 西安高校多，以陕西师范大学、西北大学等高校为主的研究群体在旅游理论研究与实践中发挥着积极作用，提供较好的智力支持 (6) 新丝绸之路经济带起点城市，重要的连接点		
威胁（Threat）	(1) 自 2008 年金融危机后入境旅游市场疲软，游客减少 (2) 国内旅游市场竞争异常激烈，与中、东部旅游业发达城市抢夺市场压力大 (3) 游客旅游需求的多样化、层次化、丰富化		

（二）宝鸡

宝鸡是陕西省第二大城市，是关中—天水经济区副中心城市，位于东经 106°18′—108°03′、北纬 33°35′—35°06′，在关中平原西部。综合分值 37.8648，属于较宜游城市。七个指标的综合分值相对较高，其中经济生活性（6.7744），旅游吸引力（7.6078），旅游信息、设施与服务能力（6.3446）均排在十地市的第二位，比较靠前；社会包容性（2.6327）排在第三位；环境适宜性（6.9594）、交通可达性（4.5473）、旅游业绩（2.9986）均排在十地市第四位。虽位居第二，但与西安相比，差距很大，与宜游城市仍有一定距离，其指标值形成的雷达图见图 5－17。

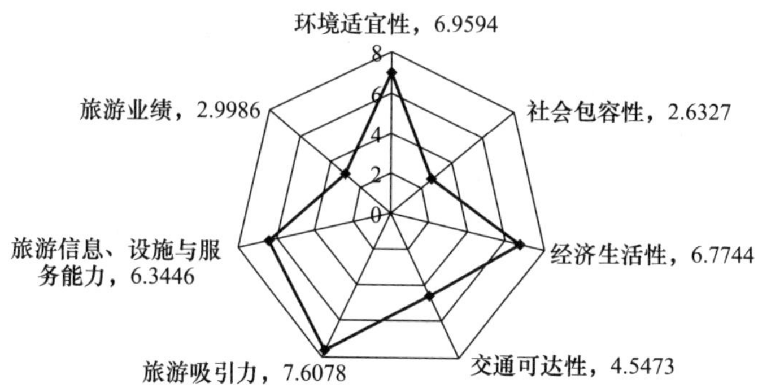

图 5－17　宝鸡较宜游城市雷达图

结合雷达图的直观呈现，下一步将对宝鸡进行 SWOT 分析（见表 5－4），以深入认识其存在的优势、机遇、限制与威胁，为后文提出建设路径提供基础。

表 5－4　宝鸡较宜游城市 SWOT 分析

较宜游城市	宝鸡	分值	37.8648
城市目标：宜游城市			
优势 (Strength) ↕ 正能量	（1）陕西省第二大城市，经济发展较好，社会较为和谐 （2）旅游资源较为丰富，拥有具有一定知名度的景区，旅游吸引力较强 （3）交通发达，市内交通可达性也较好 （4）生态环境较为适宜		

续表

限制 (Weakness) ↕ 负能量	(1) 缺乏在全省乃至全国叫得响、名气大的拳头旅游景区 (2) 形象营销力度大，但主题混乱 (3) 整体旅游生产力水平不高 (4) 观光型旅游产品居多，旅游产业链短
机遇 (Opportunity)	(1) 西部大开发中将关中—天水经济区上升为国家战略，政策支持力度加大，投入增多 (2) 党的十七届六中全会明确提出对文化旅游产业的支持，为遗产文化产业发展提供政策支持 (3) 2013年2月《国民旅游休闲纲要（2013—2020）》对带薪休假制度进行贯彻实施；2013年12月《中华人民共和国旅游法》颁布，促进市场规范、企业合法经营、消费者权益的保护；2014年8月《国务院关于促进旅游业改革发展的若干意见》发布，给予旅游业发展更为科学、及时的指导，编排日常工作计划，督促各部委从多角度及时落实到位，这必将启动新一轮旅游业改革发展浪潮 (4) 交通枢纽地位进一步改善，周转客流量增加 (5) 西安国际大都市地位提升的辐射效应 (6) 陕西省历来对旅游业发展比较重视，出台《关于进一步加快旅游产业发展的决定》，对旅游业定位给予肯定与认可
威胁 (Threat)	(1) 关中地区城市旅游资源同质化程度高，竞争加剧 (2) 其他各城市对旅游业重视程度提高，抢夺客源，市场营销成本增加 (3) 游客可供选择的余地增多，对产品满意度要求更高、更多样化 (4) 地区经济发展带来的生态环境破坏与保护的博弈

（三）咸阳

咸阳是陕西省下辖地级市，中国第一个统一的王朝（秦朝）在此建都，成为中国著名的“第一帝都”。东邻省会西安，西北与甘肃接壤，位于关中地区较为中心的位置。综合分值31.9469，与宝鸡同为较宜游城市，分值低于宝鸡。七个指标的分值处于中上等，社会包容性（3.5715）处于十地市中第二位；交通可达性（4.6858）、旅游吸引力（7.5646）、旅游业绩（3.3815）均排在第三位；经济生活性（4.2954）排在第五位；环境适宜性（5.1847），旅游信息、设施与服务能力（3.2634）均排在第七位。其指标值形成的雷达图见图 5－18。

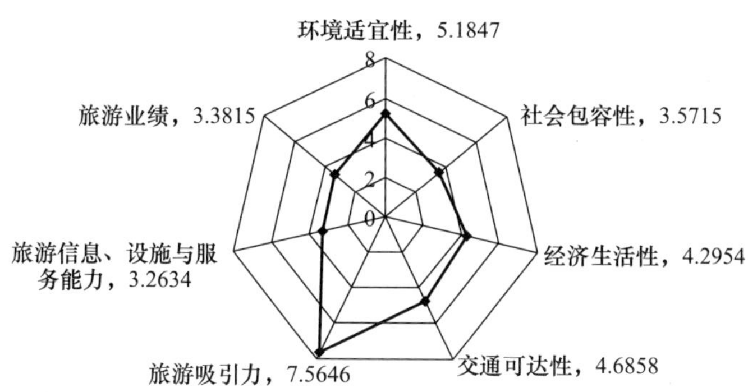

图 5－18　咸阳较宜游城市雷达图

结合雷达图的直观呈现，下一步将对咸阳进行 SWOT 分析（见表 5－5），以深入认识其存在的优势、机遇、限制与威胁，为后文提出建设路径提供基础。

表 5－5　　咸阳较宜游城市 SWOT 分析

较宜游城市	咸阳	分值	31.9469
城市目标：宜游城市			
优势（Strength）↕ 正能量	（1）经济社会发展较好，社会包容性较强 （2）以文化旅游资源居多，尤其是古帝王陵墓；国家级博物馆多达 16 家 （3）距离省会城市西安较近，区位优势明显 （4）市内、外交通可达性较好，方便进出		
限制（Weakness）↕ 负能量	（1）遗产保护力度不够，各方面表现一般，优势不突出 （2）基础设施跟不上需求，供需不协调 （3）资金短缺，景区建设步伐慢 （4）遗产“活化”力度不够		

续表

机遇 (Opportunity)	(1) 国务院《关中—天水经济区发展规划》实施，对基础设施投入不断加大 (2) 党的十七届六中全会明确提出对文化旅游产业的支持，为遗产文化产业发展提供政策支持 (3) 2013年2月《国民旅游休闲纲要(2013—2020)》对带薪休假制度进行贯彻实施；2013年12月《中华人民共和国旅游法》颁布，促进市场规范、企业合法经营、消费者权益的保护；2014年8月《国务院关于促进旅游业改革发展的若干意见》发布，给予旅游业发展更为科学、及时的指导，编排日常工作计划，督促各部委从多角度及时落实到位，这必将启动新一轮旅游业改革发展浪潮 (4) 陕西省对旅游业比较重视，出台《关于进一步加快旅游产业发展的决定》，为其提供难得的机遇 (5) 西安国际大都市地位提升的辐射效应
威胁 (Threat)	(1) 关中地区城市旅游资源各有优势，但有趋同现象，容易混淆 (2) 其他各城市对旅游业重视程度提高，抢夺客源，市场营销成本增加 (3) 游客可选择的余地增多，对产品满意度要求更高、更多样化 (4) 经济发展压力与旅游业可持续发展动力的博弈

（四）延安

延安是陕西省下辖地级市，原为陕甘宁边区政府首府，是中国革命的圣地、首批历史文化名城、全国优秀旅游城市，是爱国主义、革命传统、延安精神三大教育基地的会合地，是陕北重要的经济政治中心。综合分值28.0132，属于一般宜游城市。七个指标的分值为中下等，其中经济生活性（4.6595），旅游吸引力（4.7673），旅游信息、设施与服务能力（5.4109）均排在十地市第四位；环境适宜性（5.1888）、交通可达性（4.2249）排在第六位；社会包容性（1.8938）、旅游业绩（1.8680）排在第七位。其指标值形成的雷达图见图5-19。

结合雷达图的直观呈现，下一步将对延安进行SWOT分析（见表5-6），以深入认识其存在的优势、机遇、限制与威胁，为后文提出建设路径提供基础。

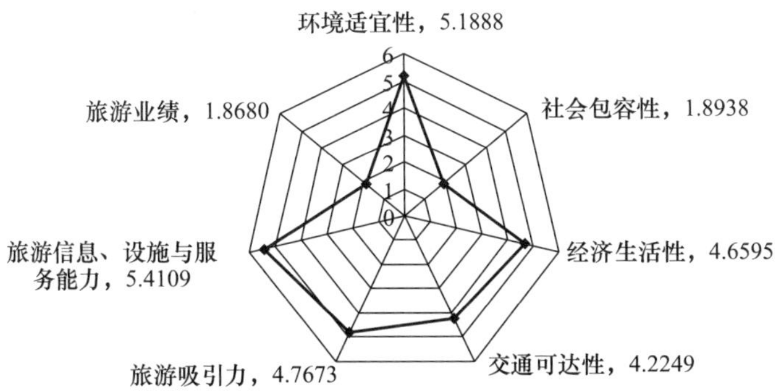

图 5－19　延安一般宜游城市雷达图

表 5－6　延安一般宜游城市 SWOT 分析

一般宜游城市	延安	分值	28.0132
城市目标：较宜游城市			
优势（Strength）↕ 正能量	（1）具有较为独特的红色旅游资源，华夏子孙寻根祭祖地，国家级地质公园较多，总体来讲，资源较为丰富 （2）经济社会发展水平略高，社会包容性较强，较为和谐 （3）交通可达性良好，与部分发达城市开通铁路、航空等 （4）旅游接待设施、服务能力也较强 （5）旅游产业体系日益健全与完善		
限制（Weakness）↕ 负能量	（1）资源开采较多，生态环境恶化 （2）属于黄土高原气候，气候舒适性一般 （3）产品创新力度小，受资源条件限制 （4）游客满意度低，旅游"六要素"不均衡协调		
机遇（Opportunity）	（1）西部大开发的深入推进与对《陕甘宁革命老区振兴规划》稳步实施，资金投入加大 （2）党的十七届六中全会明确提出对文化旅游产业的支持，为革命文化、历史文化产业发展提供政策支持 （3）2013 年 2 月《国民旅游休闲纲要（2013—2020）》对带薪休假制度进行贯彻实施；2013 年 12 月《中华人民共和国旅游法》颁布，促进市场规范、企业合法经营、消费者权益的保护；2014 年 8 月《国务院关于促进旅游业改革发展的若干意见》发布，给予旅游业发展更为科学、及时的指导，		

续表

机遇 (Opportunity)	编排日常工作计划，督促各部委从多角度及时落实到位，这必将启动新一轮旅游业改革发展浪潮 (4) 陕西省对旅游业比较重视，出台《关于进一步加快旅游产业发展的决定》，为其发展提供难得的机遇 (5) 作为核心价值观教育基地的地位不断加强
威胁 (Threat)	(1) 与其他红色旅游目的地相比，优势资源有趋同现象，容易混淆 (2) 其他各城市对旅游业重视程度提高，客源竞争压力大 (3) 资源型城市旅游业可持续发展的转型与动力相冲突

(五) 渭南

渭南是陕西省下辖地级市，地势平坦，位于东经108°50′—110°38′、北纬34°13′—35°52′，是陕西省的“东大门”，是陕西乃至西北通往中原地区的必经之地，素有“三秦要道，八省通衢”之称。综合分值27.7325，属于一般宜游城市。七个指标处在中上等位置，旅游业绩(4.1970)排在十地市第二位；经济生活性(4.9228)排在第三位；社会包容性(2.0929)、交通可达性(4.3706)、旅游吸引力(3.1777)均排在第五位；旅游信息、设施与服务能力(4.2346)排在第六位；环境适宜性(4.7369)排在第八位。其指标值形成的雷达图见图5-20。

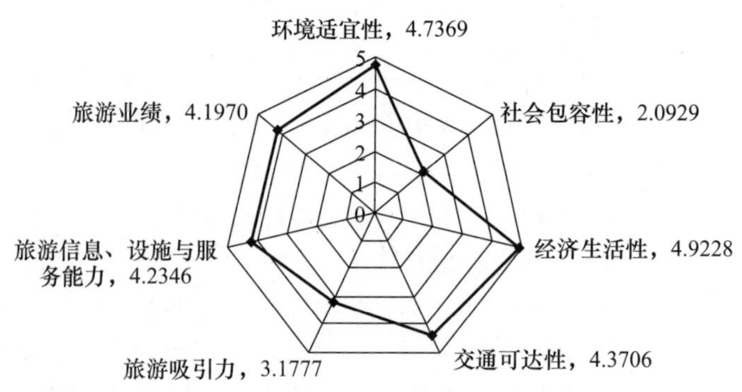

图5-20 渭南一般宜游城市雷达图

结合雷达图的直观呈现，下一步将对渭南进行 SWOT 分析（见表 5－7），以深入认识其存在的优势、机遇、限制与威胁，为后文提出建设路径提供基础。

表 5－7　　　　渭南一般宜游城市 SWOT 分析

一般宜游城市	渭南	分值	27.7325
城市目标：较宜游城市			
优势（Strength）↕ 正能量	（1）交通条件较为良好，分布着陕西省“六横两纵”中的“三横一纵”，并配有专用旅游公路 （2）旅游资源较为丰富，5A 级景区（华山）的区域带动作用明显 （3）基础旅游设施及服务日趋完备，业绩较为突出 （4）经济社会发展处于陕西省中等水平，社会较为和谐		
限制（Weakness）↕ 负能量	（1）环境适宜性较差，森林覆盖率较低 （2）旅游产品深层开发力度不够，主要以观光型为主 （3）投资乏力，工作机制协调度不统一		
机遇（Opportunity）	（1）西部大开发对基础设施稳步深入推进，资金投入力度加大 （2）2013 年 2 月《国民旅游休闲纲要（2013—2020）》对带薪休假制度进行贯彻实施；2013 年 12 月《中华人民共和国旅游法》颁布，促进市场规范、企业合法经营、消费者权益的保护；2014 年 8 月《国务院关于促进旅游业改革发展的若干意见》发布，给予旅游业发展更为科学、及时的指导，编排日常工作计划，督促各部委从多角度及时落实到位，这必将启动新一轮旅游业改革发展浪潮 （3）陕西省对旅游业比较重视，出台《关于进一步加快旅游产业发展的决定》，为其提供难得的机遇 （4）自身因地制宜、因势利导的产业发展政策 （5）打造伟人故里，挖掘文化内涵		
威胁（Threat）	（1）与其他名山旅游资源相比，客源竞争压力大 （2）“以景带城”的模式向“以城市提升景区”转型 （3）其他各城市对旅游业重视程度提高，区域竞争、营销压力加大		

（六）汉中

汉中是陕西省下辖地级市，位于西南部，是国家历史文化名城、中国优秀旅游城市，境内生态环境较好，南北靠山，中部是盆地，自古就有“天府之国”“鱼米之乡”的美誉。综合分值25.6481，属于一般宜游城市。七个指标处在中下等，环境适宜性（7.5014）排在十地市第三位；社会包容性（2.3191）排在第四位；旅游信息、设施与服务能力（4.6606）排在第五位；旅游吸引力（2.5761）排在第六位；经济生活性（3.6383）、交通可达性（3.3529）、旅游业绩（1.5997）均排在第八位。其指标值形成的雷达图见图5-21。

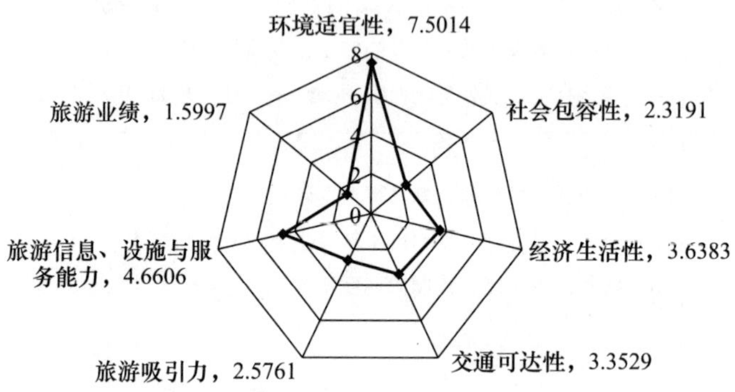

图5-21　汉中一般宜游城市雷达图

结合雷达图的直观呈现，下一步将对汉中进行SWOT分析（见表5-8），以深入认识其存在的优势、机遇、限制与威胁，为后文提出建设路径提供基础。

表5-8　汉中一般宜游城市SWOT分析

一般宜游城市	汉中	分值	25.6481
城市目标：较宜游城市			
优势（Strength）↕正能量	（1）生态环境优良，森林、植被覆盖率高，气候舒适度高 （2）市内外交通可达性逐步提高 （3）社会经济发展良好，社会包容性较好		

续表

限制（Weakness）↕ 负能量	（1）缺乏高品质旅游资源，无品牌引领，旅游资源丰度一般 （2）旅游开发水平偏低，旅游设施、服务能力欠缺 （3）城市经济能力为旅游业发展提供支持不够 （4）旅游效益不明显，业绩一般
机遇（Opportunity）	（1）西部大开发对基础设施稳步深入推进，资金投入加大 （2）2013 年 2 月《国民旅游休闲纲要（2013—2020）》对带薪休假制度进行贯彻实施；2013 年 12 月《中华人民共和国旅游法》颁布，促进市场规范、企业合法经营、消费者权益的保护；2014 年 8 月《国务院关于促进旅游业改革发展的若干意见》发布，给予旅游业发展更为科学、及时的指导，编排日常工作计划，督促各部委从多角度及时落实到位，这必将启动新一轮旅游业改革发展浪潮 （3）陕西省对旅游业比较重视，出台《关于进一步加快旅游产业发展的决定》，为其提供难得的机遇 （4）自身对旅游产业的重视与推进
威胁（Threat）	（1）周边大城市（成都、西安）等旅游发展的强势地位 （2）陕南地区资源具有同质性，优势不突出 （3）其他各城市对旅游业重视程度提高，区域竞争、营销压力加大

（七）安康

安康是陕西省下辖地级市，位于东南部，南北夹在巴山与秦岭之间，处在北纬 31°42′—33°49′、东经 108°01′—110°01′，是南水北调工程的核心水源区，生态环境良好。综合分值 24.1972，属于一般宜游城市。除了环境适宜性（8.5569）一枝独秀，位居十地市第一，其他六项指标处于中下位置；其中旅游业绩（2.3043）排在第六位；交通可达性（4.1124）、旅游吸引力（2.1175）均排在第七位；社会包容性（1.2091），旅游信息、设施与服务能力（2.5995）均排在第八位；经济生活性（3.2975）排在第九位。其指标值形成的雷达图见图 5-22。

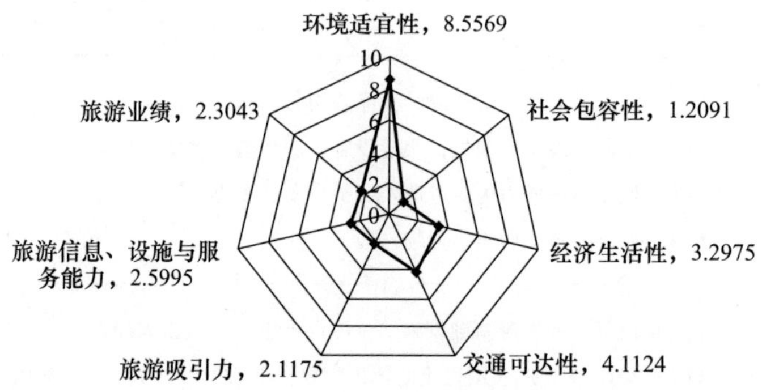

图 5-22　安康一般宜游城市雷达图

结合雷达图的直观呈现，下一步将对安康进行 SWOT 分析（见表 5-9），以深入认识其存在的优势、机遇、限制与威胁，为后文提出建设路径提供基础。

表 5-9　　安康一般宜游城市 SWOT 分析

一般宜游城市	安康	分值	24.1972
城市目标：较宜游城市			
优势（Strength）↕ 正能量	（1）生态优异，环境好，气候舒适度高 （2）生态旅游资源较为丰富 （3）积极推进旅游事业		
限制（Weakness）↕ 负能量	（1）经济比较落后，对旅游业支持力度不大 （2）市内外基础设施建设缺乏，交通可达性一般 （3）旅游业发展时间短，各种配套设施不健全		
机遇（Opportunity）	（1）西部大开发对基础设施稳步深入推进，资金投入加大，交通条件逐步改善 （2）2013 年 2 月《国民旅游休闲纲要（2013—2020）》对带薪休假制度进行贯彻实施；2013 年 12 月《中华人民共和国旅游法》颁布，促进市场规范、企业合法经营、消费者权益的保护；2014 年 8 月《国务院关于促进旅游业改革发展的若干意见》发布，给予旅游业发展更为科学、及时的指导，编排日常工作计划，督促各部委从多角度及时落实到位，这必将启动新一轮旅游业改革发展浪潮		

续表

机遇（Opportunity）	（3）陕西省对旅游业比较重视，出台《关于进一步加快旅游产业发展的决定》，为其发展提供难得的机遇 （4）环境的恶化使得人们的生态旅游需求增多 （5）对旅游产业给予重视，并推进其地位提升
威胁（Threat）	（1）供给与需求矛盾突出，亟待解决 （2）陕南地区资源具有趋同性，优势不明显 （3）其他各城市对旅游业重视程度提高，区域竞争、营销压力加大

（八）榆林

榆林是陕西省下辖地级市，是国家历史文化名城之一，境内能源、矿产资源丰富，位于最北部，处于陕西与甘肃、宁夏、内蒙古、山西交界地带。综合分值 23.1091，属于一般宜游城市。七个指标中交通可达性（6.0025）排在十地市第二位；旅游信息、设施与服务能力（5.7275）排在第三位；其他五个指标排位处在下等，包括经济生活性（4.0412）排在第六位，旅游吸引力（1.0998）排在第八位，环境适宜性（3.9851）排在第九位，社会包容性（0.7497）、旅游业绩（1.5033）均排在第十位。其指标值形成的雷达图见图 5－23。

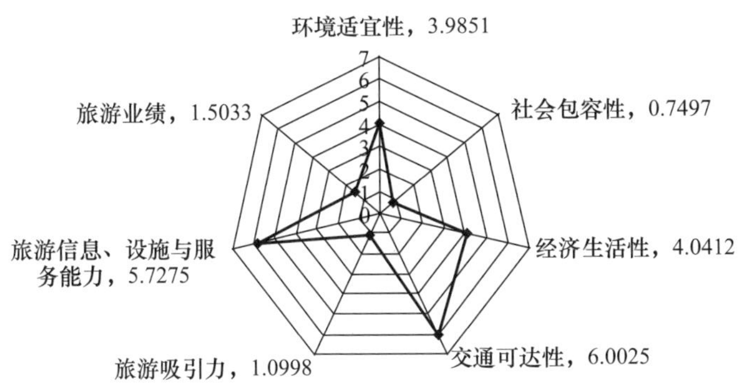

图 5－23　榆林一般宜游城市雷达图

结合雷达图的直观呈现，下一步将对榆林进行SWOT分析（见表5-10），以深入认识其存在的优势、机遇、限制与威胁，为后文提出建设路径提供基础。

表5-10　　榆林一般宜游城市SWOT分析

一般宜游城市	榆林	分值	23.1091
城市目标：较宜游城市			
优势（Strength）↕正能量	（1）能源化工基地，经济发展较好 （2）基础设施建设尚可，旅游服务、接待能力较好 （3）处于交通枢纽位置，内外交通可达性较好 （4）拥有具有一定吸引力的旅游资源		
限制（Weakness）↕负能量	（1）矿产资源的开采导致生态破坏，环境适宜性较差 （2）对旅游产业发展地位认识不到位 （3）旅游目的地形象定位缺乏，资源开发力度不够		
机遇（Opportunity）	（1）西部大开发对基础设施稳步深入推进，资金投入加大，交通条件逐步改善 （2）环境的恶化迫使产业结构调整，服务业地位提升 （3）2013年2月《国民旅游休闲纲要（2013—2020）》对带薪休假制度进行贯彻实施；2013年12月《中华人民共和国旅游法》颁布，促进市场规范、企业合法经营、消费者权益的保护；2014年8月《国务院关于促进旅游业改革发展的若干意见》发布，给予旅游业发展更为科学、及时的指导，编排日常工作计划，督促各部委从多角度及时落实到位，这必将启动新一轮旅游业改革发展浪潮 （4）陕西省对旅游业比较重视，出台《关于进一步加快旅游产业发展的决定》，为其发展提供难得的机遇 （5）自身对旅游业发展比较重视		
威胁（Threat）	（1）生态环境保护的压力与旅游业对环境要求的不断提高相叠加 （2）陕北地区资源具有趋同性，优势不明显 （3）其他各城市对旅游业重视程度提高，区域竞争、营销压力加大		

（九）商洛

商洛是陕西省下辖地级市，位于东南部，与河南省、湖北省接壤，因境内商山、洛水而得名。综合分值18.0185，属于弱宜游城市。

七个指标中环境适宜性（6.8108）、旅游业绩（2.9945）均处于十地市第五位；其他五个指标属于下等较差，包括社会包容性（1.0413）、旅游吸引力（0.7037）均处在第九位，经济生活性（2.7522），交通可达性（2.1208），旅游信息、设施与服务能力（1.5952）均排在第十位。其指标值形成的雷达图见图 5 - 24。

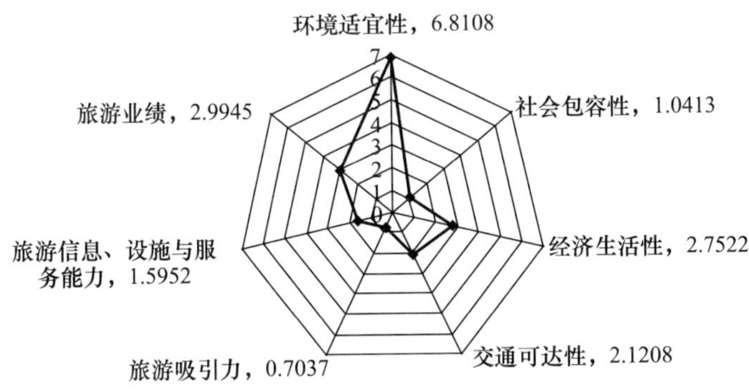

图 5 - 24　商洛弱宜游城市雷达图

结合雷达图的直观呈现，下一步将对商洛进行 SWOT 分析（见表 5 - 11），以深入认识其存在的优势、机遇、限制与威胁，为后文提出建设路径提供基础。

表 5 - 11　　商洛弱宜游城市 SWOT 分析

弱宜游城市	商洛	分值	18.0185
城市目标：一般宜游城市			
优势（Strength）↕（正能量）	生态环境优良，气候舒适度高		
限制（Weakness）↕（负能量）	（1）旅游资源种类单一，缺乏高品质旅游景点 （2）基础设施水平较差，接待能力不够 （3）交通可达性较弱		
机遇（Opportunity）	（1）西部大开发对基础设施稳步深入推进，积极争取资金，有步骤地改善基础设施 （2）2013 年 2 月《国民旅游休闲纲要（2013—2020）》对带薪休假制度		

续表

机遇 （Opportunity）	进行贯彻实施；2013年12月《中华人民共和国旅游法》颁布，促进市场规范、企业合法经营、消费者权益的保护；2014年8月《国务院关于促进旅游业改革发展的若干意见》发布，给予旅游业发展更为科学、及时的指导，编排日常工作计划，督促各部委从多角度及时落实到位，这必将启动新一轮旅游业改革发展浪潮 （3）陕西省对旅游业比较重视，出台《关于进一步加快旅游产业发展的决定》，为其发展提供难得的机遇 （4）环境恶化使生态旅游需求增加 （5）自身对旅游业发展比较重视
威胁 （Threat）	（1）周边城市旅游资源具有同质性，分割市场，竞争压力大 （2）无优势可挖掘

（十）铜川

铜川是陕西省下辖地级市，综合分值16.5201，属于弱宜游城市。七个指标中社会包容性（2.0142）处在十地市第六位，经济生活性（3.9678）排在第七位，相对稍好；其他五个指标排位更靠后，其中交通可达性（2.8121），旅游信息、设施与服务能力（2.3280），旅游业绩（1.5867）均处在第九位，环境适宜性（3.7941）、旅游吸引力（0.0171）均排在第十位。其指标值形成的雷达图见图5－25。

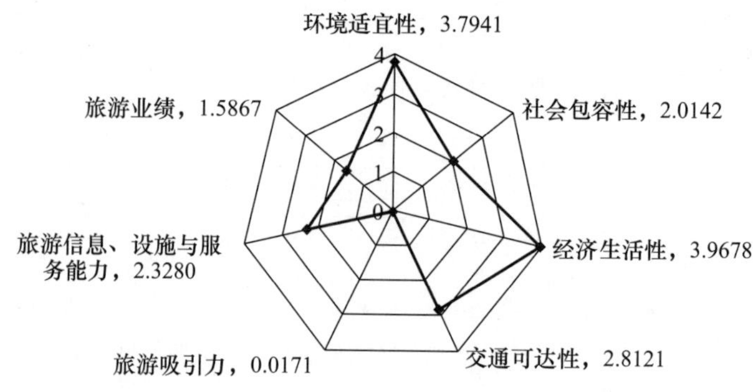

图5－25 铜川弱宜游城市雷达图

结合雷达图的直观呈现，下一步将对铜川进行 SWOT 分析（见表 5－12），以深入认识其存在的优势、机遇、限制与威胁，为后文提出建设路径提供基础。

表 5－12　　　　铜川弱宜游城市 SWOT 分析

弱宜游城市	铜川	分值	16.5201
城市目标：一般宜游城市			
优势（Strength）↕正能量	社会包容度较好，排斥游客情绪低		
限制（Weakness）↕负能量	（1）生态环境较差，气候舒适度欠佳 （2）基础设施欠缺，接待能力较弱 （3）交通可达性、通畅度差		
机遇（Opportunity）	（1）西部大开发继续加大对基础设施的投入 （2）2013 年 2 月《国民旅游休闲纲要（2013—2020）》推动带薪休假制度的实施；2013 年 12 月《中华人民共和国旅游法》颁布，对市场、游客权益给予保护；2014 年 8 月《国务院关于促进旅游业改革发展的若干意见》发布，给予旅游业发展工作更为明确的指导 （3）陕西省对旅游业比较重视，出台《关于进一步加快旅游产业发展的决定》 （4）自身产业发展		
威胁（Threat）	（1）处在强势城市包围中，市场空间小，竞争压力极大 （2）无明显优势		

二　区域间比较

从单因素到前四个因素、后三个因素的分析，进一步到对单个城市的综合分析，发现陕西十地市之间确有差异，但分地区却又表现出资源同质性较高，区位经济、交通条件较为一致等特点。从陕西省十地市宜游城市的总和、均值来看，陕西省呈“中部极高、南北低、北比南略高"的态势。关中地区为202.5，城市均值为40.5。宜游城市（西安）与较宜游城市（宝鸡、咸阳）都在关中地区，另外还有一般宜游城市（渭南）、弱宜游城市（铜川）各一个，说明四级宜游城市在关中地区均有代表。但西安又与其他四个城市之间差距显著，其带动效应未能很好发挥，发展具有内敛性，未能很好地带动其他城市一起发展。另外的四个城市处于不同的级次上，内部之间各有距离。陕北地区为51.12，城市均值为25.56；陕北两个城市都处在一般宜游城市层级，整体水平中等偏下。陕南地区为67.86，城市均值为22.62；其中两个是一般宜游城市，一个是弱宜游城市，整体水平处于下等。据此推断，陕西省除西安、宝鸡、咸阳外，其他城市建设宜游城市的发展空间还很大，需分重点地进行城市形象定位，确立目标，逐步发展，不要所有城市的所有建设要素一哄而上、操之过急。

第五节　十地市聚类分级与各综合层之间关系

从单城市的综合SWOT分析到分区域比较，对陕西十地市已有详尽的认识，每个地市呈现出不一样的特点。为更进一步对陕西十地市进行分级，以及对综合结果与各综合评价层之间的关系进行探讨，下文将运用聚类分级、因素相关性分析法继续对宜游城市评价结果进行剖析。

一　十地市聚类分级

宜游城市指标体系评价综合层（B）中的环境适宜性，社会包容性，经济生活性，交通可达性，旅游吸引力，旅游信息、设施与服务能力，旅游业绩经层层计算得值，再根据表4－6中指标的层次分类符、权重，通过求和公式计算得到陕西省十地市宜游城市总目标层分值。由于数值较小，不宜比较，将结果值放大100倍再进行聚类分级（见表5－13）。

表5-13　宜游城市综合结果

城市	旅游吸引力	排名	交通可达性	排名	旅游信息、设施与服务能力	排名	旅游业绩	排名	环境适宜性	排名	社会包容性	排名	经济生活性	排名	总分	排名
西安	21.7000	1	14.8586	1	15.8386	1	8.5721	1	7.7350	2	10.6700	1	9.0304	1	88.4047	1
宝鸡	7.6078	2	4.5473	4	6.3446	2	2.9986	4	6.9594	4	2.6327	3	6.7744	2	37.8648	2
咸阳	7.5646	3	4.6858	3	3.2634	7	3.3815	3	5.1847	7	3.5715	2	4.2954	5	31.9469	3
渭南	3.1777	5	4.3706	5	4.2346	6	4.1970	2	4.7369	8	2.0929	5	4.9228	3	27.7325	5
铜川	0.0171	10	2.8121	9	2.3280	9	1.5867	9	3.7941	10	2.0142	6	3.9678	7	16.5201	10
延安	4.7673	4	4.2249	6	5.4109	4	1.8680	7	5.1888	6	1.8938	7	4.6595	4	28.0132	4
榆林	1.0998	8	6.0025	2	5.7275	3	1.5033	10	3.9851	9	0.7497	10	4.0412	6	23.1091	8
汉中	2.5761	6	3.3529	8	4.6606	5	1.5997	8	7.5014	3	2.3191	4	3.6383	8	25.6481	6
安康	2.1175	7	4.1124	7	2.5995	8	2.3043	6	8.5569	1	1.2091	8	3.2975	9	24.1972	7
商洛	0.7037	9	2.1208	10	1.5952	10	2.9945	5	6.8108	5	1.0413	9	2.7522	10	18.0185	9

宜游城市按结果大小排序为：西安 > 宝鸡 > 咸阳 > 延安 > 渭南 > 汉中 > 安康 > 榆林 > 商洛 > 铜川，将其最终结果作为聚类变量进行分层聚类，令西安为 1、铜川为 2、宝鸡为 3、咸阳为 4、渭南为 5、延安为 6、汉中为 7、榆林为 8、安康为 9、商洛为 10，运用 Q 型聚类分析，采取组间均联法测度各城市宜游性，得出系统聚类谱系图，再按照聚类分析树状图对各城市宜游性进行归类，并逐一对每个城市进行更加深入的 SWOT 分析。

（1）聚为 3 类（见表 5－14）。按此分类，西安为 1 类，宝鸡与咸阳为 1 类，其他 7 个城市为 1 类，并将陕西省十地市划分为宜游城市、较宜游城市、弱宜游城市 3 级。由宜游城市最终值可知，西安 88. 4047 分，远远高于其他城市，是排在第二位城市的 2. 33 倍，是最后一位城市的 5. 35 倍。在分类中第三级城市最多。

表 5－14　　　　宜游城市聚类（3 类）

序号	城市	3 群集
1	西安	1
2	宝鸡	2
3	咸阳	2
4	渭南	3
5	铜川	3
6	延安	3
7	榆林	3
8	汉中	3
9	安康	3
10	商洛	3

（2）聚为 4 类（见表 5－15）。按此分类，西安为 1 类，宝鸡与咸阳为 1 类，渭南、延安、榆林、汉中、安康为 1 类，铜川与商洛为 1 类，并将陕西省十地市划分为宜游城市、较宜游城市、一般宜游城市、弱宜游城市 4 级。由宜游城市最终值可知，西安 88. 4047 分，除环境适宜性外，其他各项指均远远高于其他城市，归为第一级——宜

游城市；宝鸡、咸阳分值处于同一分数段，且高于其他城市，归为第二级——较宜游城市；渭南、延安、榆林、汉中、安康分值处于同一分数段，且城市之间相差不大，归为第三级——一般宜游城市；商洛、铜川分值低于其他城市，处于同一分数段，归为第四级——弱宜游城市。

表 5-15　　　　宜游城市聚类（4 类）

序号	城市	4 群集
1	西安	1
2	宝鸡	2
3	咸阳	2
4	渭南	3
5	铜川	4
6	延安	3
7	榆林	3
8	汉中	3
9	安康	3
10	商洛	4

通过聚为 3 类、聚为 4 类结果对比，以聚为 4 类较为科学、合理，与第四章中对宜游城市的分级相吻合，即将陕西省十地市分为四级：宜游城市、较宜游城市、一般宜游城市、弱宜游城市，详细分类见表 5-16。

表 5-16　　　　宜游城市聚类分级

陕西十地市宜游性分级	
宜游城市	西安（关中）
较宜游城市	宝鸡、咸阳（关中）
一般宜游城市	渭南（关中），延安、榆林（陕北），汉中、安康（陕南）
弱宜游城市	铜川（关中），商洛（陕南）

二　各综合层之间的关系

对陕西十地市综合结果与七个评价综合层相关系数进行测量，结果见表5－17。

表5－17　　　宜游城市综合结果与各评价综合层相关性

		最终得分	交通可达性	旅游吸引力	旅游信息、设施与服务能力	旅游业绩	环境适宜性	社会包容性	经济生活性
最终得分	Pearson 相关性	1	0.958**	0.985**	0.958**	0.918**	0.395	0.969**	0.916**
	显著性（双侧）		0.000	0.000	0.000	0.000	0.258	0.000	0.000
	N	10	10	10	10	10	10	10	10
交通可达性	Pearson 相关性		1	0.918**	0.961**	0.866**	0.260	0.919**	0.854**
	显著性（双侧）			0.000	0.000	0.001	0.469	0.000	0.002
	N		10	10	10	10	10	10	10
旅游吸引力	Pearson 相关性			1	0.917**	0.903**	0.376	0.964**	0.910**
	显著性（双侧）				0.000	0.000	0.285	0.000	0.000
	N			10	10	10	10	10	10
旅游信息、设施与服务能力	Pearson 相关性1				1	0.814**	0.280	0.900**	0.914**
	显著性（双侧）					0.004	0.434	0.000	0.000
	N				10	10	10	10	10
旅游业绩	Pearson 相关性					1	0.343	0.915**	0.810**
	显著性（双侧）						0.332	0.000	0.005
	N					10	10	10	10
环境适宜性	Pearson 相关性						1	0.326	0.205
	显著性（双侧）							0.358	0.569
	N						10	10	10
社会包容性	Pearson 相关性							1	0.859**
	显著性（双侧）								0.001
	N							10	10
经济生活性	Pearson 相关性								1
	显著性（双侧）								
	N								10

注：** 代表 在0.01水平（双侧）上显著相关。

从表 5－17 中可以看出，宜游城市最终得分与社会包容性，经济生活性，交通可达性，旅游吸引力，旅游信息、设施与服务能力，旅游业绩表现出显著的相关性，而且相关系数均比较高，表明这六个综合层对宜游城市的最终得分的贡献很显著。与此同时，宜游城市最终得分与环境适宜性并未表现出显著的相关性，表明环境质量差异对宜游城市的最终评价结果影响微弱。究其原因，首先，宜游城市的评价影响因素较多；其次，人们的环境意识淡薄；最后，需要从时间序列数据来考证环境变化对宜游城市的最终结果影响。

进一步对七个评价综合层之间的相关关系进行分析可以发现：

（1）交通可达性与社会包容性，旅游吸引力，旅游信息、设施与服务能力，经济生活性，旅游业绩之间存在显著的相关关系，但与前三者的相关性要高于后二者。交通可达性作为宜游城市的先决条件，其内外交通的通畅度对社会包容性，旅游吸引力，旅游信息、设施与服务能力的影响大些。

（2）旅游吸引力与社会包容性，经济生活性，旅游信息、设施与服务能力，交通可达性，旅游业绩之间存在显著的相关关系，与环境适宜性相关性较弱。作为宜游城市，旅游吸引力与社会包容性的相关关系要略大于与其他指标的相关关系。

（3）旅游信息、设施与服务能力同社会包容性、经济生活性、交通可达性、旅游吸引力、旅游业绩之间存在显著的相关关系，与环境适宜性相关性较弱。作为宜游城市，旅游信息、设施与服务能力同交通可达性在某种程度上同为核心保障因素，二者相关性高于其他因素。

（4）旅游业绩与社会包容性，旅游吸引力，交通可达性，经济生活性，旅游信息、设施与服务能力之间存在显著的相关关系，但与前两个因素的相关性要高于与其他三个因素的相关性。作为对宜游城市的检验标准，与环境适宜性的相关关系也较弱。

（5）环境适宜性与社会包容性，经济生活性，交通可达性，旅游吸引力，旅游信息、设施与服务能力，旅游业绩之间均未表现出显著的相关性，一方面固然与指标的遴选、数据选取有关，另一方面也表明环境适宜性在整个指标中属于“独善其身”的指标，需要通过时间序列数据来考证环境变化对其他指标的影响。

（6）社会包容性与经济生活性，交通可达性，旅游吸引力，旅游信息、设施与服务能力，旅游业绩之间存在显著的相关关系，宜居是宜游的基础与前提，社会包容性作为宜游城市的基本保证，偏重对城市宜居性的测度，其水平的高低会影响到其他因素的贡献度。

（7）经济生活性与旅游吸引力，旅游信息、设施与服务能力，交通可达性，社会包容性，旅游业绩之间存在显著的相关关系，但与前两个因素的相关性要高于后三个因素，即经济生活性作为宜游城市的物质基础，其水平的高低对旅游吸引力，旅游信息、设施与服务能力的影响更大些。

第六章　大美陕西“如何更美”：宜游城市的提升路径

“如何更美”是大美陕西美的建设，归于应用性研究的范畴。宜游城市的提升路径依托评价结果，运用理论分析方法与建设指导原则，着眼于大美陕西的宏观战略与城市形象塑造。从宏观上，将陕西比作“大鹏”，提出旅游腾飞战略；从具象上，精准定位宜游城市的形象，实现分区域与单个城市兼顾，由点到面、点面结合地推动大美陕西建设，从而形成整体区域优势。从结果分析中提炼区域和单个城市的建设要素，分首要建设要素、次要建设要素及其他建设要素，有重点、有步骤地理顺建设思路，将宜游城市测评结果与区域、城市形象定位有机结合起来，彰显大美陕西的“美”。

第一节　分析方法及建设原则

一　分析方法

区域问题分析方法：逆向影响。为能更清楚说明问题，仍遵循陕西被划分为关中、陕北、陕南三个区域的惯例，再结合每个区域中单个城市在测评指标中的排位，将区域中多个城市的排位相加除以城市个数得出该因素在区域中的影响地位，如关中地区五个城市（西安、宝鸡、咸阳、渭南、铜川）环境舒适性排位分别是2、4、7、8、10，排位相加除以5就是环境舒适性对关中地区的影响性地位：数值越大，对宜游城市的正向影响越小，负向影响越大；数值越小，对宜游城市的正向影响越大，负向影响越小。以此类推得出结果，再对七个因素结果值进行排序。但因旅游业绩是检验性指标，故而在影响因素的后期分析中剔除，从而得到六个一级指标在该区域对宜游城市的影响大小。

单城市问题分析方法：同向影响。从单个宜游城市的影响因素入手，每一个影响因素的计算结果在十地市中都有一个排名，依据排名来确定本因素对宜游城市的影响程度：排位靠前，正向影响大，负向影响小；排位靠后，正向影响小，负向影响大。如西安除环境适宜性排在第二外，其他指标都排在第一，较为均衡；在确定建设重点时首选环境适宜性，其次依据单一指标在宜游城市体系中所占权重来确立，旅游吸引力的权重大于其他指标，因此将西安次要建设要素确定为旅游吸引力；然后再考量其他因素。咸阳的环境适宜性排第七，社会包容性排第二，经济生活性排第五，交通可达性排第三，旅游吸引力排第三，旅游信息、设施与服务能力排第七，旅游业绩排第三，整体呈不均衡分布。铜川除社会包容性、经济生活性略高一些外，其他指标都靠后。以此来对每一个城市的指标体系进行分析，确定建设顺序。因旅游业绩是检验性指标，在建设中不予考虑。

二　建设原则

建设指导原则：“木桶原理”。美国管理学家彼得提出的“木桶原理”，成为管理学中的经典理论。它是指一个木桶由长短不一的木板组成，木桶中能装水的最大容量取决于那块最短的木板。在现实的管理中，引申为工作中要注意补齐短板，唯有如此才能突破管理中的“瓶颈”，实现效益的最大化[213]。后来又有人对这一理论进行补充，考虑除木桶短板外的其他因素，如桶底的牢固性或桶身的密封性等。对于宜游城市的建设，规模较大、要求更高，不可能在同一时间一一提升所有“短板”因素，在整个建设中，要取两个以内的最大负面因素优先规划建设，以免陷入“一拖全”的被动局面，故而以“木桶原理”来指导建设有着重要的参考价值。

第二节　大美陕西区域布局：宏观战略

一　"大鹏"腾飞战略

大美陕西建设是一个复杂的系统工程，单靠某一方面的建设与改观已无法实现其建设目标。作为曾经的帝都，既要立足历史地位来思考，还要结合现实状况来考量，在新的建设理念指导下以立体思维架构大美陕西建设框架。基于研究，本文将陕西比作一只"大鹏"，寓意陕西旅游如同"大鹏"展翅腾飞。具体来讲，以西安为核心的关中地区作为"大鹏"的躯干部分，是陕西宜游城市建设的重心，也是连接陕南、陕北地区，带动区域旅游业发展的关键动力区；以延安、榆林为主的陕北地区是"大鹏"之北翼，以安康、汉中、商洛为主的陕南地区是"大鹏"之南翼，两个地区在关中地区的旅游效应外溢的基础上，精准定位、同时发力，实现陕西旅游业的腾飞（见图6－1）。

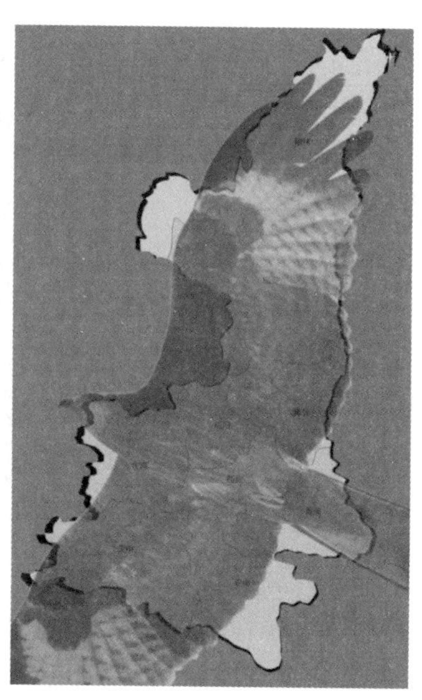

图6－1　陕西宜游城市建设"大鹏"战略

因此，大美陕西从区域布局开始，以点带面，以线扩片，将各重点旅游城市建设成全国地位重要、区域优势突出、城市布局合理、适宜游客旅游的综合型、多功能城市。

二　关中地区：核心主轴——鹏之躯干

关中地区以西安为中心，包括咸阳、宝鸡、铜川、渭南等地级城市，自古以来，是中华民族的发源地，周、秦、汉、唐均建都在此，为这一区域带来深厚的历史积淀。作为陕西的核心经济区，关中地区在西北乃至全国都是比较重要的重点生产力布局区域，对整个区域定位为：核心主轴、连接南北，作为大鹏战略的躯干部分。

关中地区作为一个整体，因铜川的各项宜游指标得分、排名在陕西省十地市中都比较靠后，从而受到一定影响。本书运用区域问题分析方法，得出影响整个关中地区城市宜游性的因素排序是：环境适宜性（6.2）>旅游信息、设施与服务能力（5）>交通可达性（4.4）>旅游吸引力（4.2）>经济生活性（3.6）>社会包容性（3.4）。从排序结果来看，影响整个关中地区城市宜游性的首要不利因素是环境适宜性，其次是旅游信息、设施与服务能力，交通可达性、旅游吸引力、经济生活性、社会包容性的影响依次降低（见图6－2）。

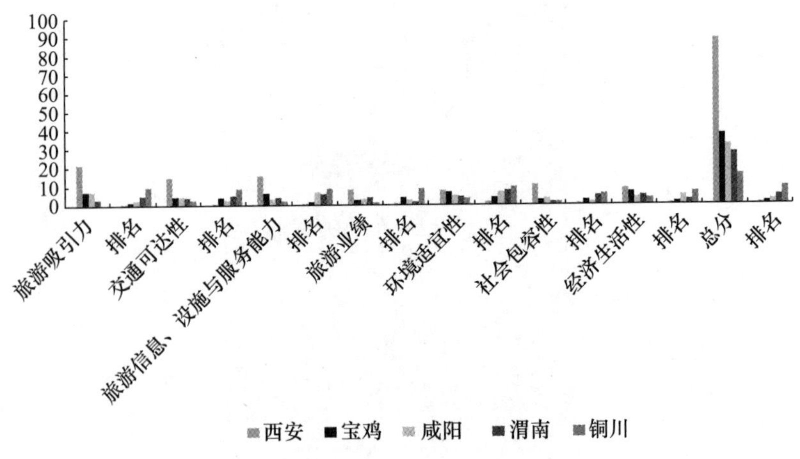

图6－2　关中地区宜游城市影响因素对比

（一）关中地区首要建设：环境适宜性

环境舒适性是宜游城市的大前提，要提高环境适宜性，需从以下几方面着手：

一要发展生态产业。关中地区的铜川、咸阳等地产业发展依靠传统模式，走的是一条逆生态化的道路，以能源消耗高、污染排放大为主要特征。为此，关中地区的宜游城市建设，首先要实现产业生态化，不能以生态的破坏与环境的污染换取经济的发展。要大力发展低碳经济、循环经济、绿色经济等多种生态经济，努力扭转经济发展中“重污染”“高消耗”的发展方式，构建生态环保的产业结构。要发展生态产业就要在两个方面做好协调：一是对于传统产业中投入多、排放多的“双多”业种，如石化、医药、建筑、钢材、资源开发等，要限量发展、行业改造、逐步转轨，引进先进科学技术，走绿色循环可持续道路。二是结合资源优势，发展新兴产业，将科技创新与文化创新整合起来，关注与借鉴其他地区发展较好的新业态。加大投入，注重借助关中地区高校力量加大低碳技术、绿色环保的研发力度，既能与原传统行业接轨，又能从产业升级转型的角度寻求突破；利用关中地区的帝王文化发展文化创意产业，打造西部地区乃至全国的顶级智慧产业；凭借交通优势发展现代物流业，建立具有一定区域影响力的物流中心。

二要采取最严格的措施，打造优美生态环境。截至 2014 年底，关中地区以占陕西 1/4 的土地养活了近 2/3 的人口，加上众多国内外游客到访，各种因素的叠加加重了关中地区生态环境的承载压力。要从“空中”到“地下”，从“室内”到“室外”，构建立体化的生态防护网络。对于排放污染气体量较大的企业，实行最严格的气体管控制度，实现从个体减排到总体减排的目标；在关中生态脆弱地区，要实施最严格的生态保护制度，提升土地开发利用率；逐步采取最严格的惩罚措施，严格把控，制定落实日程表，做到污染排放专人专管，使污染排放逐年减少到可控范围；在同一区域的不同行业中推行环境产权制度改革，做到不同企业相互交易资源环境产权，从而配合环境资源的优化配置；深化植树造林效果，将发展绿色产业融入到植树造林中，实现造林与致富两手抓、两手硬、两促进、两发展。

三要提倡绿色消费。关中地区是陕西省消费与生产的高地，两组活动都与自然联系紧密，在自然的环境中，形成一个“取↔排”的循环模式，人的消费行为会影响与引导生产者的生产行为。从吃、穿、住、用、行的满足到精神的愉悦，人的需求无限放大，而能用来满足这一需求的资源总量不足。因此，有必要坚持对需求与供给管理双管齐下，遏制奢侈性、比阔绰、破坏性、一次性等浪费严重的消费方式，提倡与鼓励养成简洁型、节约型、适度型的消费习惯。同时要通过构建立体教育网络，从宏观意识形态上加强内控，借助舆情引导、学校教育、社区参与等形式，使得消费者的绿色消费意识真正“内化于心”。还要通过政府的约束性政策和激励性政策、社区的垃圾分拣等管理手段，使得消费者绿色消费固化于制、外化于行。

（二）关中地区次要建设：旅游信息、设施与服务能力

作为宜游城市的核心保障，要改善旅游信息、设施与服务能力，需从以下几方面着手：

一要加快智慧旅游服务体系建设。张凌云认为，智慧旅游是基于新一代信息技术（也称信息通信技术，ICT），满足游客个性化需求，提供高品质、高满意度服务，而实现旅游资源及社会资源的共享与有效利用的系统化、集约化的管理变革。从内涵来看，智慧旅游的本质是指包括信息通信技术在内的智能技术在旅游业中的应用，是以提升旅游服务、改善旅游体验、创新旅游管理、优化旅游资源利用为目标，增强旅游企业竞争力、提高旅游行业管理水平、扩大行业规模的现代化工程。智慧旅游是智慧地球及智慧城市的一部分[214]。在理解这一概念的基础上，进行智慧旅游服务体系建设，首先要完善现代信息技术，实现网络信息可及旅行社、景区、宾馆及饭店，覆盖游客可能到达的任何一个地方，免费提供快捷迅速的 Wi-Fi。随着近年来散客游人数的增加，对信息的需求越来越高，随处可见的除了“自拍”，更多游客是想将自拍照片与微信圈、微博群朋友分享，随时记录旅游途中的心情变化。其次要提升旅游管理水平。智慧旅游服务体系需要政府管理人员转变理念，制定引导企业加大投入的政策，扶持企业将

智慧服务做深入；旅游行业的高层管理人员，将智慧服务的认识与企业盈利结合起来，创新行业发展，将业态分布导向纵深，使游客享受到高水准的服务；具体到景区，要积极配合管理要求的提高，及时更新、贴近游客，推行旅游智慧服务的温馨活动。再次要促进旅游营销的变革，与智慧旅游服务相联动，将旅游目的地营销平台以多样化的形式铺开，不再局限于单一媒体形式的宣传，从平面媒体到新媒体，以富有灵气的形式来宣传服务体系，如同中央电视台将核心价值观与“中国梦”结合，以动画人物简洁而丰富地传达出对二者的理解，活泼生动、意义深刻。最后要真正启动景区、饭店、旅行社服务建设，有重点、分批次地推动此项工作落实。正如 2014 年国务院在执行《关于促进旅游业改革发展的若干意见》时，要求分时段、抓部门、促效果，要充分整合运用现代信息技术，把关中地区建设成西部最具示范效应的、高效的旅游智慧服务体系。

二要夯实基础设施，打通旅游服务供应链。要建设具有现代化水准的多功能宜游城市，一是在基础设施所涵盖的多个方面仍需不断加大投入，从厕所美化到垃圾处理，从城市交通到购物广场，从大众餐饮到特色特产，从高档酒店到普通住宿等，都要结合顾客的多样化需求更新换代。二是在旧有的服务供应链的基础上，结合智慧旅游建设，构建以在线旅游服务为主的新型旅游供应链。旧有的服务链中时间、质量、成本是三个关键因素，同样在新的服务链上，游客要求更细微，需要时间更短、质量更高、成本更低。基于此，“游客”中心依然不变，伴随旅游消费市场的发育成熟，在消费过程中，买卖双方不对等关系发生深刻变化，游客在旅游中渐趋理性化，回归到追求“自由随心”的精神境界，更加认可高品位、个性化的旅游方式。尤其在全域的网络环境中，要求服务供应链上的企业主动适应旅游者角色的转变，不能再坐等客人上门，而应主动出击，借助社交媒体，过滤海量信息，改变服务的营销模式，联动线上与线下企业，深入合作，实行更为开放的在线旅游服务。从企业内部的关系协调到绩效考核，从资源的重新整合到战略调整，都要与线上旅游服务链形成有效互动。

三要做好旅游服务消费维权，推进服务质量升级。近年来，随着游客的增多，尤其在季节性“爆棚”时刻，旅游服务饱受批评，服务公众事件偶有发生，游客被宰、导游骂人、门票风波，甚至演化成伤人等较为严重的事件。除了每年的“3·15”消费者权益日外，其他时间各地工商部门也会进行较为集中的治理，从2015年起，国家旅游局加大对景区的管理力度，4月点名惩罚了40多家景区，其中陕西华山景区受到严重警告，惩戒力度的加大必然会形成倒逼机制，迫使景区对管理、服务等多个方面进行整改。因此，建设宜游城市，要做好服务消费维权，促使服务质量改观。主要通过以下措施来实现：一是质检、工商、旅游部门联动，选标杆、制标准、强质量，在行业内部展开大讨论，确定“服务决定生存”的理念，寻找评选可推广的质量管理模式，总结成功经验，以经验与模式来引领行业的规范发展；在企业淡季开展“旺季反思”，寻找与模范企业的差距，厘清制约因素，相互对照，强化旺季游客满意度跟踪调查。二是组织业内外专家进行企业质量管理优劣对比，形成抓两头促中间的合力，构建“优胜劣汰”的循环机制，重点培育优秀企业，形成具有针对性的服务升级建议，引导试点单位强化品牌质量、形成固定标准、创新内部格局，建立陕西旅游的“最优方阵”。三是建立社会共同治理旅游服务质量平台，将行业质量标准化建设与企业对外承诺声明结合起来，将社会舆论监督与信用自我约束嫁接在一起，将市场行为、消费主体、业界模范等多个质量利益关联者捆绑在一起，形成多联互动的市场长效机制。四是打造陕西旅游服务高端品牌，形成“陕西的旅游看关中”“关中的旅游看西安”，将西安建成具有品牌效应的示范区，以示范区来推动其他地市旅游服务水平的提高，从服务内容、服务链条来调整、优化、升级内部供给结构，向优质服务转型。

（三）关中地区其他相关因素建设

在综合考量与平衡宜游城市所有指标基础上得出，关中地区环境适宜性以及旅游信息、设施与服务能力需较多投入，但不意味着其他指标中涵盖的因素不需要投入。在交通可达性方面仍需提高水准，要构筑“陆、海、空”便捷路网，加快高铁建设，改善城内公共交通，增加抵达景区路线和游客周转车次等，实现多种交通方式之间的无缝对接。在旅游吸引力方面，提升现有5A级景区在全国百强景区中的排名，以服务与质量取胜，将品牌做成王牌；推动4A级景区争创5A，西安、宝鸡、渭南、咸阳拥有众多4A级景区，基础雄厚，可以先行；有针对性地对低A级景区进行调整，实行末位淘汰，避免资源被挤占；错位性地开发其他旅游产品，尤其要在历史人文类资源方面下功夫，在活化历史、演绎历史、复原历史、感受历史等多个方面做足文章，增添旅游供给市场的丰富度。另外，在经济生活性、社会包容性方面提高人均收入，落实国民休闲计划；加快城市化建设水平，建成包容性较广、开放度适宜、综合幸福指数较高的城市群。

三　陕北地区：黄土风情——鹏之北翼

陕北地区主要包括延安和榆林两个地级城市，是中国红色文化圣地，黄土高原的主体。延安在近现代史上留下了浓墨重彩的一笔，建设虽受重视，但略显逊色；榆林作为另一个陕北地级城市，宜游性整体要比延安低。依据资源特征与发展状况，将整个区域定位为：黄土风情、红色故里，作为大鹏战略的北部布局。本书运用区域问题分析方法，得出影响整个陕北地区城市宜游性的因素排序是：社会包容性（8.5）>环境适宜性（7.5）>旅游吸引力（6）>经济生活性（5）>交通可达性（4）>旅游信息、设施与服务能力（3.4）。从排序结果来看，影响整个陕北地区城市宜游性的首要不利因素是社会包容性，其次是环境适宜性，旅游吸引力，经济生活性，交通可达性，旅游信息、设施与服务能力的影响力依次降低（见图6-3）。

（一）陕北地区首要建设：社会包容性

作为宜游城市的基本保证，陕北地区首先要在社会包容性方面采取举措。包括以下几个方面：

一是要对社会保障制度进行梳理、完善，确保对所有困难人群的全覆盖。在具体操作过程中坚持公平与公正，依据物价变动水平适当提高工资收入，建立对应的调整机制。配合国家机关事业单位对养老保险的调整，征集意见，制定适合陕北地区的养老保障，在参保人员、医保报销等多个方面争取跨区域转移对接政策；进一步完善城乡

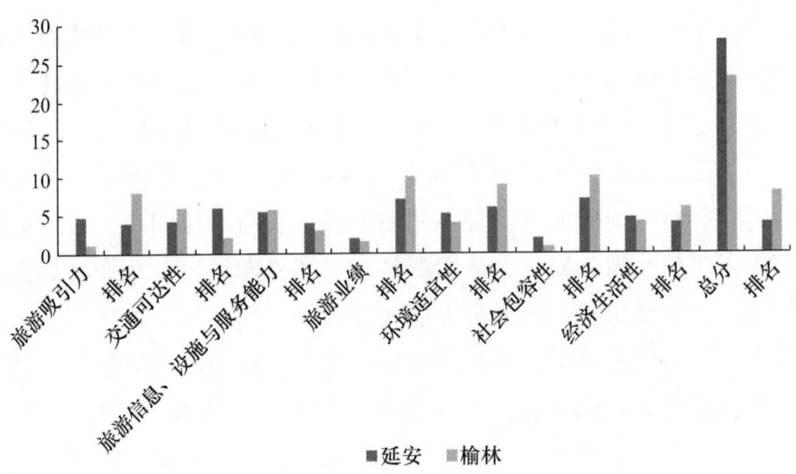

图6-3 陕北地区宜游城市影响因素对比

低保审核，堵住措施中的“漏洞”，将城乡医疗抢险、生活救助结合起来，统筹帮扶制度，扩大帮扶范围，对于“大病返贫”争取试点，筑牢全民保障的第一道屏障，杜绝贵州铜仁地区的留守儿童现象再次发生。

二是要对就业收入分配进行改革，促进收入在行业中的合理分配。对于就业面广、拉动力强、吸纳有力的服务业、中小微型企业、新兴产业等实施政策倾斜。加大对创业环境治理，积极引导大学生创业，开展下岗人员灵活就业的“一对一”帮扶，从再就业能力与就业技能培训方面多下功夫。从源头解决收入分配不合理的秩序问题，建立严格的投诉与惩处制度，在企业内部健全工资正常增长机制，设立最低工资保障与工资支付形式红线制度，取缔不合理的工资支付，探索建立工资维权协会，以民主协商取代老板定夺的“霸王”举措，协调行业间、性别内、同城市的差距，缩小收入分配差距，化解贫富分化矛盾。

三是改革户籍制度，促使长期进城务工人员逐步市民化。科学分析城镇承载力，合理规划城镇规模，防止出现“鬼城”“鬼镇”现象，依据务工人员在城市工作年限、居住时间、参保状况等情况，逐步实施差异化的落户政策。建立健全与务工年限、居住时间相挂钩的公共基本服务供给制，使得后落户民众与城市原住民逐步共享同等的社会福利与政治权利，从机制上保证落户渠道的畅通。

四是提倡与鼓励社会管理创新，促使社会参与制度化。筑牢基本公共服务体系，促使基本公共服务均值化分布，覆盖到位。在人力、物力、财力分配过程中，加大对基层倾斜的比重，推动基层基本公共服务设施为民所享，统筹整合资源为民共享。竭尽全力，制定针对农民、农民工和其他社会弱势群体的保障机制，实现城乡居民社会保险、社会福利、社会救助与社会慈善事业的对接，逐步健全基本公共服务体系，从机构建立、财力支持、人才配备、综合考核等多个方面统筹协调，形成长效机制。

（二）陕北地区次要建设：环境适宜性

陕北地区与关中地区同样是在环境适宜性方面做文章，但两个区域在森林覆盖率、产业结构、气候舒适等方面均有差异。以西安与延安为例比较可知：人均园林绿化面积，西安是 0.0651，延安是 0.0130；工业产值二氧化硫排放量，西安是 0.0267，延安是 0.0228；城市气候舒适度，西安是 0.4374，延安是 0.1732；环境适宜性，西安是 0.3226，延安是 0.1186。从两个区域选取的典型城市对比来看，需要采取不同的措施才能获得相同的效果，从而改善关中地区与陕北地区的环境适宜性。

陕北地区环境适宜性改善需采取以下措施：

一要提高地区生态承载力，植树造林、固沙培土，增加草地面积。延安、榆林两市的 21 个县区，土地面积约占全省的 1/4，而且是黄土高原的主体部分，地貌沟壑纵横、地表支离破碎，属于易流失性土地，最为严重的问题同样也是水土流失，改善这一区域的生态环境，应在原有育林成果的基础上，继续加大造林力度；不仅如此，还要提高农业生产力，改进农业措施，既要提高产量，也要减少对原有土地肥力的破坏；与此同时，改进农业灌溉技术。除此之外，陕北还是风沙区，应结合风沙类型、规模，进行风沙地改造，植入草地，扩大面积，不断巩固治沙成果。

二要调整产业结构，降低资源型产业发展对生态环境的破坏。陕北既是生态脆弱区，又是石油、天然气、煤炭等矿产资源富集区。在三次产业结构中，工业所占比重高于第一、第三产业。资源的开采、运输以及与之相关的其他产业发展都是对环境极大的破坏。有必要调整产业结构，凭借延安这一红色文化圣地，依托旅游产业全面打造红色文化之都，让游客体验红色文化、传播红色文化，衍生旅游产业链；将延安建成集政府干部培训、企业职工核心价值观教育、学生爱国教育等于一体的红色基地，使旅游业在三次产业结构中的比例不断上升，发展为现代服务业。另外，还要对煤炭、石油、天然气等行业进行清洁改造，引进先进科学技术，降低污染、减少排耗，坚决取缔污染严重、技术落后、资源浪费的企业项目，贯彻生态理念，发展循环经济型产业。

三要采取严格措施，推广效益较好的特色产业。契合产业调整步伐，依据国家、省政府环保政策，制定保护区域环境的严格措施，管制企业行为，监督企业必须遵循环保流程，惩罚个人在环境保护方面的不当行为；对在节能减排、技术创新、生态保护等方面有贡献的企业或个人给予政策支持和物质奖励。借鉴其他地区的成功经验，不可简单的移植与照搬，应深入调研，利用本地资源优势和基础条件，发展受人们欢迎而又适宜的特色产业。

（三）陕北地区其他相关因素建设

前文结合陕北地区宜游城市测评结果，对首要建设与次要改善的因素进行了重点探讨，但作为一个配套工程，宜游城市建设其他指标中涵盖的因素也不容偏废。在旅游吸引力方面，延安仅有 1 个 5A 级景区——黄帝陵景区，其他都是 4A 及以下级景区；榆林高级别景区只有 4A 级，缺乏在全国叫得响、影响大、效应高的景区，其中延安革命纪念馆、壶口瀑布景区已具有地区影响力，若进行提升改造、创新景区内涵，具有建成高品位景区的实力与基础。在经济生活性方面，应调整产业结构，优化产业布局，实行收入分配改革，提高社会基本保障覆盖面。在交通可达性方面，应抓住国家交通基础设施建设的大好机会，争取政策，引入资金，加大投入，完善交通基础设施。

另外，在旅游信息、设施与服务能力等方面应保证游客基本需求，逐步实现旅游服务信息化，充分利用新媒体等现代传播媒介，打造"互联网＋旅游业"，强化革命老区的旅游营销，集合配套设施改建，将陕北建设成中等宜游区域。

四　陕南地区：山水秦岭——鹏之南翼

陕南地区主要包括汉中、安康和商洛三个地级城市，三个城市的整体指标在陕西省十地市中都比较靠后，唯一较为靠前的指标是环境适宜性。依据资源特征与发展状况，将整个区域定位为：山水秦岭、养生天堂，作为大鹏战略的南部框架。本书运用区域问题分析方法，得出影响整个陕南地区城市宜游性的因素排序是：经济生活性（9）＞交通可达性（8.3）＞旅游信息、设施与服务能力（7.6）＞旅游吸引力（7.3）＞社会包容性（7）＞环境适宜性（3）。从排序结果来看，影响整个陕南地区城市宜游性的首要不利因素是经济生活性，其次是交通可达性，旅游信息、设施与服务能力，旅游吸引力，社会包容性，环境适宜性的影响力依次降低（见图6－4）。

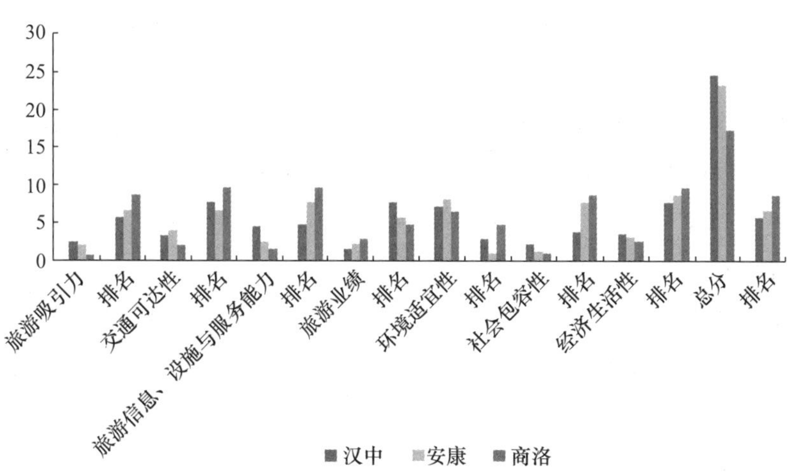

图6－4　陕南地区宜游城市影响因素对比

（一）陕南地区首要建设：经济生活性

作为宜游城市的物质基础，陕南地区首先要在经济生活性方面加强建设。包括以下几个方面：

第一，加快发展第三产业。与产业优化地区相比，陕南地区产业结构不合理，分布呈非均衡状态，具体来说：一是第一、第二产业落后且比重较大，压缩了第三产业的发展空间。随着生产力的进步，大量农村剩余劳动力被释放出来，应发展第三产业，创造更多就业岗位，吸纳剩余劳动力前往城市就业，增加农民收入。与此同时，第三产业的发展也会刺激产业结构转型升级，使经济结构朝着合理化、均衡化方向发展。二是应加强职业技术教育，提供广泛而又专业化的培训。农村剩余劳动力直接进入城市，专业技能水平较低，只能依靠体力干一些脏活、累活。为了增强其就业竞争力，使其较好地融入到城市中，认识职业水准的重要性并接受全面的职业教育，应建立全面的职业教育体系。从基础抓起，提高他们的学习能力和对素质培养的认知水平；依托中职及技术培训等教育机构丰富教育内容，从泥瓦工到车床工、从粉刷工到设计者等分类型、定种类，培养农民的一技之长；结合政府就业部门与信息发布平台，提供就业服务指导与用工信息，使已就业人员有选择、未就业人员有机会，尽最大努力吸纳社会闲散劳动力；督促安排就业的企业，加强对就业人员的再培训，保障工人合法权益，不拖欠农民工工资，政府给予这类企业适当补贴和政策福利。除了职业教育与就业的引导和帮扶外，还应从丰富职工生活的角度考虑，使得农民工的认识有很大改观，转变落后的思想，养成新的生活习惯和树立新的价值观，逐步从职业到精神融入城市。三是鼓励具有经济实力、有创新思维、热爱故土的人回乡创业。既有利于建设美丽乡村，又有利于保护传统村落不至于没落。通过创业发展乡村旅游，保住传统农作形式不被闲置，在此基础上，结合现代科技，发展采摘农业、休闲农家乐、养殖业等多种形式的新农业。

第二，改善生活质量，从物质质量和精神质量两个方面入手。物质质量主要包括住房条件、医疗保障、受教育情况等，精神质量主要是公共活动场地与人际交流空间。从当前情况来看，住房、医疗、教育是影响城乡居民生活质量的三大因素，有必要采取措施逐一改善。

在住房方面，应推动城市棚户区改造，落实廉租房建设，抑制房价；在医疗方面，既要重点建设二级及以上级医院，提升优质医疗资源水平，同时又要加大乡镇医院及村卫生所的建设力度，形成小病不出门、大病有保障的看病及治疗格局；在教育方面，应均衡分布优质教学资源，避免太过集中，分区域发展基础教育，确保人人有学可上。相对于物质生活保障，精神生活对于人们生活质量的提高也很重要，应建设城市的公共活动场地，做到城市有大的休闲广场，社区有小的活动场地，给每个人一定的活动交流空间，如广场舞，既交流了感情，又锻炼了身心，但常因场地不足而引发矛盾，城市的广场建设刻不容缓。

第三，注重城镇化质量建设。过去很长一段时间，城镇化一路高歌，但由此造成的环境问题很严重。在下一阶段的建设规划中，一要将生态文明的理念贯彻始终，将城市绿化、园林建设、公园绿地等作为城市建设的硬指标，城市不再是简单的钢筋水泥混凝土的集合体，而应该是四季分明、井然有序、生机勃勃的地方；二要遵循城市规律，不能再以“人定胜天”的思想四处拆挖，而应该合理保护老城，有序建设新城，保持一定比例；三要让人气充满城市，让活力撬动城市，让新建的城市动起来。城市建成后，通过商业造势、居民入住、游客光顾等，逐步让无生命的空间灵动起来，为城市的蓬勃发展留下足够的自我发挥空间。

（二）陕南地区次要建设：交通可达性

作为宜游城市的先决条件，陕南地区要在交通可达性方面努力作为，主要措施包括：

一是依托西安咸阳国际机场，发展汉中、安康等省内支线航空，确保游客在核心旅游城市与周边旅游城市实现 1—2 小时到达目的地，缩短游客周转时间；配套进行汉中、安康机场服务设施建设改建，扶持支线航线发展，从政策、资金方面给予大力支持；引进实力雄厚的航空公司，提升企业竞争力，开展优惠活动，吸引游客，使得航班入座率上涨；细致周到服务，严格管理出租车，避免宰客行为；设置详细咨询信息平台，让客人舒适安心，觉得有归属感、安全感。

二是以汉中、安康为主要枢纽，连通省内铁路网络系统，争取与周边湖北、四川等省铁路连通，加强站点的基础设施建设，提升服务的质量。将铁路网络建设与高速路建设结合起来，利用陕西建设“2637”高速公路机遇，打通陕南地区交通瓶颈。加大投入，着力提升城市与城市之间、景区及景区之间的通达性，将陕南的旅游高速建设融入到陕北、关中地区的环线建设中去，实现三大区域的内循环与外连通，盘活整个地区。

三是改善城内交通，提供自驾游服务咨询。城市作为主要的目的地，从主干道的设计到小道路的维护，都要尽量做到畅通舒适；要发展城内较为发达的公交系统，实现自行车租赁，倡导绿色出行；结合自驾游的发展态势，在加油站、高速路主要出口，布局旅游咨询服务点，为散客提供便利。

四是优化景区内部交通，规划“最靓”景观通道，方便游客在景区内周转的同时欣赏到佳景。借助人力车、畜力车、手划船、帆船等趣味性交通工具，将旅游者回归自然的需求与游乐体验融为一体。在景区建设中，注意提高步行旅游和自行车旅游的比例，延长旅游者的停留时间，丰富旅游观光及娱乐的内容，并减少对环境的污染。

（三）陕南地区其他相关因素建设

结合陕南地区宜游城市测评结果，对需首要建设与次要改善的因素分别提出了改进措施，同时作为一个建设的整体，对宜游城市中其他指标也应有所考虑。在旅游信息、设施与服务能力方面，陕南地区比关中、陕北地区的基础薄弱，不仅需要在满足游客基本需要方面加大投入，而且要在信息化建设方面提升层次。在旅游吸引力方面，陕南地区尚无5A级景区，具有一定竞争力、影响力的景区也比较缺乏，相对陕北、关中地区，其建设起来比较困难。但凭借陕南生态环境较好的优势，可以在生态旅游、休闲度假等方面做文章，填补差异市场。另外，可以在社会包容性方面发展增利性产业，提高人们收入，提升生活水平；实行教育倾斜，提高高等教育、中职教育、普及教育水平。在环境适宜性方面，守住青山绿水就是最大的贡献，不要盲目向其他地区学习，要将陕南建设成一般宜游区域。

五 区域建设因素比较

从宜游指标评价结果出发，对关中、陕北、陕南三个地区进行分析（见表6－1）。整体宜游目标的实施在陕西是有层次区别的，因为每个区域的影响因素、基础条件、建设现实、后期发展不同，而且发展中各因素环环相扣，彼此制约，故而在最终确定建设目标时也是有差异的，并非齐头并进。在当下，建设大美陕西是一个整体，理应放在宏大的背景下，从遥远而又厚重的历史中，直至进入伟大的新时代。现实的基础是最有考量价值的，恰逢国家提出“一带一路”战略，作为新丝绸之路经济带建设的重点区域，在国家生态文明建设的总体布局以及西部大开发纵深推进中，陕西省内部的关中、陕北、陕南三大区域互为陪衬，建设至关重要。应在思索中前行，先根据区域规划建设，以宜游城市测评结果为准绳，通盘统筹进行宜游性建设，吻合国家战略、立足现实状况、着眼未来发展，从宏观构思上提升宜游城市的档次。

表6－1　　分区域宜游城市建设因素

区域	首要建设	次要建设	其他建设
关中	环境适宜性	旅游信息、设施与服务能力	旅游吸引力、交通可达性、社会包容性、经济生活性
陕北	社会包容性	环境适宜性	旅游吸引力，旅游信息、设施与服务能力，交通可达性，经济生活性
陕南	经济生活性	交通可达性	旅游吸引力，旅游信息、设施与服务能力，社会包容性，环境适宜性

第三节 各城市建设：百花齐放

辩证唯物主义整体观认为，整体是由局部构成的，没有局部，就无所谓全局或整体，构成整体的各局部搞好了，全局就有了基础与保证[215]。在大美陕西宜游城市建设这个整体中，各地市就是局部，局部的建设是为了拱卫整个大美陕西建设。应依据宜游城市测评结果，厘清建设重点，着手科学规划与建设。下文将结合前文中对宜游城市的评价，厘清影响因素的主、次地位，确定总体思路与建设重点，提升各地市的宜游性。

一　西安：千年帝都、丝路起点

从我国现代旅游业发展历史来看，西安是国内最早以入境旅游作为城市名片的城市之一。据统计，自 1979 年起，西安曾先后接待过外国领导人 200 多位。曾经有人这样评价过西安——“给中国二百年能造一个纽约，给美国两千年也造不出一个西安”。作为国家形象代表的一部分，西安在海内外具有较高的地位。从前文宜游城市指标计算结果可知，社会包容性，经济生活性，交通可达性，旅游吸引力，旅游信息、设施与服务能力，旅游业绩均排在陕西省十地市首位，环境适宜性略差，排在第二。随后运用 SWOT 分析对西安进行剖析，结合定量结果与定性分析，提出西安建设宜游城市的定位为：千年古都、丝路起点。

（一）建设总体思路

以科学的发展理念为引导，按照建设国家一流宜游城市的目标，遵循市场规律与旅游业发展趋势，将优势旅游资源做大做强，整治生态环境，提升环境适宜性，从市内到市外，扩大人们休闲空间；将宜游城市的建设与旅游业升级、撬动区域经济、市场营销更新捆绑起来，构建符合现代宜游城市建设标准的产业体与空间布局；借助“一带一路”、西部大开发战略纵深推进的契机，完善基础设施，创新旅游差异化产品，巩固已有文化旅游开发产品成果；使精品线路与人文山水旅游品牌并驾齐驱，创建具有区域影响力、国际知名度的产品品牌，使得旅游吸引力倍增；创新营销渠道、接受新颖理念，拓宽市场、规范市场，提倡优质服务，打造与产品同质的服务精品，使旅游环境得到较大改善；全域化推进西安宜游城市建设的战略规划，将西安建成“一带一路”陆上旅游目的地之中的翘楚。

（二）建设重点

1. 环境适宜性

立足西安宜游城市评价结果与SWOT诊断分析，根据问题分析方法及建设指导理论可知，西安宜游城市的首要建设因素是环境适宜性。

具体包括：一要规划先行，统筹城乡生态环境建设。从城乡经济、社会、生态关联出发，制定科学的规划，通过分区来厘清不同生态质地的建设模式。以西安城区作为主轴，向周边临潼、户县、周至、长安、阎良等地扩散辐射，从处理生活垃圾、污水无害化做起，对工程渣土车、工业废物、汽车尾气、烟尘等实行严格管控；扩大园林绿化面积，自然、人性化地进行景观再造；分区域开展义务植树，确保树木成活率，注重水土保持与农田综合开发；做好以秦岭山区为主的生态区保护，禁止商业开发，加大对河水及流经地区的保护力度，将产业的规模控制在生态承载力的范围之内。

二要将环境适宜性建设融入到城市生态建设中，将城市的生态建设融入到历史人文遗址、城市路网改造、自然山水中去。单一的生态环境建设孤掌难鸣，无法形成整体效应，在建设中要形成“你中有我、我中有你”的互动格局。为秦始皇陵、半坡遗址、华清池之类的历史人文景观增绿添色，使景观富有生气；在环城高速、交通干道沿线等地扩大绿化带，桥墩部分可添加藤条植物，使钢筋水泥拥有生命张力；注重秦岭北麓诸多森林公园、国家级名胜景区在后期规划、长远建设中的生态效益。

三要以科技引领建设。现代宜游城市建设离不开高科技的支撑，在环境建设方面显得尤为突出。开发节能产品、降低能耗、节约成本、实现生态成果转化都需要先进科技做后盾；环保新能源、绿色新材料、低碳新项目等都需依靠科技力量才能较好地应用推广；在高新技术的作用下，转变产业业态，提高单位资源环境的使用效能，能以较小成本实现经济发展、社会和谐与生态持续的综合效益。

四要全员参与。西安作为生活型旅游城市，环境适宜性建设是本地居民与外地游客都需共同努力的事业。政府要动员居民与外地游客参与到环境保护与建设的每个环节中，从初期做参谋到后期具体参与环境保护，因势利导，拓宽参与建设的渠道。如建设景区时，环境保护规划要经居民大讨论，建设中要参考居民建议；建成后，游客要做环境保护的责任者，居民与游客联动，全员参与。除此，要规范制度，对居民与游客的“非环保”行为进行严格处理。

2. 旅游吸引力

旅游吸引力作为宜游城市最主要的核心因素，需从以下方面加强建设：

一要挖掘资源，架起“丝绸之路经济带”建设的宏大骨架。作为“丝绸之路经济带”建设的排头兵，西安依凭古都气韵、秦岭屏障、丝路起点三大资源，深入挖掘，将历史文化活化，打造具有特色的精品，做具有思想、富有灵魂的文化产品，如实景历史舞剧《长恨歌》。“丝绸之路经济带”建设旨在加强区域商贸往来，向西深度开放，拓宽中亚、南亚、中东欧以及俄罗斯、西欧、北欧市场。旅游业是对外交流最有效的手段之一，带去的是人气，聚集的是财气，以西安作为“丝绸之路经济带”上的旅游业的领头雁，将旅游与商贸带活，以旅游业来舒活整条经济带的筋骨，以旅游活动来激活整个经济链条。

二要提升景区水平，形成聚集效应。旅游业经过发展，产品日益多元，可供游客选择的机会增多，加之散客游占据很大市场，市场格局发生转向，进入卖方市场。旅游景区的建设和发展也经历了从一般旅游景区到A级旅游景区，后又从5A级旅游景区晋升为百强旅游景区的过程，景区市场竞争白热化倒逼供给市场对现有景区改造升级。西安对高级别景区作出调整，进行提升，形成不同级别，具有较强聚集效应的景区群（见表6－2）。

三要唱营销戏，打线路组合拳。大美陕西的建设，西安是龙头，西安宜游城市的建设，品牌景区是龙头，好的营销能把整条“龙身”玩活。要从三个方面来打造营销：一是准确定位形象。在新的历史条件下，西安定位既要结合历史，又要契合社会发展，可将形象定位为：丝路起点，灵动之城。二是提炼形象口号。在定位形象之后，需要为西安量身定制一个能表达这一形象的口号，将西安的宣传口号确定为“感受唐韵，激情西安”。三是巩固形象建设。形象建设从软形象与硬包装两个方面来进行：在游客集散地的公共区域滚动宣传，在各种媒体上展示与说明这一形象；以景区、车站、机场等为依托，将宣传与口号巧妙结合，不断演绎与展示；同时在各交通要道、城市广告牌上设计可爱的卡通形象来强化这一宣传效果。与此同时，结合高级别景区、低级别景区，对旅游线路进行规整，实现资源互补，以此来聚集人气。

表 6－2　　西安品牌景区提升规划

<table>
<tr><td rowspan="17">西安高级别景区</td><td>秦始皇帝陵博物院</td><td>5A</td><td rowspan="5">争创全国百强旅游景区</td><td rowspan="17">形成不同级别、具有较强聚集效应的景区群</td></tr>
<tr><td>华清池景区</td><td>5A</td></tr>
<tr><td>西安大唐芙蓉园</td><td>5A</td></tr>
<tr><td>大慈恩寺</td><td>5A</td></tr>
<tr><td>大雁塔北广场</td><td>5A</td></tr>
<tr><td>骊山森林公园</td><td>4A</td><td rowspan="12">提升层次，冲击5A级旅游景区</td></tr>
<tr><td>西安碑林博物馆</td><td>4A</td></tr>
<tr><td>曲江海洋公园</td><td>4A</td></tr>
<tr><td>西安城墙</td><td>4A</td></tr>
<tr><td>陕西历史博物馆</td><td>4A</td></tr>
<tr><td>翠华山地质公园</td><td>4A</td></tr>
<tr><td>太平国家森林公园</td><td>4A</td></tr>
<tr><td>秦岭野生动物园</td><td>4A</td></tr>
<tr><td>西安大唐西市</td><td>4A</td></tr>
<tr><td>关中民俗艺术博物馆</td><td>4A</td></tr>
<tr><td>西安博物馆</td><td>4A</td></tr>
<tr><td>西安半坡博物馆</td><td>4A</td></tr>
</table>

四要借助新业态，产业互接促繁荣。西安是旅游业发展历史较长的城市，其他行业比较容易与旅游业嫁接，从中涌现出多种新的业态，如旅游地产、旅游动漫业、会展旅游、康体休闲等。要以旅游业来促进新产业发展，以新产业来实现旅游业的大繁荣。

（三）西安宜游城市其他因素建设

前文结合西安宜游城市测评结果，对提升环境适宜性与旅游吸引力提出了建设措施，而对于指标体系中涉及的其他因素，同样要给予考虑。在交通可达性方面，从外围交通来看，西安要增开国际航班，争取多趟次的高铁，加快高速建设，完善路网；从内部交通来看，西安处在关中的“米”字形交通骨架的中心，要将外循环与内环线打通，构筑以西安为中心的内外城市交通网络；在城市内部，要加强管控和道路改造，对乡镇公路建设加大投入，提级换挡。在旅游信息、设施与服务能力方面，借助西安的科技教育力量，在基础设施与服务态度等方面加大改进力度。另外在社会包容性方面，提高低保覆盖率与基本生活保障水平，关心下岗职工，给予政策支持与创业奖励；在教育方面，合理分配优质教育资源，避免过于集中，普及基础教育，适当发展中职教育，提升高等教育水平，打造具有全国影响力的名校。在经济生活性方面，加快城市化进程，以城市化带动周边地区；推动城市牵手乡村建设计划；创造更多就业岗位，将就业率与就业质量联合起来；以旅游业的提升来推动服务业的升级，以服务业的全面发展回馈整个旅游业。综上，到 2020 年，多个指标因素建设措施的落实，将使西安成为国内一流的宜游城市。

二　宝鸡：炎帝故里、垂名青铜

宝鸡市是陕西第二大城市，在全国城市评比中，获得多项国家级称号。从上文宝鸡宜游城市指标计算结果可知，经济生活性，旅游吸引力，旅游信息、设施与服务能力排在第二位；社会包容性排在第三位；环境适宜性、交通可达性、旅游业绩略次，排在第四位。随后运用 SWOT 分析对宝鸡进行剖析，结合定量结果与定性分析，提出宝鸡建设宜游城市的定位为：炎帝故里、垂名青铜。

（一）建设总体思路

立足城市基础，宝鸡已是具有多个国家级荣誉称号的城市，坚持以错位的方式来审视城市过去的建设，完善基础条件，治理城市生态、人文环境，提高居民素质，营造良好的居住及迎客氛围；遵循发展规律，坚持优先发展与持续发展结合，优先发展以宗教与周秦文化、秦岭自然山水为主的旅游产业，延伸产业链，带动其他相关产业，将生态保护与乡村旅游结合；以项目建设促进区域合作，加快产业转型升级；依照建设宜游城市的标准来定位，利用中心区位优势，综合配套将宝鸡建设成环境佳、人文美的宜游城市。

（二）建设重点

1. 交通可达性

交通可达性是宜游城市建设的先决条件，宝鸡需从以下几个方面来采取措施：一要鼎力发展大交通，从国家路网建设寻求项目支撑，将高速建设并入国家计划行列，使“十字加外环”的高速公路网络成为现实；争取省、市财政支持，发展县县高速；借助高铁建设，发展城际高速铁路；努力建成航空支线。二要促进城内通畅，城市外环交通的解决为进城提供了便利。要实现城内通畅需要大力发展城市公交，对公、私车辆实行限号出行；提倡绿色环保方式，建立城市自行车租赁业务。三要实现县乡公路大改观，对县乡公路提级改造，使高级别省道公路里程增长。四要强化与火车、高速、航空、省道相关的配套站、所建设，提高服务质量；与此同时，将前往景区的道路标示清楚，统一标准，建成舒适的景观路线。

2. 环境适宜性

2009 年，宝鸡与南京被建设部授予“中国人居环境奖”，而在宜游城市建设中，宝鸡环境适宜性属于第二个被提及的建设因素，似乎二者之间存在矛盾。分析其主要原因：一是指标体系不一，从而导致结果有出入，使得宝鸡的环境适宜性未能排在陕西第一位；二是环境适宜性指标在整个宜游体系里偏中下，不具备唯一性。具体措施：一要继续巩固已有城市环境建设的成果；二要通过景区生态建设来提升质量。

（三）宝鸡其他因素建设

前文结合宝鸡宜游城市测评结果，对交通可达性与环境适宜性提出了建设措施，而对整个宜游指标体系中涉及的经济生活性，旅游吸引力，旅游信息、设施与服务能力，社会包容性等因素也要进行建设探讨。在社会包容性方面，降低最低生活保障人群的比例，为未就业人员提供职业培训，积极引导就业；争取创业政策和项目，鼓励有创意的人群进行创业，将创业与就业结合起来，增强社会稳定和谐度；提高教育水平，大力发展优质教育，使受教育人群增多，提升人文素质；进行合作办学，借助西安优势高校教育资源，提升地方高校办学能力。在旅游吸引力方面，下功夫促使4A级景区提升级别，利用节事活动扩大景区的知名度；以宝鸡多个国家城市称号来搭建高的营销平台，扩大景区游客市场。在旅游信息、设施与服务能力方面，做好媒体变革与产业转型的结合，寻求可持续的产业发展模式，同时做强媒体，为旅游营销提供有力支撑；围绕游客的吃、住、游、购等多样化、精细化的需求，在做好基本保障的前提下，将宝鸡美食产业做大做强，以美食做媒，牵线搭桥发展其他产业；多建居民、游客共享的休闲广场，避免相互空间冲突；依据城区布局安排建设不同类型的购物广场，留得住游客。在经济生活性方面，稳定城市发展规模，提升城市化质量，缩小城乡差距；配合国家工资调整，提高企事业单位职工收入，控制物价上涨；严格执行职工带薪休假制度，提升居民的幸福指数；发展服务业，配套支持旅游业的发展，渐次改变旅游业在产业结构中的地位。

三　咸阳：秦都咸阳、帝陵之乡

咸阳是陕西省下辖地级市，拥有多项国家级城市荣誉称号。从上文咸阳宜游城市指标计算结果可知，环境适宜性，旅游信息、设施与服务能力排在第七位；经济生活性排在第五位；交通可达性、旅游吸引力、旅游业绩排在第三位；社会包容性排在第二位。随后运用SWOT分析对咸阳进行剖析，结合定量结果与定性分析，提出咸阳建设宜游城市的定位为：秦都咸阳、帝陵之乡。

（一）建设总体思路

以国家政策为导向，坚持稳步科学发展，争取省内项目，将资源保护与产业发展嫁接连通，深度挖掘文化资源内涵，依托产业将内涵做成精品；提升城乡建设水平，加大对基础设施的投入，借势西安发展外溢效应，将咸阳建成较宜游城市。

（二）建设重点

1. 旅游信息、设施与服务能力

从智慧城市的建设情况来看，咸阳属于走在陕西省前列的城市，并且成功入选国家信息惠民国家智慧城市试点[216]，而在宜游城市建设中，旅游信息、设施与服务能力属于首先被提及的建设要素，似乎不合情理。分析其原因：这一指标包含的是三个方面（媒体，吃、住，游、购），而信息化建设涉及的只是单一方面，从而导致咸阳在这一指标上未能靠前。具体措施：一要与旅游产业转型相接轨，加大对基础设施的投入，将城市的生活品质与要求移植到乡村旅游发达地区，注重以文化来形成服务产品的内涵；二要围绕旅游中的核心元素打造，提高游客的满意度，将服务质量标准化、示范化、推广化。

2. 环境适宜性

环境适宜性是宜游城市的大前提，2013 年，咸阳市政府采取强硬措施，从工业污染、车辆管理、秸秆利用、河流治理、工程项目、公众环保意识等多个方面推进咸阳市生态文明建设，成效显著[217]。为进一步提高咸阳市环境适宜性，需从以下几个方面来采取措施：一要继续深化生态文明建设效果，从制度层面探索对成功经验的总结，进行推广；对错误的做法予以纠正，使效果更为显著。二要发展绿色环保产业，将单一环境治理的压力与产业发展紧密结合起来，从而延伸了环境治理的手臂，使被动治理变为主动作为。

（三）咸阳其他因素建设

上文结合咸阳宜游城市测评结果，对旅游信息、设施与服务能力以及环境适宜性提出了建设措施，而除这两个因素外，对整个宜游指标体系中涉及的经济生活性、旅游吸引力、交通可达性、社会包容性等因素建设也要进行考虑。

在经济生活性方面，促进经济社会发展，提高居民人均可支配收入；改革医疗、教育，促使优质教育、医疗资源由城市向乡村分流，避免过于集中；发展就业岗位较多的行业，提升居民就业率，确保失业率控制在社会和谐范围以内；为大学毕业生提供公益性、福利性、事业型、公务员等多种岗位，促进社会人员流动。在旅游吸引力方面，背靠西安游客市场，将资源优势与市场差异结合起来，补缺西安的空余市场，带动陵墓景区向高级别景区发展，利用纪念日、节事活动扩大景区的影响力，使资源优势互补形成合力。在交通可达性方面，完善路网系统，赶上国家建设西部的步伐，加大对基础设施的投入；利用与西安共有机场的机遇，提升服务质量。在社会包容性方面，缩小城乡收入差距，控制物价，多建休闲型广场，满足人们日益增长的“广场舞”空间需求，这既加强了居民间交流，又提升了快乐指数；发展第三产业，尤其是服务业，与旅游业的发展相配套，逐渐提升咸阳旅游业的地位。

四 渭南：“渭”峨华夏、险峻华山

渭南是陕西省下辖地级市，与宝鸡、咸阳相比，国家级城市荣誉称号较少。从前文渭南宜游城市指标计算结果可知，环境适宜性排在第八位；旅游信息、设施与服务能力排在第六位；社会包容性、交通可达性、旅游吸引力排在第五位；经济生活性排在第三位；旅游业绩排在第二位。随后运用SWOT分析对渭南进行剖析，结合定量结果与定性分析，提出渭南建设宜游城市的定位为：“渭”峨华夏、险峻华山。

（一）建设总体思路

顺应城市化快速发展，满足旅游市场繁荣的需求，坚持用科学的理念引导居民生活水平的提高，稳步推进事业改革。理性研判资源优势，将资源优势转化为产业优势，将软环境的治理与硬基础的完善相匹配，提升管理水平，做实环境保护，加大市场推广力度，实施开发促发展，力争上游，大力培育和发展旅游产业，建设宜游城市。

（二）建设重点

1. 环境适宜性

环境适宜性是宜游城市的大前提，渭南需从以下方面来采取建设措施：一要进行空气治理，加强对PM2.5的检测与控制，制定严格措施，实行领导分区负责，将空气质量纳入领导晋升考核中；从排的渠道采用堵的方式，提高行业科技含量，减少不同行业中烟尘的排放，使全年空气质量达标天数增加。二要调整产业结构，实行污染企业合理分流，对污染较大的大企业进行改造，引进环保新技术；关停部分效益低的中小污染企业，鼓励进行产业转型；转变资源利用方式，发展循环经济、生态产业，从源头卡住资源供给的压力；以石羊河流域作为产业调整的样板，总结有利于环保的发展模式，有选择地在不同区域、结合资源、创新产业发展。三要提高水的利用率，实施节水制度化。发展循环经济、解决农田灌溉、恢复植被草坪、生活工业需要都离不开水，应在不同行业、不同家庭、不同区域制定较为科学的用水分配方案；与此同时，利用价格杠杆对不同用水量采取差异性收费标准，鼓励节约用水，引导居民养成节水意识。四要提高城市园林绿化面积，建设休闲生态广场；在城乡植被覆盖率较低的区域，实行绿化振兴计划，将绿化责任落实到每个家庭。

2. 旅游信息、设施与服务能力

旅游信息、设施与服务能力是宜游城市的核心保障，要从以下几方面来采取建设措施：一要立足国内市场，做好市场调查，分析渭南的客源市场及游客特征；借助国内主流媒体，集中优势力量进行有选择的营销，巩固现有市场，逐步拓宽其他市场；做精做细，形成渭南的品牌效应。二要加大信息基础设施建设，进行智能技术换代升级，将旅游信息融入到商务、交通、公安等公共平台中，实现数据信息共享，合力打造智慧旅游综合服务平台。三要强化旅游企业优质服务管理，从与旅游相关的核心企业入手，以制度来监管，从严落实；对于服务质量差的在宣传媒体进行通报，限期整改；对于服务质量好的要树立标杆，挂牌上星，给予行业发展政策支持；加强基础设施建设，从解决游客的如厕问题入手，把厕所建设成景区的景观点。四要进行招商引资，拓宽融资渠道，借助多种资本运作激活市场，设立旅游产业发展基金，探索新的产业经营模式；注重人才储备，制定优厚的引人计划，会聚产业高端人才，为产业发展提供智力支撑。

（三）渭南其他因素建设

上文结合渭南宜游城市测评结果，重点对环境适宜性，旅游信息、设施与服务能力提出了建设路径，而除这两个因素外，对整个宜游指标体系中涉及的经济生活性、旅游吸引力、交通可达性、社会包容性等因素建设也要进行考虑。

在旅游吸引力方面，渭南已有 1 个 5A 级华山风景区，2 个 4A 级景区，景区之间虽有一定同质性，但还要依托景区优势做好深度开发，从山脚开始，填补水景，增添华山景区的灵性；将关中民俗引入到旅游要素中，发展差异性产品；将文化资源充分利用起来，丰富旅游线路；适当建设其他景区，通过高级别景区带动级别较低景区，在观景路线上创新，延长时间与质量；借助靠近黄河条件，开发水上项目，将水、陆两种不同的旅游形式结合起来。在交通可达性方面，从景点的道路建设起步，加大投入，修筑舒适宽敞的柏油路，连接到主干道；加强城内交通管理，设置清晰的景区指示牌、城内路线标志。在社会包容性方面，做好低保人员最低生活保障，严格审核，深入家庭，加大社会保障覆盖面；加大对教育的投入，合理分配不同层次的教育资源，提升高等教育办学水平，与西安 985、211 高校结对，学习并内化先进办学经验。在经济生活性方面，发展服务业，增加就业岗位，提高就业人员收入；鼓励创业，争取国家、省级创业项目支持，形成良性的创业和就业环境。

五　铜川：药王仙山、独树一果

铜川是陕西省下辖地级市，与关中地区其他城市相比，基础条件较差。从前文铜川宜游城市指标计算结果可知，环境适宜性、旅游吸引力排在第十位；旅游信息、设施与服务能力，交通可达性，旅游业绩排在第九位；经济生活性排在第七位；社会包容性排在第六位。随后运用 SWOT 分析对铜川进行剖析，结合定量结果与定性分析，提出铜川建设宜游城市的定位为：药王仙山、独树一果。

（一）建设总体思路

加快城市化进程，全面促进经济社会发展，加大对基础设施的投入，治理生态环境，依托旅游资源，建好山岳型旅游景区，从南、北两个方向规划与布局旅游发展重心，全面提升城市建设的品质。

（二）建设重点

1. 旅游吸引力

旅游吸引力是宜游城市最主要的因素，铜川在整个关中地区基础较差，高级别景区只有2个4A级景区，与秦岭、华山相比，名气不够、财气乏力。需从以下方面采取建设措施：一要资源摸底，划清建设重点。对药王山、玉华宫加大投入、创造条件，争取成为5A级景区；引导低级别景区向高一级景区发展，建设好景区周边环境；挖掘景区文化内涵，提升景区形象。二要围绕景区建设配套提升景区其他基础条件，进行优质服务提升，提高游客满意度和重游率。三要挖掘旅游资源中的文化因素，将文化打造成独有的节事活动，以活动造势，并带动人气。四要进行城市形象营销，城市形象是一个城市的实体代言，以城市建设来支撑城市形象，由内及外整体统一。

2. 环境适宜性

铜川是资源型城市，曾是国内重要的煤炭生产基地，早期资源的开采破坏了生态环境，挤占了其他行业的生存及发展空间，在一定程度上也破坏了其他行业的环境空间。环境适宜性是宜游城市的大前提，需从以下方面采取建设措施：一要恢复生态，矿产开采对山体、植被破坏性较强，先从被破坏的地方开始恢复；进行植树造林，在生态较好区域打造休闲避暑胜地。严格执行环保措施，对运矿车辆实行监管；对烟尘排放督促到位，按环保要求执行。二要调整产业结构，发展第一、第三产业，将第二产业的收入向第一、第三产业分流，支持其发展，同时部分合理地退出第二产业，避免产业结构畸形，陷入资源型塌陷。三要开发矿产旅游，借鉴国内外先进经验，对开采结束的矿产进行开发，建设成矿产旅游胜地，实现变废为宝。

（三）铜川其他因素建设

上文结合铜川宜游城市测评结果，先对旅游吸引力、环境适宜性重点提出了建设路径，而除这两个因素外，对整个宜游指标体系中涉及的旅游信息、设施与服务能力，经济生活性，交通可达性，社会包容性等因素也要进行考虑。

在旅游信息、设施与服务能力方面，为配合旅游业发展，在智慧城市加大投资，搭建游客信息共享平台，为游客提供便利快捷的信息服务；针对不同游客群，做好市场调研，开发不同类型的食品及特色小吃，开发养生保健用品，服务游客对长寿的需求；依据往年游客住宿规律，建设不同消费级别的酒店；增添游客夜间活动的多样性，策划在广场表演特色歌舞。在交通可达性方面，连通主干交通，从外围提升交通的快捷性；在城乡，建设标准化的景观线路，提高内部的通畅度，做到景区道路标示清晰；加强城内交通管理，规范司机驾驶行为，不宰客、不欺生，做文明的铜川人。在社会包容性方面，加大投入，提升公益性医院、学校的比例，建好社区医院、乡村诊所；实行一年一排查，妥帖安置低保人员最低生活保障；对不同层次的教育进行资助，确保教育质量提高；建好城市图书馆，不定期开展读书活动，进行本土文化宣传，提高城乡居民文化素质。在经济生活性方面，提高居民收入水平，在收益分配上增强公平性，大力发展服务业，增加就业岗位，提升人员就业质量；采用财政资金建立创业基金，鼓励大学生及其他人员投身创业，将创业创意引导到支持第三产业发展上。

六　延安：革命圣地、寻根之城

延安是陕西省下辖地级市，拥有多个国家级城市称号。从前文延安宜游城市指标计算结果可知，社会包容性、旅游业绩排在第七位；环境适宜性、交通可达性排在第六位；旅游信息、设施与服务能力，经济生活性，旅游吸引力排在第四位。随后运用 SWOT 方法对延安进行分析，基于定量结果与定性分析，提出延安建设宜游城市的定位为：革命圣地、寻根之城。

（一）建设总体思路

主打延安精神旗帜，履行国家及全省战略部署，加快城市化进程，以红色文化统领精神文明建设，以红色旅游作为旅游业发展、创新、升级的核心骨架。加强基础设施建设，提高城市的智能化水平，将产业的结构调整融入到城镇化水平提升之中；着力打造延安发展新气象，将延安建设成较宜游城市。

（二）建设重点

1. 社会包容性

社会包容性是宜游城市的基本保证，延安需从以下方面来采取措施：一要做好社会特殊人群的帮扶，依据市场物价浮动，提高最低生活保障人群的基本生活水平，构筑城乡一体化安全网络体系；落实社会保障，加大资金投入，建好城乡福利院，关注重点人群。二要以延安精神引领文化建设，收集、整理散落在民间的革命故事，以故事来捍卫和充实延安精神；结合纪念日开展丰富的文化活动，将延安精神内化成居民素质，让游客感受、领悟延安精神；建设城市图书馆、乡镇图书室，为居民素质提高创造条件。三要抓实法制建设，进行普法宣传，在法制工作中创造公正、公平的良性气氛。四要发展教育，从基础教育改革抓起，培养学生的能力素质；增强高等教育办学实力，将延安大学办成全国弘扬红色主旋律的模范大学。

2. 交通可达性

交通可达性是宜游城市的先决条件，延安作为革命老区，要为前往革命圣地接受精神洗礼的人提供便利条件，需从以下方面采取措施：一要加大不同交通类型之间的连通，使省道国道之间，国道高速之间，高速、铁路与航空之间连接度提升，构成一个较为便利快捷的交通网络体系。二要将加大投入与融资相结合，争取国家、省的支持，规划建设城区道路，为城市公交设计专用通道；逐步提升城乡公路的级别，推行道路黑化。三要改善城内交通，加强管理、合理分流，对线路进行科学考证，调整不同时段车辆的出行数，避免过于集中，缓解拥堵；加大对到景区的道路建设，扩建容量较大的停车场。四要加快城市化进程，缩小城乡之间、乡乡之间的差距，进行市场调查，规划不同地区之间的公交线路，进行车辆开支补贴，提高居民出行乘坐公交的比例。

（三）延安其他因素建设

上文结合延安宜游城市测评结果，先对社会包容性、交通可达性两个因素重点提出建议路径。而除这两个因素外，对整个宜游指标体系中涉及的旅游信息、设施与服务能力，经济生活性，旅游吸引力，环境适宜性等因素同样需要考虑。

在旅游吸引力方面，延安已有 1 个 5A 级景区，4 个 4A 级景区，涵盖帝陵文化、自然风光、革命精神三种类型，其中黄帝陵景区享誉海内外，尤其在海外华人世界中的影响力不可小觑，是发展入境旅游的最强吸引力；要利用每年节事活动将影响力做大，力争提升在全国百强景区中的位置。4A级景区具有冲击5A级景区的综合实力，应加大建设力度，提升服务质量，创新形象营销。4A及以下级景区应择优建设，避免建设资金及人力分散。在旅游信息、设施与服务能力方面，应投入资金加强智慧城市建设，围绕与旅游相关的吃、住、游、购等要素做文章，开发地域特色小吃、汇集其他地方名吃，健全不同级别住宿标准的宾馆；围绕红色文化开展不同类型的体验游等。在环境适宜性方面，继续深化退耕还林、治沙植草的生态环保工程的效果；发展清洁能源，对烟尘、污染物的排放进行严格管控，逐步调整产业结构。在经济生活性方面，以旅游业为核心发展服务业，增加就业岗位，改革分配制度，调配不同行业间收入的差距，控制贫富分化；采用财政资金建立就业帮扶基金，提升就业比率。

七　榆林：锦绣榆林、绿色沙旅

榆林是陕西省下辖地级市，拥有多个省级、国家级城市称号。从前文榆林宜游城市指标计算结果可知，社会包容性、旅游业绩排在第十位；环境适宜性排在第九位；旅游吸引力排在第八位；经济生活性排在第六位；旅游信息、设施与服务能力排在第三位；交通可达性排在第二位。随后运用SWOT分析对榆林进行剖析，结合定量结果与定性分析，提出榆林建设宜游城市的定位为：锦绣榆林、绿色沙旅。

（一）建设总体思路

宏观上顺应区域空间布局调整，响应国家战略，使城市发展与产业转型、社会进步、生活质量等实现同频共振；中观上结合资源禀赋，进行项目运作，加大对民生、基础条件、社会保障等的投入；微观上围绕旅游产业升级，将城市建设与其精度结合，建成榆林宜游城市。

（二）建设重点

1. 社会包容性

社会包容性是宜游城市的基本保证，榆林曾因资源开发导致较为激烈的社会分化现象，社会矛盾较为集中，影响至今。对社会包容性的建设，榆林需采取以下方面的措施：一要提高居民最低生活保障，缩小贫富之间差距。发挥政府行政能力，对温饱线以下或刚脱贫的劳动者进行补贴，提供足够的生活保障，在合理合法范围内调节利益分配。二要实行区域帮扶对接，缩小榆林南北差距。榆林南部资源贫瘠，北部资源富集，资源优势使得北部比南部发展得要好，应采用结对子的方式，北部给予南部资金补贴、项目支持，促使南部获得发展动力，避免二者差距太大，协调二者之间的发展步伐。三要促进社会流动，使阶层合理分布。加快发展教育，给予生活困难学生生活补助、学业指导，促使其跳出农门；对贫困地区进行产业发展扶持，加大农业基础设施建设投入。四要发展公益事业，惠及多数民众。通过办乡镇企业，实现农村劳动力的就地转移；厘清优势，发展县域经济，促进农村剩余劳动力向非农产业转移，适度发展城镇规模，扩大对农村劳动力的容纳空间，形成社会和谐稳定基础，使榆林市社会结构逐渐合理化。

2. 环境适宜性

环境适宜性是宜游城市的大前提，榆林因开发资源、矿产企业使环境受到了较为严重的破坏，需采取以下方面的措施加以应对：一要严格环境保护制度，对资源型企业的烟尘排放实行收费，促使企业改进技术，严格要求进出城区的工程车辆；在城市建设中，按四季搭配种植花草树木，形成五彩缤纷的城市生态景观，建成城市生态环境保护群。二要合理规划城乡林业建设，借鉴典型城市的经验，移植适宜本地生长的乔木植物，在公园、城郊配置绿色生态圈，增加园林绿地面积；依据气候变化划定规模与数量，对居住社区、公私单位管辖范围、道路两旁等绿地建设进行特色规划，形成结构合理的城市园林体系。三要建设完备的景区生态系统，在景区周围、内部设计林木、花草的造型，整合林地、林网、散生木等多种模式，增加城市林木数量；以核心林地如红石峡水源保护区为森林生态基地，将景区的景观体系与城市的森林系统连成一片，形成处处是景、步步生态的循环系统。

（三）榆林其他因素建设

上文结合榆林宜游城市测评结果，先对社会包容性、环境适宜性两个因素重点提出了建议路径。而除这两个因素外，对整个宜游指标体系中涉及的旅游吸引力，旅游信息、设施与服务能力，经济生活性，交通可达性等因素同样需要考虑。

在旅游吸引力方面，榆林只有1个4A级景区，工业发展、资源开采挤占了旅游业发展的空间。应加强对其他旅游资源的开发，尤其对历史文化旅游资源进行包装、打造，使地下历史变为地上体验；对城市形象进行提升，设计清新可爱的城市卡通形象，对城市文化内涵进行诠释，扭转游客心中刻板的形象，提升亲和力、影响力。在旅游信息、设施与服务能力方面，加大投入，在城市智能化方面进行高端建设，搭建数字化平台；依据客源、合理规划，逐步建立消费档次适宜、服务理念周全、管理水平较高的住宿业体系；加强对旅游服务接待人员的培训，推行管理等级制度，不定期举办服务赛事；结合季节性卖点，针对不同客源地，满足不同需求的游客，创造性地利用榆林旅游资源，开发与营销不同层次、多种定位的旅游产品。在交通可达性方面，借助铁路和干线公路的客运优势，形成铁路—公路联运、专线公路与干线公路联合、景区景点公路交叉连网的体系。在经济生活性方面，加快城镇化进程，发展第一、第三产业，建设居民休闲广场，提高城镇居民生活质量，增加就业岗位，提升就业比率。

八　汉中：三国属蜀、颐养福地

汉中是陕西省下辖地级市，拥有多个国家级城市称号。从前文汉中宜游城市指标计算结果可知，经济生活性、旅游业绩、交通可达性排在第八位；旅游吸引力排在第六位；旅游信息、设施与服务能力排在第五位；社会包容性排在第四位；环境适宜性排在第三位。随后运用SWOT分析对汉中进行剖析，结合定量结果与定性分析，提出汉中建设宜游城市的定位为：三国属蜀、颐养福地。

（一）建设总体思路

以资源优势支起产业发展的骨架，契合国家战略、省区布局调整，加快城镇化建设，突破交通“瓶颈”，扭转发展劣势，托起成渝与关天两大经济区的沟通桥梁，在打造旅游精品的同时提升服务水准，完善各种旅游要素建设，将汉中建设成宜游城市。

（二）建设重点

1. 交通可达性

交通可达性是宜游城市的先决条件，汉中应从以下方面进行建设：一要融入大路网，蜀道交通的改善为汉中破解了外围进入交通的难题，加大对基础路网改造，主动融入大路网中，实现外循环到内流通的相互转换，提升整体外部交通的水平。二要连通主城区，依凭高速与一级公路，连通主城区，缩短城市间互通的时间，扩展城市空间面积，构建城市经济圈，放大其辐射带动作用。三要改善区域小交通，对城市内部交通进行有序管理，科学设计、缓解拥堵；加大投入，对乡镇交通进行道路黑化，升级改造；对景区内、外道路进行建设，种植景观树，增添多样性。

2. 经济生活性

经济生活性是宜游城市的物质基础，汉中区位劣势一定程度上致使产业发展、经济水平等较为落后。因此，汉中需在以下方面采取措施：一要以人为中心，提升城镇化质量，进行分配收入调整，增加城镇居民可支配收入；拓宽收入渠道，为居民提供较为均等的就业机会。二要大力发展产业，调整产业结构，优化内部治理，增加就业机会，引导农村剩余劳动力进城务工，适当放宽户籍限制，逐步实现农民工向市民身份转换。三要改善基础条件，随城市规模的扩大规划建好休闲广场、购物中心等，在惠及本地居民的同时满足游客的需求；抓好服务业的质量管理，引进现代化管理经验；发展好旅游业，为城市居民休闲度假、城郊游等提供适宜场所。

（三）汉中其他因素建设

上文结合汉中宜游城市测评结果，先对交通可达性、经济生活性两个因素重点提出了建设路径。而除这两个因素外，对整个宜游指标体系中涉及的旅游吸引力，旅游信息、设施与服务能力，社会包容性，环境适宜性等因素也需考虑。

在旅游吸引力方面，依托多个国家级荣誉称号，做好旅游城市形象营销，设计城市形象，传递城市的正能量；与关中、陕北城市对比，做好旅游市场的差异性开发，扬长避短，凸显资源优势；加大高级别景区的建设，形成区域性景区拳头产品。在旅游信息、设施与服务能力方面，伴随城镇化步伐注资建设智慧城市，完善与旅游相关要素的基础条件，开发具有汉中特色的餐饮，将文化融入到游、吃、娱、购中；建立具有不同接待标准的住宿体系，提升为游客服务的质量，使对服务的管理、监督、改进成为一种常态化机制。在社会包容性方面，促进社会发展，降低低保人员比例，提高最低生活保障，开展丰富的群众性活动，增强幸福指数。在环境适宜性方面，汉中生态状况较好，在产业发展、资源利用的同时注意对环境的保护，避免走"先破坏、后修复"的老路。

九　安康："硒"世"镇"宝、安乐康泰

安康是陕西省下辖地级市，拥有多个国家级城市称号。从前文安康宜游城市指标计算结果可知，经济生活性排在第九位；社会包容性，旅游信息、设施与服务能力排在第八位；交通可达性、旅游吸引力排在第七位；旅游业绩排在第六位；环境适宜性排在第一位。随后运用 SWOT 方法对安康进行分析，结合定量结果与定性分析，提出安康建设宜游城市的定位为："硒"世"镇"宝、安乐康泰。

（一）建设总体思路

坚持生态环保理念，创新发展思路，转变经济发展方式，推进城镇化与产业结构优化相融合，完善与游客相关的基础设施，构建舒心的旅游环境，将品牌营销与内涵体质结合起来，建设安康宜游城市。

（二）建设重点

1. 经济生活性

经济生活性是宜游城市的物质基础，安康需从以下方面采取措施：一要科学进行城市规划，注重城市建设质量，按照国家工资调整标准，理顺行业分配，提高城镇居民可支配收入；进行就业市场管理，创造多种就业岗位，降低失业率。二要进行产业优化升级，摒弃生态环境破坏性行业，借鉴其他地区经验，转移农村剩余劳动力，建立农民工权益保护机制，改革户籍，对进城农民进行有序分流，使其获得市民身份。三要配套基础设施，建设生活有生气、娱乐有场地、休闲有去处的综合社区，同时进行市场调研，分门别类地满足游客服

务需求，构建居民、游客的共享空间体系。

2. 旅游信息、设施与服务能力

旅游信息、设施与服务能力是宜游城市的核心保障，安康可采取以下措施：一要将自筹资金与招商引资结合起来，支持城市信息化基础建设，提高居民基本信息覆盖率，及时更新换代智能技术，打造综合信息平台，实现产业发展与政府部门共享。二要围绕“吃、住”等游客基本需求，提升餐饮质量、开发富硒特色品种，建立优质服务制度，满足层次不同的顾客；进行游客市场调查，对“游、购”等精神性需求区别对待，提高顾客满意度。三要加大对旅游人才的培养，建立培养基地，对口服务企业，为产业升级、景区升级提供智囊咨询。

（三）安康其他因素建设

上文结合安康宜游城市测评结果，先对经济生活性，旅游信息、设施与服务能力两个因素重点提出了建设路径。而除这两个因素外，对整个宜游指标体系中涉及的旅游吸引力、交通可达性、社会包容性、环境适宜性等因素也需考虑。

在旅游吸引力方面，争取4A级景区有突破，3A级景区有进步，在资源深度挖掘与文化内涵展演方面做文章，保护良好生态，发展养生休闲度假胜地，在旅游市场中寻找契机，做好产品区域营销。在交通可达性方面，与城镇化建设相协调，将铁路、航空、水运纳入交通网络；进行景区内外道路改造、升级，增强道路沿线的美化度与舒适性。在社会包容性方面，构建和谐社区，减少最低生活保障人数，提高低保户基本收入；大力发展优质教育，在不同区域间进行调配；丰富群众生活，提升居民素质。在环境适宜性方面，安康生态良好，应深化措施、防止破坏，形成环境保护与产业发展互动机制。

十　商洛：商山洛水、峡谷体验

商洛是陕西省下辖地级市，与其他城市相比，基础条件较为薄弱。从前文商洛宜游城市指标计算结果可知，交通可达性，经济生活性，旅游信息、设施与服务能力排在第十位；旅游吸引力、社会包容性排在第九位；旅游业绩、环境适宜性排在第五位。随后运用SWOT方法对商洛进行分析，结合定量结果与定性分析，提出商洛建设宜游城市的定位为：商山洛水、峡谷体验。

（一）建设总体思路

加快城市建设步伐，改善基础条件，将守住青山绿水与探索产业发展结合起来，进行升级改造，逐步完善硬件设施，提高服务质量，进行市场营销推广，建设商洛宜游城市。

（二）建设重点

1. 交通可达性

交通可达性是宜游城市的先决条件，商洛相对陕西省境内其他城市，基础薄、建设缓，需从以下方面着手：一要抢借国家战略，顺势而为、争取项目，从宏观上解决外围进入难问题；主动融入关天经济圈，实现大循环带动小循环。二要搭建铁路、航空立体交通网络平台，构建高级别的运输系统，实现人流、物流的快速运输。三要规划好城区路线，加快省道建设步伐，对城乡间道路进行提级；规划好景区内、外交通，设置标示清晰的道路引导牌。

2. 旅游信息、设施与服务能力

旅游信息、设施与服务能力是宜游城市的核心保障，需从以下几个方面着手：一要加快经济发展，调整产业结构，加强科技力量，进行自主创新，实现经济增速，为旅游基础设施建设提供财力支撑。二要转变服务理念，由原来的以“我”为主变为以“客”为主；健全服务系统、提高服务质量，在加大建设的基础上，加强各景区停车场、卫生管理，突出酒店的升级和建设，规划建设一批特色饮食街，加强服务和接待能力建设；在加大建设景观道路的基础上，树立明确的指示牌，开通公交车直达景区，提升交通道路舒适度，逐步形成星级消费水平的旅游接待服务体系。三要注重人才培养，有效地实施监督。建立长效培训机制，对旅游服务人员定期轮流培训，以实现规范化、制度化；加大对优秀导游员、讲解员、服务员的培养，树立楷模和榜样；建立旅游服务质量监督体系，借助社会力量和新闻媒体的监督作用，将新闻媒体曝光与发现问题、及时解决问题结合起来。

（三）商洛其他因素建设

上文结合商洛宜游城市测评结果，先对交通可达性，旅游信息、设施与服务能力两个因素重点提出了建设路径。而除这两个因素外，对整个宜游指标体系中涉及的旅游吸引力、经济生活性（在经济生活性方面，提高人均收入水平，调整产业结构，走健康可持续发展道路。）、社会包容性、环境适宜性等因素同样也需考虑。在旅游吸引力方面，商洛已有1个4A级景区，应加大建设力度，提升服务质量，创新形象营销；其他4A及以下级景区应择优建设，避免建设资金及人力分散。在社会包容性方面，加大投入，提升公益性医院、学校的比例，建好社区医院、乡村诊所；实行一年一排查，确保低保人员最低生活保障；对不同层次的教育进行资助，确保教育质量的提高；建好城市图书馆，不定期开展读书活动，进行本土文化宣传，提高城乡居民文化素质。在环境适宜性方面，商洛生态环境良好，应深化措施、防止破坏，形成环境保护与产业发展互动机制。

十一　各城市建设因素比较

从各个城市评价结果出发，对因素建设提出建议，在分清主次的前提下兼顾其他因素的建设（见表6－3）。每个城市的宜游建设目标各不相同，因为每个城市的基础条件、建设现状、发展后劲不在同一水平线上，因此，在建设中有些建议偏宜居成分，有些建议偏宜游成分，每个城市最终确定建设目标时也是有差异的，有一定层级区分。

表6－3　城市间建设因素比较

城市	首要建设因素	次要建设因素	其他建设因素
西安	环境适宜性	旅游吸引力	社会包容性，经济生活性，交通可达性，旅游信息、设施与服务能力
宝鸡	交通可达性	环境适宜性	社会包容性，经济生活性，旅游信息、设施与服务能力，旅游吸引力
咸阳	旅游信息、设施与服务能力	环境适宜性	社会包容性、经济生活性、交通可达性、旅游吸引力
渭南	环境适宜性	旅游信息、设施与服务能力	社会包容性、经济生活性、交通可达性、旅游吸引力

续表

城市	首要建设因素	次要建设因素	其他建设因素
铜川	旅游吸引力	环境适宜性	社会包容性，经济生活性，交通可达性，旅游信息、设施与服务能力
延安	社会包容性	交通可达性	经济生活性，旅游信息、设施与服务能力，环境适宜性，旅游吸引力
榆林	社会包容性	环境适宜性	经济生活性，交通可达性，旅游信息、设施与服务能力，旅游吸引力
汉中	交通可达性	经济生活性	社会包容性，旅游信息、设施与服务能力，环境适宜性，旅游吸引力
安康	经济生活性	旅游信息、设施与服务能力	社会包容性、交通可达性、环境适宜性、旅游吸引力
商洛	交通可达性	旅游信息、设施与服务能力	社会包容性、经济生活性、环境适宜性、旅游吸引力

第七章 结论与展望

第一节 主要结论

2012 年，党的十八大首次提出建设“美丽中国”的理念，受到各行业的积极响应，并成为国家建设的重要内容。旅游业是展示“美丽中国”的平台，也是建设“美丽中国”的轴心产业。2013 年，国家旅游局首次尝试推出“美丽中国之旅”活动；2014 年，确定主题为“美丽中国之旅——2014 智慧旅游年”；2015 年，主题定位为“美丽中国——2015 丝绸之路旅游年”。2011 年，我国城乡居民出游率超过 150%，这一进程的不断推进，致使旅游成为居民生活的刚性需求，促进了旅游业的迅猛增长。城市作为国内旅游的主要旅游目的地、客源地、周转地，已支撑开整个现代旅游的骨架。

宜游城市是旅游业与城市同轨发展、深度融合的产物，与“美丽中国”建设耦合。大美陕西是“美丽中国”建设的有机组成部分，本书以大美陕西与宜游城市作为探索“美丽中国”与宜游城市建设的样本，依据生态文明、城市品牌、旅游美学、城市旅游等理论，遵循“理论架构—构建指标—定量测度—建设路径”的思路，运用理论分析与定量计算相结合的方法，从大美陕西与宜游城市之间的关系，宜游指标体系构建，分区域、单城市综合测度，以结果提出区域、城市的宜游建设路径四个方面，对各部分进行了较为深入系统的研究。

主要结论如下：

（1）界定一个概念：宜游城市。梳理城市发展历史，并对与宜游城市相关的概念（城市旅游与乡村旅游、旅游城市化与城市旅游化）等进行辨析，明确宜游城市的概念为：建立在宜居基础上，具有独特吸引力且能较好满足旅游者需求的城市活动圈，与行政上市以及市辖县（区）的范围相对应。大于微观尺度上的城市旅游空间范围，小于宏观尺度的城市旅游空间范围，属于城市旅游空间的中观尺度范围。宜游城市是城市发展到一定阶段，与旅游业深度融合的产物。与宜居城市相比，可从以下七个方面来提炼宜游城市的特征：①具有极强的旅游吸引力。宜游城市必须是一个美丽的城市，美丽的城市不仅追求宜居，更追求在宜居基础上的城市环境美学价值，与其他城市相比，宜游城市有独具个性的吸引力（品牌景区、城市景观、地标建筑、节事庆典活动等），唯有如此，才具备作为宜游城市的最主要因素。如张家界市、黄山市等依托世界级自然遗产，以旅游立市；香港依托发达的商贸、物美价廉的商品，成为购物者的天堂；深圳依托区位、经济优势，打造城市主题公园等。②通达的交通是宜游城市的先决条件。游客要进得来、出得去、散得开，才能玩得爽。从交通条件来看，进、出要快捷、舒适，构筑陆、海、空一体化的交通网络，良好的进入性可缩短游客的时间距离；在城市与景区之间，建立快速通道，留给游客更多的游乐时间。③适宜的旅游功能以及能够满足旅游者需求的各种服务设施。宜游城市面对的主要是移动的旅游者，他们对城市的需求与居住者不同，宜游城市是建立在宜居的基础上对城市旅游功能的综合提升。④良好的生态环境是宜游城市的大前提，从满足与服务的对象来看：宜居城市的功能更侧重本地居民，而宜游城市服务的是外地游客。在同一个城市，宜居与宜游作为城市功能是有交集的，不是彼此包含的关系。宜居的城市首先应该具备安全舒适的生态环境和良好的人文环境等，这也是构成宜游城市的基础。⑤和谐的社会包容性。宜居城市具有一定的私密性、排他性；而宜游城市应具有开放性、接纳性；在同一个城市，大量游客的涌入，与本地居民共用部分公共设施，压缩原住居民的物理及心身空间，因此市民的素质以及好客程度也是宜游城市较为重要的因素。⑥有质量的生活经济水平是宜游城市的物质基础。游客以中心城区为暂住地向周边扩散，不会局限在一个区域，而是形成一个城市圈，城市发展程度与居民生活水平的高低都会对游客造成一定的影响。⑦可喜的旅游业绩。作为宜游城市的检验标准，它是判断一个城市宜游性的尺度。

本书将宜游城市分为宜游城市、较宜游城市、一般宜游城市、弱宜游城市。宜游城市是既适合居住又适宜旅游的城市，既有比较高的环境适宜性、社会包容性、经济生活性，又具有良好的交通可达性，诱人的旅游吸引力，高水平的旅游信息、设施与服务能力和不错的旅游业绩；较宜游城市与宜游城市相比在各方面仍有上升空间，需加快发展；一般宜游城市在宜居性、宜游性以及二者结合上都有待进一步的发展；弱宜游城市的综合条件与发展水平在短期内难以达到宜游城市的要求与标准，需继续在城市宜居、宜游两个方面下功夫，以高标准来推进城市的发展。

（2）探讨一个关系：大美陕西与宜游城市。“美丽中国”理念提出后，受到理论界与业界重视，它不再是一个政治口号，而是治国理念与理论研究的耦合。经济学研究如何推动经济增长，实现共同富裕，促进物质文明建设；政治学研究如何惩治腐败犯罪，维护社会安定团结，促进政治建设；而大美陕西与宜游城市的关系则是“美丽中国”旅游学研究的重点。城市是接纳游客的重要场所，是“美丽中国”建设的主阵地；大美陕西是“美丽中国”的有机组成部分，宜游城市是大美陕西的核心，宜游城市的建设凸显大美陕西的“亮点”。

（3）构建一套指标：宜游城市指标体系。体系的诞生经历四个阶段“述评→借鉴→考量→重生”：①研究对以往的各种相关的指标体系进行认识、评述，并解读其构建的理论基础；②借鉴以往指标中合理的部分，摒弃认识出现分歧的部分，初步进入构建阶段；③进行理论回归，严密思考，与专家讨论其合理性、科学性，依据专家咨询法与评价函数，对每一层指标的权重进行多次推敲、斟酌，对指标进行正逆性研判及无量纲化处理，再通过专家咨询，汇总整理意见，进一步考量各指标设置的科学性；④最后结合多位专家的建议，仔细推敲，确定宜游城市指标体系。宜游城市指标体系（评价综合层）由 7 个评价难度、19 个评价因素、64 个评价指标构成，其中交通可达性是先决条件，旅游吸引力是最主要因素，旅游信息、设施与服务能力是核心保障，环境适宜性是宜游城市的大前提，社会包容性是基本保证，经济生活性是物质基础，旅游业绩是检验标准。

（4）进行一次评价：陕西十地市宜游城市定量测评。收集各地市的原始数据，运用正、逆向指标公式对原始数据进行无量纲化处理，再按照指标的层次分类符、权重，利用求和公式逐层计算出结果。对旅游吸引力，交通可达性，旅游信息、设施与服务能力，旅游业绩，环境适宜性，社会包容性，经济生活性进行比较，结果如下：单因素、单城市：①旅游吸引力：西安 > 宝鸡 > 咸阳 > 延安 > 渭南 > 汉中 > 安康 > 榆林 > 商洛 > 铜川；②交通可达性：西安 > 榆林 > 咸阳 > 宝鸡 > 渭南 > 延安 > 安康 > 汉中 > 铜川 > 商洛；③旅游信息、设施与服务能力：西安 > 宝鸡 > 榆林 > 延安 > 汉中 > 渭南 > 咸阳 > 安康 > 铜川 > 商洛；④旅游业绩：西安 > 渭南 > 咸阳 > 宝鸡 > 商洛 > 安康 > 延安 > 汉中 > 铜川 > 榆林（前四个因素分区域比较：关中 > 陕北 > 陕南）；⑤环境适宜性：安康 > 西安 > 汉中 > 宝鸡 > 商洛 > 延安 > 咸阳 > 渭南 > 榆林 > 铜川；⑥社会包容性：西安 > 咸阳 > 宝鸡 > 汉中 > 渭南 > 铜川 > 延安 > 安康 > 商洛 > 榆林；⑦经济生活性：西安 > 宝鸡 > 渭南 > 延安 > 咸阳 > 榆林 > 铜川 > 汉中 > 安康 > 商洛（后三个因素分区域比较：关中 > 陕南 > 陕北）。同时，运用雷达图法直观比较七个因素的表现特征。

随后运用聚类分析法将陕西十地市分为 3 类、4 类进行比较。相比而言，4 类更适合对陕西十地市的结果的分类。进一步对综合结果与各评价综合层之间的关系进行显著性检验，结果显示：宜游城市最终得分与社会包容性，经济生活性，交通可达性，旅游吸引力，旅游信息、设施与服务能力，旅游业绩表现出显著的相关性，而且相关系数均比较高，进一步表明这六个综合层对宜游城市的最终得分的贡献很显著。而宜游城市最终得分与环境适宜性并未表现出显著相关性，表明环境质量差异对宜游城市的最终结果影响微弱。究其原因，首先，宜游城市的评价影响因素较多；其次，人们环境意识淡薄；最后，需要从时间序列数据来考证环境变化对宜游城市的最终结果影响。最后以 SWOT 分析与雷达图直观呈现单个城市的宜游性。

（5）探讨可行路径：分区域、分城市建设。大美陕西宜游城市建设要从区域布局开始，以点带面，以线扩片，建设在全国地位重要、区域优势突出、布局合理、适宜游客旅游的综合型、多功能城市。

综合评价结果，将陕西比作“大鹏”，提出旅游腾飞战略，分区域，根据城市形象定位进行建设构想。①分区域。关中地区：核心主轴——鹏之躯干；陕北地区：黄土风情——鹏之北翼；陕南地区：山水秦岭——鹏之南翼。②分城市。西安：千年帝都、丝路起点；宝鸡：炎帝故里、垂名青铜；咸阳：秦都咸阳、帝陵之乡；渭南：“渭”峨华夏、险峻华山；铜川：药王仙山、独树一果；延安：革命圣地、寻根之城；榆林：锦锈榆林、绿色沙旅；汉中：三国属蜀、颐养福地；安康：“硒”世“镇”宝、安乐康泰；商洛：商山洛水、峡谷体验。

运用逆向影响、正向影响对区域和单个城市的建设要素进行排序，再以“木桶原理”为指导将建设要素分为首要、次要和其他三类。从区域来看：关中首要建设的是环境适宜性，次要建设的是旅游信息、设施与服务能力；陕北首要建设的是社会包容性，次要建设的是环境适宜性；陕南首要建设的是经济生活性，次要建设的是交通可达性。除此而外，也对其他因素依次提出简要建设建议。分城市来看：西安首要建设的是环境适宜性，次要建设的是旅游吸引力；宝鸡首要建设的是交通可达性，次要建设的是环境适宜性；咸阳首要建设的是旅游信息、设施与服务能力，次要建设的是环境适宜性；渭南首要建设的是环境适宜性，次要建设的是旅游信息、设施与服务能力；铜川首要建设的是旅游吸引力，次要建设的是环境适宜性；延安首要建设的是社会包容性，次要建设的是交通可达性；榆林首要建设的是社会包容性，次要建设的是环境适宜性；汉中首要建设的是交通可达性，次要建设的是经济生活性；安康首要建设的是经济生活性，次要建设的是旅游信息、设施与服务能力；商洛首要建设的是交通可达性，次要建设的是旅游信息、设施与服务能力。除此而外，对宜游城市指标中其他因素也有所考虑。

第二节 创新之处

本书的主要创新点有：

（1）旅游视角下的“美丽中国”探究。旅游业（学）是一个发现美、鉴赏美、建设美的产业，与“美丽中国”建设有着千丝万缕的联系。基于此，分别从三个维度进行研究：因何而美——从旅游资源的视角出发探讨美的成因、机制；到底多美——从旅游美学的视角进行美的评价、比较；如何更美——从旅游管理的视角思考美的建设、形象定位等。试图以此建立“美丽中国”旅游研究的理论框架。

（2）在“美丽中国”的理念下，注重城市建设与旅游业发展的有机融合，循着城市发展历史脉络——城→市→城市→宜居城市→宜游城市，进行理论分析，辨识城市功能的变化，对比宜居与宜游，提炼宜游城市的概念，廓清内涵、外延、特征及地域空间范围。

（3）基于宜游城市概念、内涵、外延、特征及地域空间范围，经过“述评→借鉴→考量→重生”四个阶段，构建相对合理的宜游城市指标体系，由 7 个评价难度、19 个评价因素、64 个评价指标构成；综合专家意见，运用层次分析法确立各指标的权重。

第三节 未来展望

“美丽中国”建设是一个全面系统的工程，在为旅游业发展带来重大机遇的同时也提出了更高的要求。大力发展旅游业，科学引导宜游城市的建设，是中国城市旅游与人民幸福指数提升的重大现实需要和科学命题。本文以陕西为研究对象，构建宜游城市指标体系，系统收集相关资料和数据，对大美陕西与宜游城市进行了较为系统的研究，在理论的深度与实践的探索方面仍有较大空间，需在未来的研究中进一步加以完善与解决。

（1）宜游城市指标构建。本文在构建指标时，尝试将城市宜居与宜游结合起来考虑，指标的前四项内容即旅游吸引力，交通可达性，旅游信息、设施与服务能力，旅游业绩侧重对城市宜游性评价，比重占约2/3；后三项内容即环境适宜性、社会包容性、经济生活性侧重对城市宜居性的评价，比重占约1/3。但此种尝试同时也造成对城市宜居性、宜游性测评均不足，影响到对城市宜游性的认识。

（2）内容设计的合理性。宜游指标体系由1个总目标层、7个评价维度、19个评价因素、64个评价指标构成，以此对宜游城市进行测评。64个评价指标涉及与城市宜游性相关的大部分内容，但仍有一些未被纳入考量。比如游客满意度，国家旅游局每年会分季度发布游客满意度报告，对全国游客满意情况进行通报，也会对抽检城市做出评价，陕西省部分城市会被提及，但没有十地市的全年数据，所以在设计时只有放弃这一较为重要的指标内容；又如景区厕所数量，2015年，国家旅游局将此作为一项重要工作，从城市宜游性的角度来看，理应也被考虑在内。

（3）数据选择。进行陕西省十地市宜游城市测评时，收集采用的是截面数据，换言之，本文尚未顾及到宜游城市发展的阶段性，从城市发展历史来看，从时间序列来考量城市宜游性更加合理，也是本文后续努力的目标。

（4）以陕西为例，“美丽中国”提出后，理论的探讨与实践的摸索从未停止，本文以大美陕西为例来研究其与宜游城市的关系，若将视野放宽，整个西北乃至全国其他地区情况、从单个省份到多个省份的对比，以及全国多个区域的对比都是有研究意义且值得探讨的。

（5）建设路径的探讨。本文的研究思想是“以评促建”，通过对陕西省十地市的测评，理出首要、次要及其他建设要素，以期有重点、顾全局地进行宜游城市建设。但本研究的结果未必与地方政府提出的建设思路相吻合，二者之间出现差异的原因也是值得探讨的一个课题。例如咸阳的旅游信息、设施与服务能力建设，尤其是信息化建设已走在前列，但在建设路径探讨时仍将其作为首要要素，主要的原因是这一指标还涵盖着其他因素。

参考文献

[1] 胡锦涛:《坚定不移沿着中国特色社会主义道路前进，为全面建成小康社会而奋斗》，人民出版社 2012 年版。

[2] 谭志喜、孙根年、冯庆:《旅游视角下“美丽中国”探析》，《江西社会科学》2014 年第 10 期。

[3] 陆志远:《旅游业是建设“美丽中国　幸福海南”的重要平台》，《新东方》2013 年第 1 期。

[4] 杨亚丽、孙根年:《城市化推动我国国内旅游发展的时空动态分析》，《经济地理》2013 年第 7 期。

[5] 郑新立:《新常态下的旅游业发展机遇》，《中国青年报》2015 年第 11 期。

[6] 赵汀阳:《论可能生活》，中国人民大学出版社 2004 年版。

[7] 单之蔷、刘晶、李志华:《中国国家地理选美中国特辑》，中国国家地理杂志社 2004 年版。

[8] 李经龙:《中国品牌旅游资源评价及其开发战略研究》，博士学位论文，南京师范大学，2007 年。

[9] 吴坚、陈国强:《“美丽中国”的特色及思考》，《中国电视》2011 年第 11 期。

[10] 周汉民:《生态文明与美丽中国》，《上海市社会主义学院学报》2012 年第 6 期。

[11] 许瑛:《“美丽中国”的内涵、制约因素及实现途径》，《理论界》2013 年第 1 期。

[12] 万俊人:《美丽中国的哲学智慧与行动意义》，《中国社会科学》2013 年第 5 期。

［13］王晓广：《生态文明视域下的美丽中国建设》，《北京师范大学学报》（哲学社会科学版）2013 年第 2 期。
［14］李建华、蔡尚伟：《“美丽中国”的科学内涵及其战略意义》，《四川大学学报》（哲学社会科学版）2013 年第 5 期。
［15］左静：《中国特色发展道路的新创举》，《南京理工大学学报》（社会科学版）2013 年第 2 期。
［16］刘峰：《以生态文明机制促美丽中国建设》，《中国社会科学报》2012 年 12 月 28 日。
［17］邓玲、严金明、曾刚：《深入推进生态文明　努力建设美丽中国——“社会主义生态文明建设专题学术研讨会”专家发言选登》，《光明日报》2013 年 1 月 23 日。
［18］沈满洪：《论美丽中国建设》，《观察与思考》2013 年第 1 期。
［19］丁仲礼、贺铿、卢耀如：《“我心中的美丽中国”座谈会》，《中国科学报》2013 年 3 月 4 日。
［20］丁仲礼、刘志彪、张全：《美丽中国用什么抚慰我们的乡愁》，《光明日报》2014 年 3 月 5 日。
［21］张子贤：《建设美丽中国需要发展循环经济》，《人民日报》2013 年 4 月 5 日。
［22］甘露、蔡尚伟、程励：《“美丽中国”视野下的中国城市建设水平评价——基于省会和副省级城市的比较研究》，《思想战线》2013 年 4 期。
［23］李雪：《生态文明和美丽中国建设的理解与思考——复旦大学经济学院严法善访谈录》，《经济师》2014 年第 2 期。
［24］蔡书凯、胡应得：《美丽中国视域下的生态城市建设研究》，《当代经济管理》2014 年第 3 期。
［25］张云路、章俊华、李雄：《基于构建“美丽中国”的我国村镇绿地建设重要性思考》，《中国园林》2014 年第 3 期。
［26］李小辉、罗春梅：《美丽中国建设中的六个维度》，《河北联合大学学报》（社会科学版）2014 年第 1 期。
［27］马波：《“美丽中国”生态文明建设法制保障分析——以群众路

线为切入点》,《广西大学学报》(哲学社会科学版)2013 年第 5 期。

[28] 解保军:《努力建设美丽中国——马克思主义中国化的新维度》,《南京林业大学学报》(人文社会科学版)2013 年第 6 期。

[29] Bob Mckercher, “Attributes of Popular Cultural Attractions in Hong Kong”, *Annals of Tourism Research*, 2004: 393 – 407.

[30] Anna Chiesura, “The Role of Urban Parks for the Sustainable City”, *Landscape and Urban Planning*, 2004: 129 – 138.

[31] Stephen W. Litvin, “Streetscape Improvements in a Historic Tourist City a Second Visit to King Street , Charleston, South Carolina”, *Tourism Management*, 2005: 421 – 429.

[32] 卞显红:《城市旅游空间结构形成机制分析——以长江三角洲为例》,博士学位论文,南京师范大学,2007 年。

[33] Douglas G. , “Tourism in Paris: Stud – ies at the Microscale”, *Annals of Tourism Research*, 1999: 77 – 97.

[34] 卞显红:《城市旅游空间结构研究》,《地理与地理信息科学》2003 年第 1 期。

[35] 陶伟、戴光全、吴霞:《“世界遗产地苏州”城市旅游空间结构研究》,《经济地理》2002 年第 4 期。

[36] 吴承照:《城市旅游的空间单元与空间结构》,《城市规划学刊》2005 年第 3 期。

[37] 汪德根:《城市旅游空间结构演变与优化研究——以苏州市为例》,《市规划设计》2007 年第 1 期。

[38] Judd D. R. , “Promoting Tourism in US Cities”, *Tourism Management*, 1995: 175 – 187.

[39] Brawellb, “Tourism Marketing Images of Indust Rial Cities”, *Annals of Tourism Research*, 1996: 201 – 221.

[40] 金卫东:《城市旅游形象浅析》,《城市规划汇刊》1995 年第 1 期。

[41] 李蕾蕾:《城市旅游形象设计探讨》,《旅游学刊》1998 年第 1 期。

[42] 崔凤军:《城市形象电视广告的营销效应研究》,《旅游学刊》2004 年第 2 期。

[43] 程金龙:《城市旅游形象的内在机理研究》,《华东经济管理》2009 年第 2 期。

[44] 李娟文、彭红霞、何军:《论城市旅游形象的塑造——以湖北武汉市为例》,《人文地理》1999 年第 3 期。

[45] 周玲强、白鸥、周永广、吕建中:《杭州国际旅游形象再定位和对杭州国际旅游发展的思考》,《经济地理》2004 年第 3 期。

[46] 徐菲菲、Cu Kai、万旭才、刘沛林:《南京城市旅游形象探讨》,《地理与地理信息科学》2005 年第 3 期。

[47] 马晓龙:《西安城市旅游形象再定位研究》,《干旱区资源与环境》2006 年第 1 期。

[48] Parletg, Flet Cher J., Cooper C., "The Impact of Tourism on the Old Town of Edin Burgh", *Tourism Management*, 1995: 355 - 360.

[49] Adam Finn, "The Economic Impact of a Mega-multi-mall, Estimation issues in the Case of West Edmonton Mall", *Tourism Management*, 1995: 367 - 373.

[50] Steven C. Deller., "Recreational Housing and Local Government Finance", *Annals of Tourism Research*, 1997: 687 - 705.

[51] Carol M. Eastman, "Tourism in Kenya and the Marginalization of Swahili", *Annals of Tourism Research*, 1995: 172 - 185.

[52] T. C. Chang., "Urban Heritage Tourism, the Global-local Nexus", *Annals of Tourism Research*, 1996: 284 - 305.

[53] Antonio Paolo Russo, "The Vicious Circle of Tourism Development in Heritage Cities", *Annals of Tourism Research*, 2002: 165 - 182.

[54] Hughe S. H. L. "Theatre in London and the Inter - relationship with Tourism", *Tourism Management*, 1998: 445 - 452.

[55] Lukashina N. S., Marat M., "Tourism and Environment Aldegrada-

tion in Sochi, Russia”, *Annals of Tourism Research*, 1996: 654 - 666.

[56] Stuart M. M., Erle T. C., “Tourism Typology: Observations from Belize”, *Annals of Tourism Research*, 1998: 675 - 699.

[57] David Gilbert., “An Exploratory Examinat ion of Urban Tourism Impact, with Reference to Residents Attitudes, in the Cities of Canterbury and Guildford”, *Cities*, 1997: 343 - 352.

[58] Tim Snaith, “Residents Opinions of Tourism Development in the Historic city of York, England”, *Tourism Management*, 1999: 595 - 603.

[59] Tim Coles, “The Emergent Tourism Industry in Eastern Germany a Decade after Unification”, *Tourism Management*, 2003: 217 - 226.

[60] 张文:《审视阳朔旅游的发展:社会文化影响的调查与比较》,《旅游学刊》2003 年第 5 期。

[61] 宣国富、陆林、章锦河、杨效忠:《海滨旅游地居民对旅游影响感知——海南省海口市及三亚市实证研究》,《地理科学》2002 年第 6 期。

[62] 杨兴柱、陆林:《城市旅游地居民感知差异及其影响因素系统分析——以中山市为例》,《城市问题》2005 年第 2 期。

[63] N. Leiper, “The Framework of Tourism: Towards a Definion of Tourism, Tourism and the Tourist Industry”, *Annals of Tourism Research*, 1979: 90 - 407.

[64] Enright M. J., Newton J., “Tourism Destination Competitiveness: A Quantitative Approach Tourism Management”, 2004: 777 - 788.

[65] 屈海林、邱汉琴:《香港都市旅游的形象与竞争优势》,《旅游学刊》1996 年第 1 期。

[66] 保继刚:《广东城市海外旅游发展动力因子量化分析》,《旅游学刊》2002 年第 2 期。

[67] 苏伟忠、杨英宝、顾朝林:《城市旅游竞争力评价初探》,《旅游学刊》2003 年第 3 期。

[68] 郭舒、曹宁:《城市旅游发展的竞争力分析与政策建议》,《商

业研究》2004 年第 9 期。

［69］董锁成、李雪、张广海、金贤锋：《城市群旅游竞争力评价指标体系与测度方法探讨》，《旅游学刊》2009 年第 2 期。

［70］傅云新、胡兵、王烨：《中国 31 省市旅游竞争力时空演变分析》，《经济地理》2012 年第 6 期。

［71］王琪延、黄羽翼：《中国城市旅游竞争力动态分析》，《经济问题探索》2014 年第 2 期。

［72］［英］埃比尼泽·霍华德：《明日的田园城市》，金经元译，商务印书馆 2000 年版。

［73］董晓峰、杨保军：《宜居城市研究进展》，《地理科学进展》2008 年第 3 期。

［74］吴良镛：《人居环境科学导论》，中国建筑工业出版社 2001 年版。

［75］任致远：《关于宜居城市的拙见》，《城市发展研究》2005 年第 4 期。

［76］李扬：《“宜居”才是城市发展的关键词》，《中华建设》2005 年第 2 期。

［77］张文忠、尹卫红、张景秋：《中国宜居城市研究报告》，社会科学文献出版社 2006 年版。

［78］李丽萍、郭宝华：《关于宜居城市的几个基本问题》，《重庆工商大学学报》（西部论坛）2006 年第 3 期。

［79］顾文选、罗亚蒙：《宜居城市科学评价标准》，《北京规划建设》2007 年第 1 期。

［80］董晓峰、刘星光、刘理臣：《兰州城市宜居性的参与式评价》，《干旱区地理》2010 年第 1 期。

［81］邓海骏：《建设高品质宜居城市探究》，博士学位论文，武汉大学 2011 年版。

［82］朱晓清、甄峰：《慢城运动对国内城市宜居建设的启示》，《现代城市研究》2011 年第 9 期。

［83］张明斗、王雅莉：《慢城：低碳、宜居城市新模式》，《经济问

题探索》2012 年第 3 期。

[84] 胡小武：《论从“五有”到“五宜”的城市发展理念创新》，《南京社会科学》2008 年第 5 期。

[85] 骆高远：《宜居城市与城市旅游的互动研究——以浙江省金华市为例》，《经济地理》2009 年第 4 期。

[86] 张红：《对建设宜居宜游城市的几点思考》，《石家庄经济学院学报》2012 年第 1 期。

[87] 徐万佳：《宜居宜游休闲化是城市功能演化的新方向》，《中国旅游报》2013 年第 1 期。

[88] 桂强芳、薛凤旋：《中国城市竞争力年鉴 2013》，《中国城市竞争力研究会、中国城市杂志社 2007 年版。

[89] 刘爱莉：《中国老年人宜居宜游城市评价指标体系发布》，《中国老年报》2013 年 6 月 8 日。

[90] 孙明菲：《滨海旅游城市宜游度评价研究》，硕士学位论文，华侨大学，2012 年。

[91] 孙根年、潘潘：《陕西十地市旅游业发展的地区差异及其影响因素分析》，《干旱区资源与环境》2013 年第 11 期。

[92] 王晓峰：《基于 TMIS 和 TGIS 比较的陕西旅游资源决策支持系统研究》，博士学位论文，陕西师范大学，2005 年。

[93] 李君轶：《基于 Internet 的陕西国内旅游市场虚拟研究》，博士学位论文，陕西师范大学，2007 年。

[94] 刘迎辉：《陕西省旅游经济效应评价研究》，博士学位论文，西北大学，2010 年。

[95] 宋咏梅：《区域旅游产业发展潜力测评及显化机制研究：以陕西为例》，博士学位论文，陕西师范大学 2013 年。

[96] 向云波、谢炳庚：《“美丽中国”区域建设评价指标体系设计》，《统计与决策》2015 年第 5 期。

[97] 喻红：《论“美丽中国”视域下的国家新形象与旅游产业建设战略路径》，《旅游论坛》2013 年第 7 期。

[98] 万军、李新、吴舜则：《美丽城市内涵与美丽杭州建设战略研

究》，《环境科学与管理》2013 年第 10 期。

［99］刘佳奇：《“美丽中国”的价值解读与环境保护新审视》，《学习与实践》2012 年第 12 期。

［100］左玉辉：《环境学》，高等教育出版社 2002 年版。

［101］刘海岩、郝克路：《城市用语新释》（一）(三)，《城市》2007 年第 1 期。

［102］何一民：《中国城市史》，武汉大学出版社 2012 年版。

［103］张海林：《苏州早期城市现代化》，南京大学出版社 1999 年版。

［104］王兵：《从中外乡村旅游的现状对比看我国乡村旅游的未来》，《旅游学刊》1999 年第 22 期。

［105］Mullins, Patrick, “Tourism Urbanization”, *International Journal of Urban and Regional Research*, 1991: 326 – 342.

［106］黄震方、吴江、侯国林：《关于旅游城市化问题的初步探讨》，《长江流域资源与环境》2000 年第 2 期。

［107］徐红罡：《城市旅游与城市发展的动态模式探讨》，《人文地理》2005 年第 1 期。

［108］陆林、郭敬炳：《旅游城市化研究进展及启示》，《地理研究》2006 年第 4 期。

［109］麻学锋、孙根年：《张家界旅游城市化响应强度与机制分析》，《旅游学刊》2012 年第 3 期。

［110］马星、汤燕良：《基于人的需求导向下多元化“宜游”城市建设思路探索——以湛江为例》，《多元与包容——2012 中国城市规划年会论文集》（13. 城市规划管理），2012 年。

［111］曾珍香、李艳双：《复杂系统评价指标体系研究》，《河北工业大学学报》2001 年第 1 期。

［112］张春泉：《“正能量”：科学术语中的一个“高能”热词——基于认知语义的语域渗透理据分析》，《江汉学术》2013 年第 6 期。

［113］YOYO：《给过劳肌肤休个年假》，《中国科学美容》2008 年第

12 期。

[114] 陶继新、胡正明：《书写大写的人——异军突起的济南市历城双语实验学校》，《中国教育报》2009 年 9 月 19 日。

[115] 薛致娟：《电视娱乐节目价值观的探析》，《东南传播》2010 年第 9 期。

[116] 汪金友：《积聚正能量　抵制负能量》，《学习月刊》2013 年第 11 期。

[117] 余谋昌：《当代社会与环境科学》，辽宁人民出版社 1986 年版。

[118] 刘仁胜：《关于生态文明的英文翻译》，http：//sl. iciba. com/viewthread - 25 - 409784 - 1. shtml.

[119] 邱耕田：《三个文明协调发展：中国可持续发展的基础》，《福建论坛》（经济社会版）1997 年第 3 期。

[120] 李红卫：《生态文明——人类文明发展的必由之路》，《社会主义研究》2004 年第 6 期。

[121] 廖才茂：《论生态文明的基本特征》，《当代财经》2004 年第 9 期。

[122] 毛明芳：《生态文明的内涵、特征与地位——生态文明理论研究综述》，《中国浦东干部学院学报》2010 年第 5 期。

[123] Reitzes，“Urban Images：A Social Psychological Approach”，*Sociological Inquiry*，1983：314 - 332.

[124] Gamba，“An efficient Neural Classification Chain of SAR and Optical Urban Images”，*International Journal of Remote Sensing*，2001：1535 - 1553.

[125] Campkin，“Urban Image and Legibility in King's Cross”，*London*：*Advances in Aart*，*Urban Futures*，2004：63 - 79.

[126] Chura，“Talking the Talk Part of Job for Urban Marketing Chief”，*Advertising Age*，2001：45.

[127] Keller，“*Strtegic Brand Management*：*Building*，*Measuring & Managing Brand Equity*”，New Jersey：PrenticeHall，Inc，1998.

[128] Whitfield, Paul, "Belfast Visitors' Bureau Goes Direct to Tourist Industry to Develop City Brand", *Marketing* (*U K*), 1999: 13.

[129] Lloyd, Brenda, "Wha t's Hot in Atlanta: Denim, Urban Brands", *Daily News Record*, 2003: 8.

[130] Gellers, Stan, "Urban on Top at off 2 Price Show", *Daily News Record*, 2003: 12.

[131] Gibson T. A., "Selling City Living: Urban Branding Campaigns, class Power and the Civic Good", *International Journal of Cultural Studies*, 2005: 259 – 280.

[132] 蒋敏芝:《论现代城市的形象构建与传播设计》,《上海大学学报》(社会科学版)2002 年第 4 期。

[133] 徐根兴:《论城市公关与城市形象》,《兰州大学学报》(社会版)1995 年第 2 期。

[134] 张鸿雁:《论当代中国城市的整体 CI 方略导入》,《科学学与科学技术管理》1995 年第 4 期。

[135] 高文杰、路春艳:《城市特征形象系统(CIS)规划》,《城市规划汇刊》1996 年第 6 期。

[136] 董晓峰:《城市形象研究的兴起》,《兰州城市形象与城建法制研究》1999 年第 3 期。

[137] 陈建新、姜海:《试论城市品牌》,《宁波大学学报》(人文科学版)2004 年第 2 期。

[138] 杜青龙、袁光才:《城市品牌定位理论与实证分析》,《西南交通大学学报》(社会科学版)2004 年第 6 期。

[139] 夏曾玉、谢健:《区域品牌建设探讨——温州案例分析》,《中国工业经济》2003 年第 10 期。

[140] 吉福林:《论打造城市品牌》,《商业研究》2004 年第 24 期。

[141] 李成勋:《城市品牌定位初探》,《市场经济研究》2005 年第 6 期。

[142] 陈跃兵:《论中国城市品牌的发展》,《生产力研究》2004 年第 11 期。

［143］刘新鑫：《重大事件传播对城市形象的塑造》，《现代传播》2004 年第 8 期。

［144］［美］凯文·莱恩·凯勒：《战略品牌管理（第三版）》，卢泰宏、吴水龙译．中国人民大学出版社 2009 年版。

［145］叶郎：《旅游离不开美学》，《中国旅游报》1988 年 1 月 20 日。

［146］章采烈：《论柳宗元的旅游美学观》，《江汉论坛》1992 年第 2 期。

［147］卢善庆：《中国古代旅游美学思想的总体特色》，《上海艺术家》1997 年第 2 期。

［148］沈振剑、杨建华：《中国古代文士名人的旅游美学意蕴探微》，《中州学刊》2010 年第 2 期。

［149］赵士林：《当代中国美学研究概述》，天津教育出版社 1988 年版。

［150］宗白华：《关于美学研究的几点意见》，《文艺研究》1982 年第 2 期。

［151］陶济：《景观美学的研究对象及主要内容》，《天津社会科学》1985 年第 4 期。

［152］郑家度：《旅游美学研究》，《财贸研究》1985 年第 6 期。

［153］乔修业：《旅游美学》，南开大学出版社 2000 年版。

［154］黄艺农：《略论旅游美学的构建》，《湘潭大学学报》（社会科学版）2001 年第 3 期。

［155］徐缉熙：《旅游美学》，上海人民出版社 1997 年版。

［156］章海荣：《旅游美学研究对象辨析》，《东南大学学报》（哲学社会科学）2002 年第 5 期。

［157］庄志民：《旅游美学的基本内涵及其理论框架》，《桂林旅游高等专科学校学报》1999 年第 5 期。

［158］喻红：《论“美丽中国”视域下的国家新形象与旅游产业建设战略路径》，《旅游论坛》2013 年第 7 期。

［159］谭志喜、孙根年：《“美丽中国”视阈下品牌景区体系建构探析》，《西南民族大学学报》（人文社会科学版）2015 年第

5 期。
[160] 谢彦君：《基础旅游学》，中国旅游出版社 2011 年版。
[161] *Economic Impact of Travel & Tourism* 2015 *Annual Update*，WTTC，March30，2015.
[162] 顾朝林：《改革开放以来中国城市化与经济社会发展关系研究》，《人文地理》2004 年第 2 期。
[163] 聂树人编著：《陕西自然地理》，陕西人民出版社 1980 年版。
[164] 薛平拴：《陕西历史人口地理研究》，博士学位论文，陕西师范大学，2000 年。
[165] 王永锋：《三秦绿了！陕西美了！——陕西生态文明建设综述》，《陕西日报》2014 年 9 月 26 日。
[166] 石高俊：《中国旅游资源分区初探》，《南京师范大学》（社会科学版）1994 年第 3 期。
[167] 李明伟：《丝绸之路贸易史研究》，甘肃人民出版社 1991 年版。
[168] 郭莲：《文化的定义与综述》，《中共中央党校学报》2002 年第 1 期。
[169] 张晓虹：《陕西文化区划及其机制分析》，《人文地理》2000 年第 3 期。
[170] 张建忠：《中国帝陵文化价值挖掘及旅游利用模式——以关中 3 陵为例》，博士学位论文，陕西师范大学，2013 年。
[171] 陈忠实：《惹眼的秦之声》，上海人民出版社 2002 年版。
[172] 周循：《〈白鹿原〉的关中文化特色探析》，《西安石油大学学报》（社会科学版）2012 年第 1 期。
[173] 张志英、李继瓒：《陕西种子植物名录》，陕西旅游出版社 2000 年版。
[174] 陕西森林编委会：《陕西森林》，中国林业出版社、陕西科学技术出版社 1989 年版。
[175] 王保忠、何炼成、李忠民：《“新丝绸之路经济带”一体化战略路径与实施对策》，《经济纵横》2013 年第 11 期。

[176] 中华人民共和国城乡建设环境保护部，美利坚合众国住房与城市发展部编写：《英汉住房、城市规划与建筑管理词汇》，商务印书馆 1996 年版。
[177] 古诗韵、保继刚：《城市旅游研究进展》，《旅游学刊》1999 年第 2 期。
[178] Malcolm Copper, "The Development of Tourism in a New Urban Environment", *International Journal of Urban and Regional Research*, 1991 (3).
[179] 宋家增：《发展都市旅游之我见》，《旅游学刊》1999 年第 3 期。
[180] 唐恩富、罗能：《城市旅游刍议》，《市场论坛》2005 年第 7 期。
[181] 薛莹：《城市旅游研究的核心问题—— 一个理论述评》，《旅游学刊》2004 年第 2 期。
[182] 吴承照：《城市旅游的空间单元与空间结构》，《城市规划学刊》2005 年第 3 期。
[183] 张玲：《城市旅游与旅游城市化》，《网络财富》2009 年第 8 期。
[184] 朱铁臻：《城市圈崛起是城市化与地区发展的新趋势》，《南方经济》2004 年第 6 期。
[185] 钟士恩、章锦河、孙晋坤：《基于遗产保护与旅游发展综合评价的古镇型旅游目的地差异化发展路径研究——以江苏省为例》，《地理研究》2015 年第 7 期。
[186] 吴必虎、冯学刚、李咪咪：《中国最佳旅游城市的理论与实践》，《旅游学刊》2003 年第 6 期。
[187] 杨传开、汪宇明，杨牡丹：《中国主要城市旅游功能强度的变化》，《地域研究与开发》2012 年第 2 期。
[188] 徐嘉蕾、李悦铮：《中国首批最佳旅游城市旅游经济发展对比研究——以大连、杭州、成都为例》，《旅游论坛》2010 年第 4 期。

［189］周玲强：《国际风景旅游城市指标体系研究 》，《城市规划》1999 年第 10 期。

［190］阎友兵、王忠：《国际旅游城市评价指标体系研究》，《湖南财经高等专科学校学报》2007 年第 105 期。

［191］朱梅、魏向东：《国际旅游城市评价指标体系的构建及应用研究》，《经济地理》2011 年第 1 期。

［192］闻飞、王娟：《中国热点旅游城市旅游国际化水平定量评价研究》，《人文地理》2012 年第 2 期。

［193］高舜礼：《“宜居宜游” 应无大碍》，《中国旅游报》2011 年 12 月 17 日。

［194］杨其元：《旅游城市发展研究》，博士学位论文，天津大学，2008 年。

［195］张辉：《旅游经济论》，旅游教育出版社 2002 年版。

［196］赵永平、徐盈之：《新型城镇化发展水平综合测度与驱动机制研究——基于我国省际 2000—2011 年的经验分析》，《中国地质大学学报》（社会科学版）2014 年第 1 期。

［197］桂强芳、薛凤旋：《中国城市竞争力年鉴 2013》，中国城市竞争力研究会“中国城市”杂志社 2013 年版。

［198］王文瑜：《雷达图定量综合评价方法中存在的问题及改进措施》，《统育教育》2007 年第 1 期。

［199］刘平、鲁卿：《基于 SWOT 分析的企业专利战略制定研究》，《管理学报》2006 年第 4 期。

［200］马耀峰、宋保平、赵振斌：《陕西旅游资源评价研究》，科学出版社 2007 年版。

［201］阎成功：《陕西风情 》，西北工业大学出版社 2014 年版。

［202］马耀峰、王冠孝、张佑印等：《古都国内游客旅游服务质量感知评价研究——以西安市为例》，《干旱区资源与环境》2009 年第 9 期。

［203］叶永玲：《木桶理论对战略管理的启示》，《自然辨证法研究》2006 年第 2 期。

[204] 张凌云、黎巎、刘敏：《智慧旅游的基本概念与理论体系》，《旅游学刊》2012 年第 5 期。

[205] 李庆国、张乾元：《论马克思主义的整体观》，《武汉水利电力大学学报》（社会科学版）2000 年第 2 期。

[206] 许阳：《用治污项目支撑环保工作　用环保推进咸阳生态文明》，《咸阳日报》2014 年 1 月 8 日。

附　录

附录1：宜游城市指标体系构建（第一轮）

<table>
<tr><td rowspan="19">宜游城市指标体系</td><td>一级指标</td><td>权重</td><td>分数</td><td>二级指标</td><td>权重</td><td>分数</td><td>三级指标</td><td>权重</td><td>分数</td></tr>
<tr><td rowspan="7">社会包容性</td><td rowspan="7"></td><td rowspan="7"></td><td rowspan="3">社会环境</td><td rowspan="7"></td><td rowspan="7"></td><td>公众安全感指数</td><td></td><td></td></tr>
<tr><td>游客安全感调查</td><td></td><td></td></tr>
<tr><td>基尼系数</td><td></td><td></td></tr>
<tr><td rowspan="4">人文氛围</td><td>高校数量</td><td></td><td></td></tr>
<tr><td>职业技术学校数量</td><td></td><td></td></tr>
<tr><td>图书馆数</td><td></td><td></td></tr>
<tr><td>大专及以上学历人数</td><td></td><td></td></tr>
<tr><td rowspan="8">经济生活性</td><td rowspan="8"></td><td rowspan="8"></td><td rowspan="3">城市化率</td><td rowspan="8"></td><td rowspan="8"></td><td>城镇人口所占比重</td><td></td><td></td></tr>
<tr><td>城镇居民可支配收入</td><td></td><td></td></tr>
<tr><td>城市人均住房面积</td><td></td><td></td></tr>
<tr><td rowspan="3">生活水平</td><td>人均收入</td><td></td><td></td></tr>
<tr><td>恩格尔系数</td><td></td><td></td></tr>
<tr><td>总就业率</td><td></td><td></td></tr>
<tr><td rowspan="2">第三产业占GDP比重</td><td>服务业占第三产业比重</td><td></td><td></td></tr>
<tr><td>旅游业占第三产业比重</td><td></td><td></td></tr>
<tr><td rowspan="7">交通可达性</td><td rowspan="7"></td><td rowspan="7"></td><td rowspan="7">进得来、出得去</td><td rowspan="7"></td><td rowspan="7"></td><td>旅客运输量</td><td></td><td></td></tr>
<tr><td>旅客周转量</td><td></td><td></td></tr>
<tr><td>国际航班数</td><td></td><td></td></tr>
<tr><td>国内航班数</td><td></td><td></td></tr>
<tr><td>高速里程数</td><td></td><td></td></tr>
<tr><td>火车站级别</td><td></td><td></td></tr>
<tr><td>火车趟次数</td><td></td><td></td></tr>
</table>

续表

<table>
<tr><th></th><th>一级指标</th><th>权重</th><th>分数</th><th>二级指标</th><th>权重</th><th>分数</th><th>三级指标</th><th>权重</th><th>分数</th></tr>
<tr><td rowspan="30">宜游城市指标体系</td><td rowspan="4">交通可达性</td><td rowspan="4"></td><td rowspan="4"></td><td rowspan="4">散得开</td><td rowspan="4"></td><td rowspan="4"></td><td>省道里程数</td><td></td><td></td></tr>
<tr><td>公共汽车总数</td><td></td><td></td></tr>
<tr><td>旅游专线数</td><td></td><td></td></tr>
<tr><td>人均拥有的士数量</td><td></td><td></td></tr>
<tr><td rowspan="13">旅游吸引力</td><td rowspan="13"></td><td rowspan="13"></td><td rowspan="4">生态环境</td><td rowspan="13"></td><td rowspan="13"></td><td>空气质量达标天数</td><td></td><td></td></tr>
<tr><td>气候舒适度指数</td><td></td><td></td></tr>
<tr><td>森林覆盖率</td><td></td><td></td></tr>
<tr><td>人均公共绿地面积</td><td></td><td></td></tr>
<tr><td rowspan="5">景点、资源</td><td>4A 及以上级景区数</td><td></td><td></td></tr>
<tr><td>A 及以上级景区数</td><td></td><td></td></tr>
<tr><td>旅游资源丰度</td><td></td><td></td></tr>
<tr><td>旅游资源单体数</td><td></td><td></td></tr>
<tr><td>城市地标建筑</td><td></td><td></td></tr>
<tr><td rowspan="4">知名度</td><td>百度指数</td><td></td><td></td></tr>
<tr><td>国家及以上级城市荣誉称号数</td><td></td><td></td></tr>
<tr><td>省级城市荣誉称号数</td><td></td><td></td></tr>
<tr><td></td><td></td><td></td></tr>
<tr><td rowspan="13">旅游功能性</td><td rowspan="13"></td><td rowspan="13"></td><td rowspan="4">媒体</td><td rowspan="13"></td><td rowspan="13"></td><td>报纸种类数</td><td></td><td></td></tr>
<tr><td>每万户移动电话</td><td></td><td></td></tr>
<tr><td>电视人口覆盖率</td><td></td><td></td></tr>
<tr><td>网络覆盖率</td><td></td><td></td></tr>
<tr><td rowspan="5">吃、住</td><td>3 星及以上级宾馆比重</td><td></td><td></td></tr>
<tr><td>总客房数</td><td></td><td></td></tr>
<tr><td>特色小吃种类数</td><td></td><td></td></tr>
<tr><td>客房平均入住率</td><td></td><td></td></tr>
<tr><td>旅行社总数</td><td></td><td></td></tr>
<tr><td rowspan="4">娱、购</td><td>零售业占消费比重</td><td></td><td></td></tr>
<tr><td>旅游商品</td><td></td><td></td></tr>
<tr><td>游乐场数量</td><td></td><td></td></tr>
<tr><td>游乐花费比重</td><td></td><td></td></tr>
</table>

续表

	一级指标	权重	分数	二级指标	权重	分数	三级指标	权重	分数
宜游城市指标体系	旅游业绩			旅游客流量			入境游客数		
							国内游客数		
				旅游综合收入			旅游收入总数		
							旅游收入占 GDP 比重		
							高级化指数		
				增长率			客流量增长率		
							旅游收入增长率		
							黄金周客流量增长率		
							黄金周综合收入增长率		
							旅游满意度		

附录 2：宜游城市指标体系构建（第二轮）

<table>
<tr><th></th><th>一级指标</th><th>权重</th><th>分数</th><th>二级指标</th><th>权重</th><th>分数</th><th>三级指标</th><th>权重</th><th>分数</th></tr>
<tr><td rowspan="28">宜游城市指标体系</td><td rowspan="11">交通可达性</td><td rowspan="11"></td><td rowspan="11"></td><td rowspan="7">进得来、出得去</td><td rowspan="11"></td><td rowspan="11"></td><td>旅客运输量</td><td></td><td></td></tr>
<tr><td>旅客周转量</td><td></td><td></td></tr>
<tr><td>航空吞吐量</td><td></td><td></td></tr>
<tr><td>高速里程数</td><td></td><td></td></tr>
<tr><td>火车站级别</td><td></td><td></td></tr>
<tr><td>高铁线路数</td><td></td><td></td></tr>
<tr><td>火车趟次数</td><td></td><td></td></tr>
<tr><td rowspan="4">散得开</td><td>省道路网密度</td><td></td><td></td></tr>
<tr><td>公共汽车总数</td><td></td><td></td></tr>
<tr><td>旅游专线数</td><td></td><td></td></tr>
<tr><td>人均拥有的士数量</td><td></td><td></td></tr>
<tr><td rowspan="5">旅游吸引力</td><td rowspan="5"></td><td rowspan="5"></td><td rowspan="2">知名度</td><td rowspan="5"></td><td rowspan="5"></td><td>百度指数</td><td></td><td></td></tr>
<tr><td>优秀旅游城市批次</td><td></td><td></td></tr>
<tr><td rowspan="3">景点、资源</td><td>4A 及以上级景区数</td><td></td><td></td></tr>
<tr><td>A 及以上级景区数</td><td></td><td></td></tr>
<tr><td>城市地标建筑</td><td></td><td></td></tr>
<tr><td rowspan="12">旅游信息、设施与服务能力</td><td rowspan="12"></td><td rowspan="12"></td><td rowspan="4">媒体</td><td rowspan="12"></td><td rowspan="12"></td><td>广播覆盖率</td><td></td><td></td></tr>
<tr><td>移动电话覆盖率</td><td></td><td></td></tr>
<tr><td>电视人口覆盖率</td><td></td><td></td></tr>
<tr><td>宽带互联网用户数</td><td></td><td></td></tr>
<tr><td rowspan="5">吃、住</td><td>星级酒店数量</td><td></td><td></td></tr>
<tr><td>总客房数</td><td></td><td></td></tr>
<tr><td>特色小吃种类数</td><td></td><td></td></tr>
<tr><td>客房收入</td><td></td><td></td></tr>
<tr><td>旅行社总数</td><td></td><td></td></tr>
<tr><td rowspan="3">娱、购</td><td>商品零售占社会消费品比重</td><td></td><td></td></tr>
<tr><td>地方特产、旅游商品</td><td></td><td></td></tr>
<tr><td>休闲娱乐场所数</td><td></td><td></td></tr>
</table>

续表

<table>
<tr><th></th><th>一级指标</th><th>权重</th><th>分数</th><th>二级指标</th><th>权重</th><th>分数</th><th>三级指标</th><th>权重</th><th>分数</th></tr>
<tr><td rowspan="28">宜游城市指标体系</td><td rowspan="8">旅游业绩</td><td rowspan="8"></td><td rowspan="8"></td><td rowspan="2">旅游客流量</td><td rowspan="8"></td><td rowspan="8"></td><td>入境游客数</td><td></td><td></td></tr>
<tr><td>国内游客数</td><td></td><td></td></tr>
<tr><td rowspan="2">旅游综合收入</td><td>旅游收入总数</td><td></td><td></td></tr>
<tr><td>旅游收入占 GDP 比重</td><td></td><td></td></tr>
<tr><td rowspan="4">增长率</td><td>旅游接待量平均增长率</td><td></td><td></td></tr>
<tr><td>旅游收入平均增长率</td><td></td><td></td></tr>
<tr><td>黄金周旅游收入平均增长率</td><td></td><td></td></tr>
<tr><td>黄金周旅游接待量平均增长率</td><td></td><td></td></tr>
<tr><td rowspan="15">环境适宜性</td><td rowspan="15"></td><td rowspan="15"></td><td rowspan="3">城市园林绿化</td><td rowspan="15"></td><td rowspan="15"></td><td>人均园林绿化面积</td><td></td><td></td></tr>
<tr><td>人均公共绿地面积</td><td></td><td></td></tr>
<tr><td>人均公园面积</td><td></td><td></td></tr>
<tr><td rowspan="4">城市环境卫生</td><td>人均道路清扫面积</td><td></td><td></td></tr>
<tr><td>人均生活垃圾清运量</td><td></td><td></td></tr>
<tr><td>人均环卫专用车</td><td></td><td></td></tr>
<tr><td>人均公厕数量</td><td></td><td></td></tr>
<tr><td rowspan="4">城市气候舒适度</td><td>舒适期长短</td><td></td><td></td></tr>
<tr><td>温湿指数</td><td></td><td></td></tr>
<tr><td>风寒指数</td><td></td><td></td></tr>
<tr><td>衣着指数</td><td></td><td></td></tr>
<tr><td rowspan="4">城市空气质量</td><td>空气质量达标天数</td><td></td><td></td></tr>
<tr><td>工业产值二氧化硫排放量</td><td></td><td></td></tr>
<tr><td>工业产值氮氧化物排放量</td><td></td><td></td></tr>
<tr><td>工业产值烟(粉)尘排放量</td><td></td><td></td></tr>
<tr><td rowspan="5">社会包容性</td><td rowspan="5"></td><td rowspan="5"></td><td rowspan="2">社会环境</td><td rowspan="5"></td><td rowspan="5"></td><td>贫困人口所占比重</td><td></td><td></td></tr>
<tr><td>社会保障覆盖率</td><td></td><td></td></tr>
<tr><td rowspan="3">人文氛围</td><td>高校数量</td><td></td><td></td></tr>
<tr><td>图书馆藏书量</td><td></td><td></td></tr>
<tr><td>每万人的大学生数量</td><td></td><td></td></tr>
</table>

续表

<table>
<tr><td rowspan="9">宜游城市指标体系</td><td>一级指标</td><td>权重</td><td>分数</td><td>二级指标</td><td>权重</td><td>分数</td><td>三级指标</td><td>权重</td><td>分数</td></tr>
<tr><td rowspan="8">经济生活性</td><td rowspan="8"></td><td rowspan="8"></td><td rowspan="3">城市化率</td><td rowspan="8"></td><td rowspan="8"></td><td>城镇人口所占比重</td><td></td><td></td></tr>
<tr><td>城镇居民可支配收入</td><td></td><td></td></tr>
<tr><td>城镇居住用地面积</td><td></td><td></td></tr>
<tr><td rowspan="3">生活水平</td><td>人均收入</td><td></td><td></td></tr>
<tr><td>恩格尔系数</td><td></td><td></td></tr>
<tr><td>总就业率</td><td></td><td></td></tr>
<tr><td rowspan="2">三大产业比重</td><td>第三产业占 GDP 比重</td><td></td><td></td></tr>
<tr><td>旅游业占第三产业比重</td><td></td><td></td></tr>
</table>

附录 3：专家意见征询表（AHP 层次分析法）

关于宜游指标体系指标权重的问卷

尊敬的________教授：

您好！我是陕西师范大学 2012 级博士生谭志喜。毕业论文题目为“美丽中国视阈下宜游城市测试及路径提外—以陕西为例”。本研究认为：宜游城市是指建立在宜居基础上，具有独特吸引力能较好满足旅游者需求的城市圈。为对宜游城市进行定量测评，研究以“宜游城市”为总目标，设置 7 项一级指标、21 项二级指标、62 项三级指标，其中一级指标中满意度调查为抽样验证调查，暂不设二级、三级指标。

烦请您在百忙之中抽出时间，采用层次分析法对以下指标进行相对重要性赋值，对您的帮助，表示诚挚的谢意！各判断标度及其含义如下表所示。

判断标度及其含义

判断标度	含义
9	i 因素比 j 因素绝对重要
7	i 因素比 j 因素重要得多
5	i 因素比 j 因素重要
3	i 因素比 j 因素稍微重要
1	i 因素比 j 因素同样重要
2、4、6、8	i 与 j 两因素重要性介于上述两个相邻判断尺度中间

一级指标：宜游城市指标体系

j / i	社会包容性	经济生活性	交通可达性	城市吸引力	旅游功能性	旅游总业绩	满意度调查
社会包容性	1						
经济生活性		1					
交通可达性			1				
城市吸引力				1			
旅游功能性					1		
旅游总业绩						1	
满意度调查							1

恳请您对以上指标，提出建议：

____

____

____

____

____

二级指标：社会包容性

j i	人文氛围	社会环境
人文氛围	1	
社会环境		1

二级指标：经济生活性

j i	人均 GDP	第三产业占 GDP 比重	城镇人口所占比重	就业率	贫富差距
人均 GDP	1				
第三产业占 GDP 比重		1			
城镇人口所占比重			1		
就业率				1	
贫富差距					

二级指标：交通可达性

j i	进得来、出得去	散得开
进得来、出得去	1	
散得开		1

二级指标：城市吸引力

j i	生态环境	景点、资源	知名度
生态环境	1		
景点、资源		1	
知名度			1

二级指标：旅游功能性

j i	媒体	吃	住	购	娱
媒体	1				
吃		1			
住			1		
购				1	
娱					1

二级指标：旅游业绩

j i	旅游客流量	旅游接待增长率	旅游综合收入	旅游收入增长率
旅游客流量	1			
旅游接待增长率		1		
旅游综合收入			1	
旅游收入增长率				1

恳请您对以上指标，提出建议：

三级指标：人文氛围

j i	高校数量	职业技术学校数量	图书馆数	大专及以上学历人数比例
高校数量	1			
职业技术学校数量		1		

续表

i \ j	高校数量	职业技术学校数量	图书馆数	大专及以上学历人数比例
图书馆数			1	
大专及以上学历人数比例				1

三级指标：社会环境

i \ j	公众安全感指数	游客安全感调查
公众安全感指数	1	
游客安全感调查		1

三级指标：人均 GDP

i \ j	城镇居民可支配收入	农民纯收入
城镇居民可支配收入	1	
农民纯收入		1

三级指标：第三产业占 GDP 比重

i \ j	服务业占第三产业比重	旅游业占第三产业比重
服务业占第三产业比重	1	
旅游业占第三产业比重		1

三级指标：城镇人口所占比重

i \ j	城镇化率	人口密度
城镇化率	1	
人口密度		1

三级指标：就业率

j / i	总就业率	大专及以上学历人口就业率
总就业率	1	
大专及以上学历人口就业率		1

三级指标：贫富差距

j / i	恩格尔系数	基尼系数
恩格尔系数	1	
基尼系数		1

三级指标：进得来、出得去

j / i	旅客运输量	旅客周转量	国际航班数	国内航班数	高速里程数	火车站级别	火车趟次数
旅客运输量	1						
旅客周转量		1					
国际航班数			1				
国内航班数				1			
高速里程数					1		
火车站级别						1	
火车趟次数							1

三级指标：散得开

j / i	省道里程数	公共汽车总数	旅游专线数	人均拥有的士数量
省道里程数	1			
公共汽车总数		1		
旅游专线数			1	
人均拥有的士数量				1

三级指标：生态环境

i \ j	空气质量达标天数	气候舒适度指数	森林覆盖率	人均公共绿地面积
空气质量达标天数	1			
气候舒适度指数		1		
森林覆盖率			1	
人均公共绿地面积				1

三级指标：景点、资源

i \ j	4A 及以上级景区数	A 及以上级景区数	旅游资源丰度	旅游资源单体数	城市特色建筑
4A 及以上级景区数	1				
A 及以上级景区数		1			
旅游资源丰度			1		
旅游资源单体数				1	
城市特色建筑					1

三级指标：知名度

i \ j	百度指数	国家及以上级城市荣誉称号数	省级城市荣誉称号数
百度指数	1		
国家及以上级城市荣誉称号数		1	
省级城市荣誉称号数			1

三级指标：媒体

i \ j	报纸种类数	广播人口覆盖率	电视人口覆盖率	网络覆盖率
报纸种类数	1			
广播人口覆盖率		1		
电视人口覆盖率			1	
网络覆盖率				1

三级指标：吃

j / i	饭店总数	地方特色小吃种类数
饭店总数	1	
地方特色小吃种类数		1

三级指标：住

j / i	宾馆级别	旅行社级别	总客房数	客房平均入住率
宾馆级别	1			
旅行社级别		1		
总客房数			1	
客房平均入住率				1

三级指标：购

j / i	零售业占消费比重	旅游商品
零售业占消费比重	1	
旅游商品		1

三级指标：娱

j / i	游乐场数量	游乐花费比重
游乐场数量	1	
游乐花费比重		1

三级指标：旅游客流量

j / i	入境游客数	国内游客数
入境游客数	1	
国内游客数		1

三级指标：旅游接待量增长率

i \ j	年增长率	黄金周增长率
年增长率	1	
黄金周增长率		1

三级指标：旅游综合收入

i \ j	门票收入占总收入比重	旅游收入占国民 GDP 比重
门票收入占总收入比重	1	
旅游收入占国民 GDP 比重		1

三级指标：旅游收入增长率

i \ j	年增长率	黄金周增长率
年增长率	1	
黄金周增长率		1

恳请您对以上指标，提出建议：

附录 4：原始数据

城市	空气质量达标天数（天）	温湿指数	风寒指数	衣着指数	舒适期（月）	工业 SO2 排放量（吨）	工业 NOX 排放量（吨）	工业 PM10 尘排放量（吨）	最低生活保障人口（贫困）所占比重（%）	社会保障覆盖率（%）
西安	304	4.7	6.8	5.8	5	62.52079084	31.50574617	11.11002401	4.136441259	1.497131931
铜川	328	4.5	6.5	5.7	4.8	113.616674	331.5148471	261.0458911	12.20472441	0.728227153
宝鸡	317	5	7.2	5.7	4.9	41.50484447	78.23044205	18.6753455	7.283107963	0.954201545
咸阳	318	4.8	6.3	5.5	5	90.40782859	110.0612953	21.08100116	6.485190237	0.445290394
渭南	314	4.5	7	5.7	5	93.34457876	30.95867304	68.12107581	6.612629595	0.844278982
延安	316	4.5	6.5	5.2	4.5	59.47293951	45.1257959	23.57180757	8.655423883	0.472242479
汉中	344	5.8	7.3	6.3	6	123.3007733	87.56613757	71.36345136	8.497803807	1.013001464
榆林	334	4.3	6.2	5.2	4	109.0086519	89.0696433	109.3770315	11.49027562	0.468500179
安康	362	5.3	7.3	6	6	53.63237174	32.47734979	47.81835362	11.61535538	0.874422653
商洛	351	5.2	7.2	6	5.5	172.8480161	37.81102892	68.14895763	11.24143836	0.660616438

注：温湿指数、风寒指数、衣着指数无量纲数因此无单位。

续表

城市	高校数量（所/万人）	图书馆藏书量（千册）	大学生数量（千人）	非农人口所占比重（%）	城镇居民可支配收入（元）	城镇居住用地面积（平方米/人）	人均收入（元）	城镇恩格尔系数（%）	农村恩格尔系数（%）	总就业率（%）
西安	7. 249003262	11. 61582621	909. 5	0. 550520807	29982	76	20078. 10364	33. 8	32. 5	98. 9
铜川	1. 189343482	8. 277830637	32. 03	0. 431414745	21929	19	15110. 57785	40. 4	36. 32	99. 8
宝鸡	0. 535231621	3. 508443279	77. 73	0. 452321786	25777	26	17265. 9959	34. 7	38. 5	99. 6
咸阳	2. 637665869	2. 515927444	272. 93	0. 342602818	25758	19	14177. 4073	41. 1	35. 67	99. 7
渭南	0. 187934599	1. 582409322	29. 96	0. 394050826	21808	17	12965. 20947	35. 8	33. 4	99. 7
延安	0. 909876712	3. 09358082	123. 39	0. 337762638	24748	14	13838. 09978	36. 5479209	33. 48529241	99. 6
汉中	0. 877603557	2. 316873391	85. 58	0. 220041962	19827	5	9556. 281255	35. 8	32. 4	99. 7
榆林	0. 59578778	3. 184485686	41. 92	0. 215088365	24140	32	11631. 23845	35. 6	34	99. 6
安康	0. 759416768	2. 692132442	63. 47	0. 162098744	20300	19	8543. 483173	37	36. 4	99. 6
商洛	0. 85400743	2. 263119689	59. 34	0. 311085745	19998	4	11789. 41037	43	35. 78	99. 8

续表

城市	第三产业占GDP比重（%）	旅游业占第三产业比重（%）	旅客运输量（万人）	旅客周转量（百万人/公里）	高速里程数（km）	航空吞吐量（亿人次）	高铁线路数（条）	火车站级别（级）	火车趟次数（列数）	省道路网密度（公里/平方公里）
西安	0. 524211539	0. 2859	36153. 79	3387400	465	2342. 07	5	10	224	1. 298674317
铜川	0. 281804544	0. 3999	1667	130703. 125	104	0	1	2	0	0. 954920144
宝鸡	0. 243864283	0. 5251	9999	548850. 7401	231	0	1	8	129	0. 826930497
咸阳	0. 262950536	0. 3987	13356	875666. 1184	355	0	1	6	89	1. 510690467
渭南	0. 314725256	0. 4283	13820	1501889. 391	324	0	1	4	92	1. 385328836
延安	0. 188124498	0. 4935	8210	308700	427	15. 3	1	6	32	0. 452497975
汉中	0. 364021893	0. 2990	9479	743079. 7697	428	0. 01	1	6	14	0. 661783698
榆林	0. 230523469	0. 0950	7640	990575. 6579	857	106. 63	1	6	19	0. 600626886
安康	0. 347125234	0. 4419	8214	305006	516	0	0	8	79	0. 942751498
商洛	0. 351373698	0. 6891	3815	229948	364	0	1	4	10	0. 663126723

续表

城市	公共汽车总数（万辆）	旅游专线数（路）	的士数量（万人）	4A 级及以上景区数（家）	A 级及以上景区数（家）	城市旅游地标建筑（个）	百度指数	优秀旅游城市批次	广播覆盖率（%）	移动电话覆盖率（%）
西安	8. 953688223	9	16. 41431561	19	48	63	13664	10	99. 45	1. 546259982
铜川	3. 37773549	1	11. 77450048	2	9	1	902	1	99. 34	0. 666145338
宝鸡	2. 14895496	2	8. 480745042	5	26	13	2433	8	99. 59	0. 648531057
咸阳	1. 168688877	0	5. 563446009	3	28	6	2215	10	99. 27	0. 678657631
渭南	1. 029881601	0	5. 810937794	4	20	3	1442	3	94. 9	0. 591908852
延安	3. 075383286	1	10. 09508212	5	13	5	1918	6	99. 4	0. 984759565
汉中	1. 576761058	0	5. 277322724	3	19	7	2610	2	97. 31	0. 584897028
榆林	2. 153772826	0	9. 770919598	3	9	8	2229	1	96. 47	0. 951788853
安康	0. 611330498	0	5. 695625759	4	19	3	1997	1	89. 43	0. 577787819
商洛	0. 70455613	0	4. 009564883	3	12	1	811	1	93. 87	0. 454366967

百度指数：是综合反映某关键词在过去单位时间用户对它的关注和媒体对他的关注的一个参考值

续表

城市	电视人口覆盖率（%）	互联网用户（户）	星级酒店数量（家）	总客房数（间）	特色小吃种类数（种）	客房收入（万元）	旅行社总数（家）	商品零售占社会消费品零售比重（%）	地方特产\旅游商品（种）	休闲娱乐（万人）	入境游客（万人次）
西安	98.83	2214.358872	116	37835	22	260142	389	0.900822228	96	11.52591519	115.35
铜川	99.87	866.0442436	13	1540	3	6177	26	0.85002396	22	4.257849667	2.6
宝鸡	99.56	921.8695641	36	19531	9	15266	44	0.89165933	79	3.144485776	25.3
咸阳	99.59	860.3924035	25	5321	7	25948	43	0.872131463	22	3.232155176	32.7
渭南	96.64	950.6201842	33	4904	9	21001	44	0.882735798	52	2.952452547	5.67
延安	99.85	949.6155771	42	4666	8	18980	49	0.873285764	58	4.299167463	12.71
汉中	98.78	866.9611514	29	4992	9	17651	24	0.870032692	72	2.632810672	2.3
榆林	96.33	852.265483	32	5974	7	33950	48	0.926274981	57	4.155619768	0.2
安康	93.91	865.9097813	25	2997	5	12948	22	0.866775892	54	2.52126367	2
商洛	98.45	578.7480251	19	2755	3	10435	17	0.882648424	15	2.130748538	1.23

续表

城市	国内游客（万人）	旅游收入总数（亿元）	旅游总收入占GDP比重（%）	旅游接待量平均增长率（%）	旅游收入平均增长率（%）	黄金周旅游收入平均增长率（%）	黄金周接待量平均增长率（%）
西安	7863	654.39	0.1499	0.147	0.17	0.179	0.184
铜川	677.9	30.8	0.1127	0.112	0.431	0.467	0.231
宝鸡	2724.7	176	0.1281	0.206	0.207	0.201	0.198
咸阳	3167.3	165	0.1048	0.2	0.257	0.302	0.257
渭南	2506.41	155.54	0.1348	0.237	0.32	0.725	0.531
延安	2177.29	118	0.0928	0.147	0.155	0.204	0.183
汉中	1903	82.13	0.1088	0.163	0.191	0.214	0.159
榆林	1169.8	58.5	0.0219	0.302	0.365	0.342	0.289
安康	1834.8	76.22	0.1534	0.146	0.169	0.368	0.316
商洛	2287.1	102.5	0.2421	0.217	0.285	0.226	0.151

后　记

本书是在我的博士论文基础上修改而成的，也属于湖北省高校人文社会科学重点研究基地鄂西生态文化旅游研究中心研究成果，同时获得湖北民族学院省属高校优势特色学科群应用经济学学科建设经费资助。

《荀子·劝学》云“君子博学而日参省乎己，则知明而行无过矣。”吾非博学之人，但仍想对博士三年做个小结。三年多时间，对于一个婴儿的成长是很重要的，学会走路、张口说话、开始交流等，时刻会让你感受到生命的神奇与美妙。这三年对于我而言，犹如婴儿般努力探寻着神秘而又有趣的旅游世界，渐渐地似乎看出点“门道”！诺贝尔经济学奖得主纳什认为：“生命的意义不在于对生活苦难的规避和物质享受的追求，而在于精神理想的高远和对美丽心灵的向往。”因此，我把博士的学习比作人生一段精彩而又充满悬念、刺激的旅程，在这段旅程中，抑或惊喜、抑或迷茫、抑或彷徨。总之，走过这段就是收获，收获的不仅是学问，还有人生境界的提升，以及内心的强大与精神的富足。

三年来，1000多个日日夜夜，孜孜不倦地追逐我的博士梦，殚精竭虑、冥思苦想，从一篇小论文的发表到大论文的成稿，一个字一个字地敲打，而今终于有了结果。首先要感谢带我步入学术殿堂、完成夙愿的导师孙根年教授，老师在启蒙之初即以“挖井理论”时刻告诫我：“读书学习如旅游，择其胜景，仔细观赏，由点到线、由线到面，大好河山，在我心中。学术研究，如挖井，选好区位，持续深挖，井越深、水越旺，如井喷泉涌，汇入江海。”学至今，似有所悟，然悟道不深。老师的知识非“学富五车、博大精深”无以形容，老师的思维非“奇思妙想、匠心独运”无以界定，老师的态度非“废寝忘食、兢兢业业”无以表达，老师的人生非“淡泊名利、雍容大度”无以涵盖——遇吾师真乃三生有幸，幸老师不弃学生愚钝！曾记，老师为了让我懂得一个概念，反复解释；为了把一个问题讲通透，发来文章与课件；老师的鞭策与鼓励至今仍历历在目，我感受到师恩浩荡、情深如海。师母杨女士优雅大方、温柔贤惠，时常给予我生活的照顾，勉励我不畏学习的艰辛，使我充满了学习的动力。人生中有缘遇到老师与师母，“感谢”二字已无法表达这份情谊，只有“饮其流者怀其源，学其成时念吾师”。

其次要感谢老师马耀峰教授，马教授以专题传授知识，使我能站在学术的前沿阵地，沐浴前沿的思想；感谢赵振斌教授、薛东前教授、张辉教授、延军平教授、吴晋峰教授、白凯教授、李君轶教授、严艳副教授等；感谢上海财经大学何建明教授、中国科学院地理科学与资源研究所刘家明教授、湖北民族学院艾训儒教授，他们在知识与方法上给予我指导和启迪。感谢李锋、姚宏、麻学锋、张建忠、赵多平、王洁洁、龙茂兴、马丽君等同门师兄师姐，他们在学习上给予我帮助与我进行思想交流，使我得以欣赏到学术旅途的风景；感谢同届校友冯庆，毕业后即留校工作，在学业上对我多有指导，使我这个文科出身的人能领会到清晰与理性；还有同届博士周海儒、裴博、庞玮、王慧娴，我们既在学习方面交流心得，又在生活上相互帮助；感谢师弟、师妹余志康、杨姣、安景梅、杜美玲、李晋华、郭爽、查瑞波等。人生如此美妙，我们相遇师大，即可谓“天下快意之事莫若友，快友之事莫若谈”。

感谢我的工作单位——湖北民族学院经济与管理学院原任与现任领导：周腾蛟、张新平、谭世明、王涛、朱廷辉等，是你们的理解与包容坚定了我求学的意志；民族研究院的谭志满教授、杨洪林博士对我的学业也多有帮助与提携，笃定了我求学的意志；还有同科室的同事曹骞、刘静、郑恩、赵慧翔、丁立杰、张孝凤、方兴，是你们的支持鼓励增强了我求学的信心；感谢一起来西安求学的唐光耀、覃文杰、周敏、谭学文、向忠义等，每次的促膝长谈、把酒人生，都为我增添了学习之外的乐趣。

同时感谢我的爱人尚娜，我入学时她已有身孕，却义无反顾地支持我，2013 年，我们迎来了可爱的宝贝——乐乐，如今女儿已近 5 岁，我与她相处的时间却不长，内心惭愧，“家是温柔的港湾”，她们都是我完成论文的动力源泉。2012 年，父亲动手术，卧床 3 个月；2014 年 5 月，他含笑九泉。作为儿子，我未能伺奉床前，多由二哥、三哥代劳，在此对两位哥哥表示感激，也希望以此书告慰父亲。最后还要感谢母亲以及岳父岳母，他们在生活上给予我的照顾和精神鼓励，坚定了我求学的方向。

感谢论文引用文献的作者；感谢论文外审专家兰州大学王乃昂教授、中山大学张朝枝教授、暨南大学梁明珠教授、中南财经政法大学邓爱民教授、西北大学郝索教授；感谢论文答辩主席西北大学李树民教授，委员西安外国语大学潘秋玲教授等，太多的感谢留在心中，愿大家美好常伴。

对于本书的出版，中国社会科学出版社的刘晓红老师花费了大量心血，在此一并致谢。

由于水平有限，才疏学浅，本书定有很多不当之处，恳请大家包涵和指正。

谭志喜

2017 年 5 月